UMA ESQUERDA QUE OUSA DIZER SEU NOME

Dados Internacionais de Catalogação na Publicação (CIP)
(Câmara Brasileira do Livro, SP, Brasil)

Žižek, Slavoj
  Uma esquerda que ousa dizer seu nome : 34 intervenções inoportunas / Slavoj Žižek ; tradução de Fábio Creder. – Petrópolis, RJ : Vozes, 2023.

Título original: A left that dares to speak Its name.

1ª reimpressão, 2023.

ISBN 978-85-326-6564-5

1. Capitalismo 2. Ciências policiais 3. Comunismo 4. Direita e esquerda (Ciência política) 5. Ideologia I. Título.

23-163293   CDD-324.1

Índices para catálogo sistemático:
1. Direita e esquerda : Ciência política 324.1

Eliane de Freitas Leite – Bibliotecária – CRB 8/8415

SLAVOJ ŽIŽEK

UMA ESQUERDA QUE OUSA DIZER SEU NOME

34 intervenções inoportunas

Tradução de Fábio Creder

EDITORA VOZES

Petrópolis

© Slavoj Žižek 2020.

Edição publicada mediante acordo com Polity Press Ltda., Cambridge, UK.

Tradução do original em inglês intitulado *A Left that Dares to Speak Its Name. 34 Untimely Interventions.*

Direitos de publicação em língua portuguesa – Brasil:
2023, Editora Vozes Ltda.
Rua Frei Luís, 100
25689-900 Petrópolis, RJ
www.vozes.com.br
Brasil

Todos os direitos reservados. Nenhuma parte desta obra poderá ser reproduzida ou transmitida por qualquer forma e/ou quaisquer meios (eletrônico ou mecânico, incluindo fotocópia e gravação) ou arquivada em qualquer sistema ou banco de dados sem permissão escrita da editora.

CONSELHO EDITORIAL

Diretor
Volney J. Berkenbrock

Editores
Aline dos Santos Carneiro
Edrian Josué Pasini
Marilac Loraine Oleniki
Welder Lancieri Marchini

Conselheiros
Elói Dionísio Piva
Francisco Morás
Gilberto Gonçalves Garcia
Ludovico Garmus
Teobaldo Heidemann

Secretário executivo
Leonardo A.R.T. dos Santos

Diagramação: Raquel Nascimento
Revisão gráfica: Alessandra Karl
Capa: Renan Rivero

ISBN 978-85-326-6564-5 (Brasil)
ISBN 978-1-5095-4117-1 (Reino Unido)

Este livro foi composto e impresso pela Editora Vozes Ltda.

SUMÁRIO

Introdução: Do ponto de vista comunista, 7

A bagunça global, 15

1. 200 anos depois: será que Marx está vivo, morto ou morto-vivo?, 17

2. Por que as contradições secundárias são importantes: uma visão maoísta, 28

3. Proletários nômades, 39

4. Será que a resposta da esquerda ao populismo de direita deveria realmente ser um "Me Too"?, 59

5. Quando a própria falta de liberdade é experimentada como liberdade, 83

6. Somente as crianças autistas podem nos salvar!, 90

7. São ambos piores!, 112

8. Um convite desesperado à razão (ou à traição?), 122

O Ocidente..., 131

9. O socialismo democrático e seus descontentes, 133

10. Será que Donald Trump é um sapo abraçando uma garrafa de cerveja?, 139

11. Melhor morto do que vermelho!, 147

12. "Há desordem sob o céu, a situação é excelente", 158

13. Soyons réalistes, demandons l'impossible!, 165

14. Catalunha e o Fim da Europa, 176

15. Que ideia de Europa vale a pena defender?, 180

16. O direito de contar más notícias ao público, 186

...e o resto, 189

17. É a mesma luta, estúpido!, 191

18. Os verdadeiros antissemitas e seus amigos sionistas, 195

19. Sim, o racismo está vivo e passa bem!, 203

20. O que fazer quando nossa cúpula está vazando?, 208

21. A China é comunista ou capitalista?, 213

22. A Venezuela e a necessidade de novos clichês, 223

23. Bem-vindo à verdadeira Nova Ordem Mundial!, 230

24. Um verdadeiro milagre na Bósnia, 232

Ideologia, 237

25. Pela solidariedade ativa, contra a culpa e a autocensura, 239

26. Instituto Sherbsky, APA, 247

27. Bem-vindo ao Admirável Mundo Novo dos Consenticórnios!, 259

28. Será que os *sexbots* têm direitos?, 263

29. Mamilos, pênis, vulva... e talvez merda, 271

30. Roma de Cuarón: a armadilha da bondade, 277

31. Felicidade? Não, obrigado!, 281

32. Assange só tem a nós para ajudá-lo!, 293

Apêndice, 303

33. Será que Avital Ronell é realmente tóxica?, 305

34. Jordan Peterson como um sintoma... de quê?, 311

INTRODUÇÃO
DO PONTO DE VISTA COMUNISTA

Este livro reúne minhas intervenções mais recentes na mídia pública (substancialmente reescritas). Elas cobrem toda a panóplia de tópicos que despertaram a atenção pública, da turbulência econômica à luta pela emancipação sexual, do populismo ao politicamente correto, das vicissitudes da presidência de Trump às tensões em curso na e com a China, dos problemas éticos suscitados pelos *sexbots* à crise do Oriente Médio. O suplemento com o qual o livro é concluído contém fragmentos de duas polêmicas em que estive envolvido. As intervenções coletadas são inoportunas porque sua premissa é que apenas um ponto de vista comunista fornece a maneira apropriada de compreender esses tópicos. Então, por que o comunismo?

Há uma abundância de sinais de que a nossa situação global demanda cada vez mais esse ponto de vista. Os apologistas da ordem existente gostam de apontar que o sonho do socialismo acabou, que toda tentativa de o realizar acabou sendo um pesadelo (olha só o que está acontecendo na Venezuela!). No entanto, ao mesmo tempo, sinais de pânico crescem por toda parte: como devemos lidar com o aquecimento global, com a ameaça do controle digital total sobre nossas vidas, com o afluxo de refugiados? Em suma, com os efeitos e consequências desse mesmo triunfo do capitalismo global? Não há surpresa aqui: quando o capitalismo vence, seus antagonismos explodem.

Por um lado, sinais de loucura anti-iluminista multiplicam-se por toda parte. Em Koszalin, uma cidade no norte da Polônia, três padres católicos queimaram livros que eles dizem promover a feitiçaria, incluindo um dos romances de Harry Potter, em uma cerimônia que eles fotografaram e postaram no Facebook: eles carregaram os livros em uma grande cesta de dentro de uma igreja até uma área de pedra do lado de fora, onde os livros foram incendiados enquanto orações eram feitas e um pequeno grupo de pessoas observava[1]. Um incidente isolado, sim – mas se o juntarmos a outros incidentes semelhantes, surge um claro padrão anti-iluminista. Por exemplo, no 106º Congresso Indiano de Ciências no Punjab (em janeiro de 2019), cientistas locais fizeram uma série de afirmações, dentre as quais: Kauravas nasceram com a ajuda de tecnologias de células-tronco e provetas; o Senhor Rama usou "astras" e "shastras", enquanto o Senhor Vishnu enviou um Sudarshan Chakra para perseguir alvos. Isso mostra que a ciência dos mísseis guiados estava presente na Índia há milhares de anos; que Ravana não tinha apenas o Pushpaka Vimana, mas tinha 24 tipos de aeronaves e aeroportos em Lanka; que a física teórica (inclusive as contribuições de Newton e Einstein) está totalmente errada, ondas gravitacionais serão renomeadas "Ondas Narendra Modi" e o efeito de lente gravitacional será renomeado "Efeito Hashvardhan"; e que o Senhor Brahma descobriu a existência de dinossauros na Terra e os mencionou nos Vedas[2]. Essa é também uma maneira de combater os remanescentes do colonialismo ocidental, e a queima de livros na Polônia pode ser vista como uma maneira de combater o consumismo mercantilizado oci-

---

1. Cf. https://www.theguardian.com/world/2019/apr/01/harry-potter-among-books-burned-by-priests-in-poland
2. Cf. https://www.thenewsminute.com/article/outlandish-claims-indian-science-congress-6-point-rebuttal-science-activist-94691

dental. A conjunção desses dois exemplos, um da Índia hindu e o outro da Europa cristã, demonstra que estamos lidando com um fenômeno global.

Enquanto nos afundamos cada vez mais nessa loucura (que coexiste facilmente com um mercado global pujante), a crise real se aproxima. Em janeiro de 2019, uma equipe internacional de cientistas propôs "uma dieta que, segundo ela, pode melhorar a saúde e, ao mesmo tempo, garantir a produção sustentável de alimentos para evitar mais danos ao planeta. A "dieta de saúde planetária" baseia-se na redução do consumo de carne vermelha e açúcar pela metade e no aumento da ingestão de frutas, vegetais e nozes"[3]. Estamos falando de uma reorganização radical de toda a nossa produção e distribuição de alimentos – então, como fazê-lo? "O relatório sugere cinco estratégias para garantir que as pessoas possam mudar suas dietas e não prejudicar o planeta ao fazê--lo: incentivar as pessoas a comerem de forma mais saudável, mudar a produção global para culturas variadas, intensificar a agricultura de maneira sustentável, regras mais rígidas em torno do governo dos oceanos e terras, e reduzir o desperdício de alimentos". OK, mas, novamente, como isso pode ser alcançado? Não está claro que seja necessária uma agência global forte com poder para coordenar tais medidas? E tal agência não aponta na direção do que outrora chamávamos de "comunismo"? E o mesmo não vale para outras ameaças à nossa sobrevivência como humanos? A mesma agência global não é necessária também para lidar com o problema dos números explosivos de refugiados e imigrantes, com o problema do controle digital sobre nossas vidas?[4]

---

3. https://edition.cnn.com/2019/01/16/health/new-diet-to-save-lives-and-planet-health-study-intl/index.html
4. Não deve haver tabus aqui. Por exemplo, a hipótese de que o fluxo de milhões de refugiados para a Europa que atingiu o clímax recentemente

Intervenções comunistas são necessárias porque nosso destino ainda não está decidido – não no sentido simples de que temos uma escolha, mas em um sentido mais radical de escolher o próprio destino. De acordo com a visão padrão, o passado é fixo, o que aconteceu, aconteceu, não pode ser desfeito, e o futuro está aberto, depende de contingências imprevisíveis. O que devemos propor aqui é uma reversão dessa visão padrão: o passado está aberto a reinterpretações retroativas, ao passo que o futuro está fechado, porquanto vivemos em um universo determinista. Isso não significa que não podemos mudar o futuro; significa apenas que, a fim de mudarmos o nosso futuro, devemos primeiro (não "entender", mas) mudar o nosso passado, reinterpretá-lo de tal maneira que se abra para um futuro diferente daquele implicado pela visão predominante do passado.

Haverá uma nova guerra mundial? A resposta só pode ser paradoxal. *Se* tiver de haver uma nova guerra, será necessária. É assim que a história funciona – por meio de reversões estranhas, conforme descrito por Jean-Pierre Dupuy: "Se ocorre um evento marcante, uma catástrofe, por exemplo, não poderia não ter ocorrido; no entanto, na medida em que não ocorre, não é inevitável. É, portanto, a realização do evento – o fato de que ele acontece – que retroativamente cria sua necessidade"[5]. E exatamente o mesmo vale para uma nova guerra global: uma vez que o conflito exploda (entre os

---

não foi espontâneo, mas planejado com certos objetivos geopolíticos, não deve ser descartada como paranoia islamofóbica. Tanto os Estados Unidos quanto a Rússia estão claramente interessados no enfraquecimento da Europa e toleram silenciosamente sua reconquista muçulmana, o que também explica por que os países árabes ricos (Arábia Saudita, Kuwait, Emirados...) não recebem refugiados, enquanto financiam amplamente a construção de mesquitas na Europa.
5. Jean-Pierre Dupuy, *Petite Metaphysique des tsunamis* (Paris: Seuil, 2005), p. 19.

Estados Unidos e o Irã, entre a China e Taiwan), parecerá inevitável, ou seja, leremos automaticamente o passado que a ele conduziu como uma série de causas que necessariamente causaram a explosão. Se não acontecer, nós o leremos da mesma maneira que hoje lemos a Guerra Fria – como uma série de momentos perigosos em que a catástrofe foi evitada porque ambos os lados estavam cientes das consequências mortais de um conflito global. (Assim, temos hoje muitos intérpretes que afirmam que nunca houve um perigo real de uma Terceira Guerra Mundial durante os anos da Guerra Fria, que ambos os lados estavam apenas brincando com fogo.) É nesse nível mais profundo que as intervenções comunistas são necessárias.

Jürgen Habermas é frequentemente descrito como o filósofo de Estado da esquerda liberal alemã (e até mesmo europeia) – não é de admirar, então, que cerca de duas décadas atrás, o primeiro-ministro espanhol conservador, José Mariá Aznar, tenha mesmo chegado a propor formalmente que Habermas fosse declarado o filósofo de Estado espanhol (e europeu) (por conta da ideia de Habermas de patriotismo constitucional, um patriotismo fundamentado em valores emancipatórios embutidos em uma constituição em vez de nas próprias raízes étnicas). Embora discordando de Habermas em muitos pontos, sempre achei o papel que ele não tinha medo de desempenhar – o de um apoiador crítico, e até mesmo participante, do poder – honroso e necessário, um recuo mais do que bem-vindo da basicamente irresponsável "política à distância".

A maior parte do pensamento esquerdista nas últimas décadas caiu na armadilha do oposicionismo: adota como autoevidente a afirmação de que a verdadeira política só é possível à distância do Estado e de seus aparatos – no momento em que um agente mergulha totalmente nos aparatos e procedimentos estatais (como a política partidária parlamentar), a autêntica dimensão política é perdida. (Desse ponto de vista, o triunfo bolchevique – que tomou o poder na Rússia em outubro de 1917 – também aparece como a sua autotraição.) Mas será que não há em tal posição um aspecto indelével de evitação da responsabilidade? Retirar-se para a não participação do poder também é um ato positivo, porquanto sabe-se que outra pessoa terá de fazê-lo, e a coisa mais suja é deixar para outrem o trabalho sujo e então, depois que o trabalho é feito, acusar esse outro de oportunismo sem princípios. (Dentre outros, Eamon de Valera o fez quando deixou Michael Collins fazer as negociações "sujas" com os britânicos, que levaram ao Estado Livre Irlandês, e depois, após ele mesmo lucrar com isso, acusou-o de traição.) Um autêntico agente político nunca tem medo de tomar o poder e assumir a responsabilidade pelo que está acontecendo, sem recorrer a desculpas ("circunstâncias infelizes", "conspirações inimigas" ou qualquer que seja). Aí reside a grandeza de Lênin: depois de tomar o poder, ele sabia que os bolcheviques se encontravam em uma situação impossível (sem condições para uma verdadeira "construção do socialismo"), mas persistiu nela, tentando tirar o melhor proveito de um impasse total.

A verdadeira dimensão de uma revolução não se encontra nos momentos extáticos do seu clímax (um milhão de pessoas cantando na praça central...); deve-se antes focar em como a mudança é sentida na vida cotidiana quando as coisas voltam ao normal. É por isso que Trotsky perdeu para Stalin: após a morte de Lenin, a população da União Soviética estava lentamente emergindo de 10 anos de inferno (Primeira Guerra Mundial, guerra civil) com sofrimento incalculável, e as pessoas ansiavam por um retorno a algum tipo de normalidade. Isso é o que Stalin ofereceu a elas, ao passo que Trotsky, com sua revolução permanente, prometeu a elas apenas mais convulsão social e sofrimento.

Talvez, então, em vez das variações cada vez mais enfadonhas sobre o tema da "distância do Estado", o que precisamos hoje é de filósofos de Estado honestos, filósofos que não tenham medo de sujar as mãos na luta por um Estado diferente. A propósito da homossexualidade, Oscar Wilde citou "o amor que não ousa dizer seu nome" – o que precisamos hoje é de uma esquerda que ouse dizer seu nome, não de uma esquerda que encubra vergonhosamente seu núcleo com alguma folha de figueira cultural. E esse nome é comunismo.

A BAGUNÇA GLOBAL

1
200 ANOS DEPOIS: SERÁ QUE MARX ESTÁ VIVO, MORTO OU MORTO-VIVO?

A questão da contínua relevância da obra de Marx em nossa era de capitalismo global deve ser respondida de uma maneira propriamente dialética: não só a crítica de Marx da economia política, seu esboço da dinâmica capitalista, ainda é totalmente atual, como se deve mesmo dar um passo adiante e afirmar que é somente hoje, com o capitalismo global, que, para dizer em hegelês, a realidade chegou à sua noção. No entanto, aqui intervém uma reversão propriamente dialética: neste exato momento de plena atualidade, a limitação tem que aparecer, o momento de triunfo é o da derrota; após superar obstáculos externos, a nova ameaça vem de dentro, sinalizando uma inconsistência imanente. Quando a realidade alcança plenamente sua noção, essa noção mesma tem de ser transformada. Aí reside o paradoxo propriamente dialético: Marx não estava simplesmente errado, ele frequentemente estava certo, mas mais literalmente do que ele mesmo esperava estar.

Por exemplo, Marx não poderia ter imaginado que a dinâmica capitalista de dissolução de todas as identidades particulares afetaria, ademais, as identidades étnicas e sexuais: "a unilateralidade e a estreiteza de espírito tornam-se cada vez mais impossíveis" no âmbito sexual, e, no que diz respeito às práticas sexuais, "tudo o que é sólido se desmancha no ar, tudo o que é sagrado é profanado", de modo que o capitalismo tende a substituir a heterossexualidade normativa padrão por uma proliferação de identidades e/ou orientações instáveis e mutáveis. A celebração de hoje de "minorias" e "marginais" é a posição majoritária predominante – até mesmo os direitistas alternativos [*alt-Rightists*] que reclamam do terror do politicamente correto liberal se apresentam como protetores de uma minoria em perigo. Ou considere aqueles críticos do patriarcado que o atacam como se ainda fosse uma posição hegemônica, ignorando o que Marx e Engels escreveram há mais de 150 anos, no primeiro capítulo do *Manifesto Comunista*: "A burguesia, onde quer que esteja em vantagem, pôs fim a todas as relações feudais, patriarcais e idílicas". O que acontece com os valores da família patriarcal quando uma criança pode processar seus pais por negligência e abuso, ou seja, quando a família e a própria paternidade são *de jure* reduzidas a um contrato temporário e dissolúvel entre indivíduos independentes?

Como funciona a ideologia em tais condições? Lembre-se da piada clássica sobre um homem que acredita ser um grão de semente e é levado para uma instituição mental onde os médicos fazem o possível para finalmente convencê-lo de que ele não é um grão, mas um homem. Quando ele é curado (convencido de que não é um grão de semente, mas um homem) e autorizado a deixar o hospital, ele imediatamente retorna, tremendo; tem uma galinha do lado de fora da porta e ele tem medo de que ela o coma. "Caro amigo", diz seu médico, "você sabe muito bem que não é um grão de semente, mas um homem". "Claro que sei disso", responde o paciente, "mas será que a galinha sabe disso?" Exatamente o mesmo vale para a teoria do fetichismo da mercadoria de Marx, que é hoje ainda mais atual do que na época de Marx. O "fetichismo da mercadoria" é uma ilusão operativa no próprio cerne do processo de produção atual. Observe o início do subcapítulo sobre o fetichismo da mercadoria em *O Capital*: "Uma mercadoria parece à primeira vista uma coisa extremamente óbvia e trivial. Mas sua análise mostra que é uma coisa muito estranha, repleta de sutilezas metafísicas e minúcias teológicas"[6].

Marx não afirma, da maneira "marxista" usual, que a análise crítica deva demonstrar como uma mercadoria – o que parece ser uma misteriosa entidade teológica – emergiu do processo "ordinário" da vida real. Ele afirma, ao contrário, que a tarefa da análise crítica é desenterrar as "sutilezas metafísicas e as minúcias teológicas" no que parece, à primeira vista, ser apenas um objeto ordinário. O fetichismo da mercadoria (nossa crença de que as mercadorias são objetos mágicos, dotados de um poder metafísico inerente) não está localizado em nossa mente, na forma como (erroneamente) percebemos a realidade, mas em nossa própria realidade social. Podemos saber a verdade, mas agimos como se não soubéssemos – em nossa vida real, agimos como a galinha da piada.

Niels Bohr, que já deu a resposta certa para o "Deus não joga dados" de Einstein ("Não diga a Deus o que fazer!"), também proveu o exemplo perfeito de como uma negação fetichista da crença funciona na ideologia: vendo uma ferradura em sua porta, o surpreso visitante disse não acreditar na superstição de que traz sorte, ao que Bohr retrucou: "Eu também não acredito nisso; eu a tenho aí porque me disseram que funciona mesmo se a pessoa não acreditar!" É assim que a ideologia funciona em nossa era cínica: não precisamos acreditar nela. É assim que a ideologia funciona hoje: ninguém leva a sério a democracia ou a justiça, estamos todos conscientes de sua corrupção, mas as praticamos – ou

---

6. Karl Marx, *Capital*, Volume Um. Disponível em: http://www.marxists.org/archive/marx/works/1867-c1/ch01.htm.

seja, exibimos nossa crença nelas – porque presumimos que funcionem mesmo que não acreditemos nelas.

Talvez esta seja a razão pela qual a "cultura" está emergindo como a categoria central do mundo da vida. No que diz respeito à religião, nós já não "acreditamos realmente", apenas seguimos (alguns dos) rituais e costumes religiosos como parte do respeito ao "estilo de vida" da comunidade a que pertencemos (judeus descrentes obedecendo às regras kosher "por respeito à tradição"). "Eu não acredito realmente nisso, é apenas parte da minha cultura" parece ser o modo predominante da crença deslocada, característica de nossos tempos. "Cultura" é o nome de todas aquelas coisas que praticamos sem realmente acreditar nelas, sem levá-las muito a sério. É por isso que descartamos crentes fundamentalistas como "bárbaros", como anticulturais, como uma ameaça à cultura – eles ousam levar a sério suas crenças. A era cínica na qual vivemos não teria surpresas para Marx.

As teorias de Marx, portanto, não estão simplesmente vivas: Marx é um morto-vivo cujo fantasma continua a nos assombrar – e a única maneira de mantê-lo vivo é concentrar-se naqueles de seus *insights* que são hoje mais verdadeiros do que em seu próprio tempo, especialmente seu apelo à universalidade da luta emancipatória. A universalidade a ser afirmada hoje não é uma forma de humanismo, mas a universalidade da luta (de classes): mais do que nunca, o capital global deve ser combatido pela resistência global. Deve-se, portanto, insistir na diferença entre luta de classes e outras lutas (antirracistas, feministas etc.) que visam a coexistência pacífica de diferentes grupos e cuja expressão máxima é a política identitária. Com a luta de classes, não há política identitária: a classe oposta tem de ser destruída, e nós mesmos devemos, nesse mesmo movimento, desaparecer como classe. A melhor definição concisa de fascismo é: a extensão da política identitária para o domínio da luta de classes. A ideia fascista básica é a da unidade de classe: cada classe deve ser reconhecida em sua identidade específica e, dessa forma, sua dignidade será salvaguardada e o antagonismo entre classes evitado. O antagonismo de classes é aqui tratado da mesma forma que a tensão entre diferentes raças: as classes são aceitas como um fato quase natural da vida, não como algo a ser deixado para trás.

O *status* de Marx como morto-vivo exige que também sejamos críticos do legado marxista – não deve haver vacas sagradas aqui. Apenas dois exemplos interconectados devem ser suficientes aqui. De acordo com o dogma marxista padrão, a passagem do capitalismo para o comunismo ocorrerá em duas fases, a "inferior" e a "superior". Na fase inferior (às vezes chamada de "socialismo"), a lei do valor ainda será válida:

> [O] produtor individual recebe de volta da sociedade – após as deduções terem sido feitas – exatamente o que lhe dá. O que lhe deu é sua quantidade individual de trabalho. Por exemplo, a jornada de trabalho social consiste na soma das horas individuais de trabalho; o tempo de trabalho individual do produtor individual é a parte da jornada de trabalho social contribuída por ele, sua parte nela. Ele recebe um certificado da sociedade de que forneceu tal e tal quantidade de trabalho (após deduzir seu trabalho para os fundos comuns); e com esse certificado, ele extrai do estoque social de meios de consumo tanto quanto a mesma quantidade de custo laboral. A mesma quantidade de trabalho que ele deu à sociedade de uma forma, ele recebe de volta de outra... Em uma fase superior da sociedade comunista, depois que a subordinação escravizadora do indivíduo à divisão do trabalho desapareceu, e com ela também a antítese entre trabalho mental e físico; depois que o trabalho

se tornou não só um meio de vida, mas a necessidade primordial da vida; depois que as forças produtivas também aumentaram com o desenvolvimento geral do indivíduo, e todas as fontes de riqueza cooperativa fluem mais abundantemente – só então pode o estreito horizonte do direito burguês ser atravessado em sua totalidade e a sociedade inscrever em suas bandeiras: De cada um segundo sua capacidade, a cada um segundo suas necessidades![7]

A crítica padrão dessa distinção é que, enquanto o "estágio inferior" pode de alguma maneira ser imaginado e administrado, o "estágio superior" (comunismo pleno) é uma utopia perigosa. Essa crítica parece justificada pelo fato de os regimes socialistas realmente existentes terem sido apanhados em intermináveis debates sobre em que estágio se encontram, introduzindo subdivisões; por exemplo, em algum momento, na antiga União Soviética, prevaleceu a opinião de que eles já estavam acima do mero "socialismo", embora não ainda em pleno "comunismo" – eles estavam no "estágio inferior do estágio superior". Mas uma surpresa nos espera aqui: a tentação em muitos países socialistas foi pular o "estágio inferior" e proclamar que, apesar da pobreza material (ou, em um nível mais profundo, precisamente por conta dela), podemos entrar diretamente no comunismo. Durante o Grande Salto Adiante no final dos anos 1950, os comunistas chineses decidiram que a China deveria contornar o socialismo e entrar diretamente no comunismo. Eles referiam-se à famosa fórmula do comunismo de Marx: "De cada um segundo suas habilidades, a cada um segundo suas necessidades!" A armadilha foi a leitura que lhe foi feita a fim de legitimar a total militarização da vida nas comunas agrícolas: o quadro do Partido que comanda uma comuna sabe

---

7. Citado de https://www.marxists.org/archive/marx/works/1875/gotha/ch01.htm

o que todo agricultor é capaz de fazer, portanto estabelece o plano e especifica as obrigações dos indivíduos de acordo com suas habilidades; ele também sabe do que os agricultores realmente precisam para sobreviver e organiza de acordo com isso a distribuição de alimentos e outras provisões de subsistência. A condição de extrema pobreza militarizada torna-se assim a atualização do comunismo, e, obviamente, não basta afirmar que tal leitura falsifica uma ideia nobre – deve-se antes notar como ela jaz adormecida nela como uma possibilidade. O paradoxo consiste, portanto, em que começamos com a pobreza compartilhada do "comunismo de guerra", então, quando as coisas melhoram, progredimos/regredimos ao "socialismo" no qual idealmente, é claro, todos são pagos de acordo com sua contribuição, e... e, no final, voltamos ao capitalismo (como hoje na China), confirmando o velho ditado de que o comunismo é um desvio do capitalismo para o capitalismo. O que essas complicações atestam é que a verdadeira utopia é a do "estágio inferior" no qual a lei do valor ainda vigora, mas de uma maneira "justa", de modo que cada trabalhador recebe o que lhe é devido – um sonho impossível de intercâmbio social "justo" em que o fetiche do dinheiro é substituído por certificados simples não fetichizados. E estamos em um ponto semelhante hoje: a ameaça de apocalipses iminentes (ecológico, digital, social) nos obriga a abandonar o sonho socialista do capitalismo "justo" e a considerar medidas "comunistas" mais radicais.

Então, como devemos imaginar o comunismo? Em *O Capital*, Livro III, Marx renunciou à sua visão utópica anterior do comunismo como um estado no qual a oposição entre necessidade e liberdade, entre necessidade e trabalho, desaparecerá, e insistiu que, em toda sociedade, a distinção entre o reino da necessidade (*Reich der Notwendigkeit*) e o reino da liberdade (*Reich der Freiheit*) persistirá; o reino de nossas atividades lúdicas livres sempre terá de ser sustentado pelo reino do trabalho necessário para a reprodução contínua da sociedade:

> O reino da liberdade na verdade começa somente onde cessa o trabalho determinado por necessidade e considerações mundanas; portanto, na própria natureza das coisas ele se encontra além da esfera da verdadeira produção material. Assim como o selvagem deve lutar com a Natureza para satisfazer suas necessidades, para manter e reproduzir a vida, o mesmo deve acontecer com o homem civilizado, e ele deve fazê-lo em todas as formações sociais e sob todos os modos de produção possíveis. Com seu desenvolvimento, esse reino da necessidade física se expande como resultado de seus anseios; mas, ao mesmo tempo, as forças produtivas que satisfazem esses anseios também aumentam. A liberdade nesse campo só pode consistir no homem socializado e nos produtores associados, regulando racionalmente seu intercâmbio com a Natureza, submetendo-a ao seu controle comum, ao invés de serem regidos por ela como pelas forças cegas da Natureza; e conseguindo isso com o menor gasto de energia e sob as condições mais favoráveis e dignas da sua natureza humana. Mas ela, mesmo assim, ainda continua a ser um reino da necessidade. Além dela começa aquele desenvolvimento da energia humana que é um fim em si mesmo, o verdadeiro reino da liberdade, que, no entanto, só pode florescer com esse reino da necessidade como sua base. A redução da jornada de trabalho é seu pré-requisito básico[8].

Essa linha de pensamento tem de ser rejeitada; o que a torna suspeita é precisamente o seu evidente caráter de senso comum. Devemos correr o risco de reverter a relação entre os

---

8. Citado de https://www.marxists.org/archive/marx/works/download/pdf/Capital-Volume-III.pdf

dois reinos: é somente através da disciplina do trabalho que podemos recuperar a nossa verdadeira liberdade, ao passo que como consumidores espontâneos estamos presos na necessidade de nossas propensões naturais. As infames palavras na entrada de Auschwitz, *"Arbeit macht frei"*, são, portanto, verdadeiras – o que não significa que estejamos nos aproximando do nazismo, mas simplesmente que os nazistas se apropriaram desse lema com cruel ironia.

Ser comunista hoje significa não ter medo de tirar tais conclusões radicais, inclusive no que diz respeito a uma das afirmações mais sensíveis da teoria marxista, a ideia do "definhamento" do poder do Estado. Precisamos de governos? Esta questão é profundamente ambígua. Pode ser lida como um desdobramento da ideia radical de esquerda de que o governo (o poder do Estado) é em si uma forma de alienação ou opressão, e de que devemos trabalhar para aboli-lo e construir uma sociedade com algum tipo de democracia direta. Ou pode ser lida de uma maneira liberal menos radical: em nossas sociedades complexas precisamos de alguma agência reguladora, mas devemos mantê-la sob rígido controle, fazendo-a servir aos interesses daqueles que nela investem seus votos (se não seu dinheiro). Ambas as visões estão perigosamente erradas.

Quanto à ideia de uma organização autotransparente da sociedade que impediria a "alienação" política (aparatos estatais, regras institucionalizadas da vida política, ordem legal, polícia etc.), trata-se da experiência básica do fim do socialismo realmente existente, e não, precisamente, da aceitação resignada do fato de que a sociedade é uma rede complexa de "subsistemas", razão pela qual um certo nível de "alienação" é constitutivo da vida social, de modo que uma sociedade totalmente autotransparente é uma utopia com potenciais totalitários. Não é de admirar que as práticas hodiernas de "democracia direta", das favelas à cultura digital "pós-industrial" (as descrições das novas comunidades "tribais" de hackers de computador não costumam evocar a lógica da democracia de conselhos?), tenham todas que contar com um aparato de Estado – ou seja, sua sobrevivência depende de uma espessa textura de mecanismos institucionais "alienados": De onde vêm a eletricidade e a água? Quem garante o Estado de direito? A quem recorremos para cuidados de saúde? Etc. etc. Quanto mais uma comunidade se autogoverna, mais esta rede tem de funcionar de maneira suave e invisível. Talvez devêssemos mudar o objetivo das lutas emancipatórias de superar a alienação a impor o tipo certo de alienação: Como alcançar um funcionamento suave dos mecanismos sociais "alienados" (invisíveis) que sustentam o espaço das comunidades "não alienadas"?

Será então que devemos adotar a noção liberal tradicional mais modesta de poder representativo? Os cidadãos transferem (parte do) seu poder para o Estado, mas sob condições precisas: o poder é restrito pela lei, limitado a condições muito precisas de seu exercício, uma vez que o povo continua sendo a fonte última da soberania e pode revogar o poder se assim o decidir. Em suma, o Estado, com seu poder, é o sócio minoritário em um contrato que o sócio majoritário (o povo) pode a qualquer momento revogar ou alterar, basicamente da mesma maneira que cada um de nós pode mudar o prestador de serviços que cuida dos nossos resíduos ou da nossa saúde. No entanto, no momento em que se olha de perto um edifício real do poder do Estado, pode-se facilmente detectar um sinal implícito, mas inconfundível: "Esqueça nossas limitações – em última análise, podemos fazer o que quisermos com você!" Esse excesso não é um suplemento contingente que estraga a pureza do poder, mas seu constituinte necessário –

sem ele, sem a ameaça da onipotência arbitrária, o poder do Estado não é um verdadeiro poder, ele perde sua autoridade.

Portanto, não é que necessitemos do Estado para regular nossos assuntos e, infelizmente, tenhamos que comprar seu lado autoritário como um preço necessário – necessitamos precisamente e talvez principalmente desse lado autoritário. Como Kierkegaard o colocou, afirmar que acredito em Cristo porque fui convencido pelas boas razões do cristianismo é uma blasfêmia – a fim de entender as razões do cristianismo eu deveria primeiro acreditar. É a mesma coisa com o amor: não posso dizer que amo uma mulher por causa dos seus traços – para ver seus traços como belos, eu já deveria estar apaixonado. E é assim com toda autoridade, da paterna à estatal.

O problema básico é o seguinte: como inventar um modo diferente de passividade da maioria, como lidar com a inevitável alienação da vida política. Essa alienação tem de ser considerada em sua forma mais forte, como o excesso constitutivo do funcionamento de um poder real, negligenciado tanto pelo liberalismo quanto pelos proponentes esquerdistas da democracia direta.

2
POR QUE AS CONTRADIÇÕES SECUNDÁRIAS SÃO IMPORTANTES: UMA VISÃO MAOÍSTA

Uma rápida olhada em nosso imbróglio já deixa claro que estamos envolvidos em múltiplas lutas sociais: a tensão entre o *establishment* liberal e o novo populismo, a luta ecológica, a luta pelo feminismo e pela liberação sexual, as lutas étnicas e religiosas, a luta pelos direitos humanos universais e a luta contra o controle digital de nossas vidas. Como juntar todas essas lutas sem simplesmente privilegiar uma delas (a luta econômica, a luta feminista, a luta antirracista...) como a "verdadeira" luta fornece a chave para todas as outras lutas. Meio século atrás, quando a onda maoísta estava no auge, a distinção de Mao Tsé-Tung entre contradições "principais" e "secundárias" (do seu tratado "Sobre a Contradição" escrito em 1937) era moeda corrente nos debates políticos. Talvez essa distinção mereça ser trazida de volta à vida.

Quando Mao fala sobre "contradições", ele usa o termo no sentido simples da luta dos opostos, dos antagonismos sociais e naturais, e não no sentido estritamente dialético articulado por Hegel. A teoria das contradições de Mao pode ser resumida em quatro pontos. Em primeiro lugar, uma contradição específica é o que define primariamente uma coisa, tornando-a o que ela é: não é um erro, uma falha, um mau funcionamento de uma coisa, mas, em certo sentido, a própria característica que a mantém íntegra – se essa contradição desaparece, a coisa perde sua identidade. Um exemplo marxista clássico: até então, ao longo da história, a "contradição" primária que definia toda sociedade era a luta de classes. Em segundo lugar, uma contradição nunca é única, ela depende de outra(s) contradição(ões). O exemplo do próprio Mao: em uma sociedade capitalista, a contradição entre o proletariado e a burguesia é acompanhada de outras contradições "secundárias", como aquela entre os imperialistas e suas colônias. Em terceiro lugar, embora essa contradição secundária dependa da primeira (as colônias existem apenas no capitalismo), a contradição principal nem sempre é a dominante: as contradições podem trocar de lugar de importância. Por exemplo, quando um país é ocupado, é a classe dominante que costuma ser subornada para colaborar com os ocupantes para manter sua posição privilegiada, de modo que a luta contra os ocupantes se torna uma prioridade. O mesmo pode valer para a luta contra o racismo: em um estado de tensão e exploração racial, a única maneira de lutar efetivamente pela classe trabalhadora é focar na luta contra o racismo (é por isso que qualquer apelo à classe trabalhadora branca, como no populismo hodierno da direita alternativa [*alt-right*], trai a luta de classes). Em quarto lugar, uma contradição principal também pode mudar: pode-se argumentar que hoje, talvez, a luta ecológica designe a "principal contradição" de nossas sociedades, uma vez que lida com uma ameaça à sobrevivência coletiva da própria humanidade. Pode-se, é claro, argumentar que a nossa "principal contradição" continua sendo o antagonismo do sistema capitalista global, uma vez que os problemas ecológicos são o resultado da exploração excessiva dos recursos naturais impulsionada pela sede capitalista de lucro. No entanto, é duvidoso que a nossa confusão ecológica possa ser tão facilmente reduzida a um efeito da expansão capitalista – houve catástrofes ecológicas relacionadas ao homem antes do capitalismo, e não há qualquer razão para que uma próspera sociedade pós-capitalista também não enfrentasse o mesmo impasse.

Para retomar, embora haja sempre uma contradição principal, as contradições podem trocar de lugar de importância. Consequentemente, quando estamos lidando com uma série complexa de contradições, devemos localizar a superior, mas também devemos lembrar que nenhuma contradição permanece estática – com o tempo, elas se transformam umas nas outras. Essa multiplicidade de contradições não é simplesmente um fato empírico contingente; ela define a própria noção de uma (única) contradição: toda contradição depende da existência de "pelo menos uma" (outra contradição), sua "vida" reside em como ela interage com outras contradições. Se uma contradição permanecesse sozinha, não seria uma "contradição" (luta de opostos), mas uma oposição estável. A "luta de classes" reside em como ela sobredetermina as relações entre os sexos, a luta com a natureza no processo de produção, as tensões entre diferentes culturas e raças...

Por mais antiquadas e irremediavelmente datadas que essas ruminações possam parecer, elas hoje adquirem uma nova realidade. Meu primeiro ponto "maoísta" é que, a fim de se assumir uma posição correta em cada uma das lutas de hoje, deve-se localizar cada uma delas na complexa interação com outras lutas. Um princípio importante aqui é que, ao contrário da moda de hoje em dia, devemos nos ater a formas "binárias" de oposição e traduzir cada aparência de posições múltiplas em uma combinação de opostos "binários". Hoje, não temos três posições principais (hegemonia liberal-centrista, populismo direitista e a nova esquerda), mas dois antagonismos – populismo direitista *versus* um *establishment* liberal-centrista – e ambos juntos (os dois lados da ordem capitalista existente) enfrentam o desafio esquerdista.

Vamos começar com um exemplo simples: Macedônia – o que há em um nome? Não faz muito tempo, os governos da Macedônia e da Grécia concluíram um acordo sobre como resolver o problema do nome "Macedônia": ele deveria ser mudado para "Macedônia do Norte". Esta solução foi instantaneamente atacada por radicais em ambos os países. Os oponentes gregos insistiam que "Macedônia" é um antigo nome grego, e os oponentes macedônios se sentiam humilhados por serem reduzidos a uma província "do Norte", uma vez que são as únicas pessoas que se autodenominam "macedônios". Por mais imperfeita que fosse, essa solução oferecia um vislumbre de esperança de encerrar uma luta longa e sem sentido por meio de um compromisso razoável. Mas foi pega em outra "contradição": a luta entre grandes potências (Estados Unidos e União Europeia de um lado, Rússia do outro). O Ocidente pressionou os dois lados a aceitarem o compromisso para que a Macedônia pudesse ingressar rapidamente na União Europeia e na Otan, ao passo que, exatamente pelo mesmo motivo (vendo nele o perigo de sua perda de influência nos Bálcãs), a Rússia se opôs, apoiando forças nacionalistas conservadoras raivosas em ambos os países. Então, de que lado devemos ficar aqui? Acho que decididamente devemos ficar do lado do compromisso, pela simples razão de que é a única solução realista para o problema – a Rússia se opôs simplesmente por causa de seus interesses geopolíticos, sem oferecer outra solução, então apoiar a Rússia aqui significaria sacrificar a solução razoável do problema singular das relações Macedônias e Gregas aos interesses geopolíticos internacionais.

Agora, consideremos a prisão de Meng Wanzhou, diretora financeira da Huawei e filha do fundador da empresa, em Vancouver. Ela é acusada de violar as sanções dos Estados Unidos ao Irã e pode ser extraditada para os Estados Unidos, onde pode pegar até 30 anos de prisão se for considerada culpada. O que é verdade aqui? Com toda a probabilidade, de uma forma ou de outra, todas as grandes corporações infringem discretamente as leis. Mas é mais do que evidente que se trata apenas de uma "contradição secundária" e que outra batalha está na verdade sendo travada aqui: não tem a ver com o comércio com o Irã, mas com a grande batalha pelo domínio na produção de hardware e software digital. O que a Huawei simboliza é uma China que já não é a Foxconn China, o lugar de trabalho quase escravo de montar máquinas desenvolvidas em outros lugares, mas um lugar onde software e hardware também são concebidos. A China tem potencial para tornar--se um agente muito mais forte no mercado digital do que o Japão com a Sony ou a Coreia do Sul com a Samsung. Atualmente, abundam relatos em nossa mídia sobre condições de trabalho extenuantes nas fábricas da Huawei na China, e há até mesmo sugestões de que as sanções contra a Huawei realmente ajudarão esses trabalhadores – mas ninguém pediu um boicote quando as mesmas (ou até piores) condições terríveis foram descobertas nas fábricas da Foxconn.

Mas chega de exemplos particulares – as coisas ficam mais complexas com a "contradição" entre a descida da direita alternativa à vulgaridade racista/sexista e o rígido moralismo regulatório politicamente correto. É crucial, do ponto de vista da luta progressista pela emancipação, *não* aceitar essa "contradição" como primária, mas desvendar nela os ecos deslocados e distorcidos da luta de classes. Como na ideologia fascista, a direitista figura populista do Inimigo (a combinação de elites financeiras e imigrantes invasores) combina os dois extremos da hierarquia social, obscurecendo assim a luta de classes; no extremo oposto, e de forma quase simétrica, o antirracismo e o antissexismo politicamente correto mal escondem o fato de que o seu alvo final é o racismo e o sexismo da classe trabalhadora branca, assim neutralizando também a luta de classes. É por isso que é falsa a designação do politicamente correto como "marxismo cultural": o politicamente correto, em toda a sua pseudorradicalidade, é, ao contrário, a última defesa do liberalismo "burguês" contra o conceito de marxismo, ofuscando/deslocando a luta de classes como a "contradição principal".

As coisas ficam mais complexas com a luta pelos direitos humanos universais. Aqui, há uma "contradição" entre os proponentes desses direitos e aqueles que alertam que, em sua versão padrão, os direitos humanos universais não são verdadeiramente universais, mas privilegiam implicitamente os valores ocidentais (os indivíduos têm primazia sobre as coletividades etc.) e são, por conseguinte, uma forma de neocolonialismo ideológico – não é à toa que a referência aos direitos humanos serviu de justificação para muitas intervenções militares, do Iraque à Líbia. Os partidários dos direitos humanos universais objetam que sua rejeição muitas vezes serve para justificar formas locais de governo autoritário e repressão como elementos de um modo de vida particular. Como decidir aqui? Um compromisso intermediário não é suficiente; deve-se dar preferência aos direitos humanos universais por uma razão muito precisa: uma dimensão de universalidade deve servir como um meio no qual múltiplos modos de vida podem coexistir, e a noção ocidental de universalidade dos direitos humanos contém a dimensão autocrítica que torna visíveis as suas próprias limitações. Quando a noção ocidental padrão de direitos humanos universais é criticada por seu viés particular, essa própria crítica tem de se referir a alguma noção de universalidade mais autêntica, que nos faça ver a distorção de uma falsa universalidade. Mas alguma forma de universalidade está sempre presente, mesmo uma visão modesta da coexistência de modos de vida diferentes e, em última análise, incompatíveis tem de contar com ela. Em suma, o que isso significa é que a "contradição principal" não é a da(s) tensão(ões) entre diferentes modos de vida, mas a "contradição" dentro de cada modo de vida ("cultura", organização de seu *gozo*) entre sua particularidade e sua pretensão de universalidade – para usar um termo técnico, cada modo de vida particular está, por definição, apanhado em uma "contradição pragmática", sua pretensão de validade está minada não pela presença de outros modos de vida, mas pela sua própria inconsistência.

O exemplo último da importância das contradições secundárias foram as eleições europeias de 2019 – será que há alguma lição a ser aprendida a partir delas? Os detalhes por vezes espetaculares (como a derrota esmagadora de ambos os principais partidos no Reino Unido) não devem nos cegar para o fato básico de que nada realmente grande e surpreendente aconteceu. Sim, a nova direita populista fez progressos, mas continua longe de prevalecer. A frase, repetida como um mantra, de que as pessoas exigiam mudanças, é profundamente enganosa – sim, mas que tipo de mudança? Era basicamente a variação do velho lema "algumas coisas têm de mudar para que tudo permaneça o mesmo".

A autopercepção dos europeus *in toto* é que eles têm muito a perder para arriscarem uma revolução (uma reviravolta radical), e é por isso que a maioria tende a votar nos partidos que lhes prometem paz e uma vida calma (contra as elites financeiras, contra a "ameaça imigrante", ...). É também por isso que um dos perdedores das eleições europeias de 2019 foi a esquerda populista, especialmente na França e na Alemanha: a maioria não quer mobilização política. Os populistas de direita entenderam muito melhor essa mensagem: o que eles realmente oferecem não é uma democracia ativa, mas um forte poder autoritário que trabalharia para (o que eles apresentam como) os interesses do povo. Aí reside também a limitação fatal do DIEM (*Democracy in Europe Movement* [Movimento pela Democracia na Europa]) do ex-ministro das finanças grego Yanis Varoufakis: o cerne da sua ideologia é a esperança de mobilizar a maioria das pessoas comuns, para dar-lhes uma voz por meio da quebra da hegemonia das elites governantes.

Há alguns anos, ouvi uma anedota de um amigo de Willy Brandt. Após a queda do Muro de Berlim, Mikhail Gorbachev – nessa época já um cidadão comum – quis visitar Brandt e apareceu sem avisar na porta de sua casa em Berlim, mas Brandt (ou seu empregado) ignorou o toque da campainha e recusou-se até mesmo a abrir a porta. Mais tarde, Brandt explicou a seu amigo sua reação como sendo uma expressão de sua raiva contra Gorbachev: ao permitir a desintegração do bloco soviético, Gorbachev havia arruinado as fundações da social-democracia ocidental. Foi a constante comparação com os países comunistas do Leste Europeu que manteve a pressão sobre o Ocidente para tolerar o Estado de bem-estar social-democrata, e uma vez desaparecida a ameaça comunista, a exploração no Ocidente tornou-se mais aberta e implacável e o Estado de bem-estar também começou a se desintegrar.

Por mais simplificada que seja essa ideia, há um pouco de verdade nela: o resultado da queda dos regimes comunistas é a queda (ou melhor, a desintegração prolongada) da própria social-democracia. A ingênua expectativa de que a queda da má esquerda "totalitária" abriria espaço para a boa esquerda "democrática" infelizmente mostrou-se equivocada. Uma nova divisão do espaço político na Europa está gradualmente substituindo a velha oposição entre um partido de centro-esquerda e um partido de centro-direita substituindo-se mutuamente no poder: a oposição entre um partido de centro-liberal (pró-capitalista e culturalmente liberal: pró-escolha e direitos dos homossexuais etc.) e um movimento populista de direita. O paradoxo é que os novos populistas, embora culturalmente conservadores, muitas vezes defendem e até mesmo impõem, quando estão no poder, medidas que normalmente são associadas à social-democracia, mas que nenhum verdadeiro partido social-democrata ousa impor.

Mesmo o sucesso dos partidos verdes nas eleições europeias de 2019 se enquadra nessa fórmula: não deve ser tomado como sinal de um autêntico despertar ecológico; foi mais um voto *ersatz*, o voto preferencial de todos aqueles que percebem claramente a insuficiência da política hegemônica do *establishment* europeu e rejeitam a reação nacionalista-populista a ela, mas não estão dispostos a votar na esquerda social-democrata ou ainda mais radical. Foi um voto daqueles que querem ficar com a consciência limpa sem realmente agir. Ou seja, o que imediatamente chama a atenção nos partidos verdes europeus de hoje é o predominante tom de moderação: eles permanecem amplamente inseridos na abordagem "política como de costume"; seu objetivo é apenas o capitalismo com uma cara verde. Estamos ainda longe da tão necessária radicalização que só pode surgir por meio da coalizão dos verdes e do núcleo duro da esquerda.

Mas o que realmente está em jogo na confusão de hoje não é principalmente o destino dos partidos sociais-democratas como agentes políticos, mas o destino do que Peter Sloterdijk chamou de social-democracia "objetiva": o verdadeiro triunfo da social-democracia ocorreu quando suas reivindicações básicas (educação e saúde gratuitas etc.) tornaram-se parte do programa aceito por todos os principais partidos e foram inscritas no funcionamento das próprias instituições estatais. A tendência de hoje vai na direção oposta: quando perguntaram a Margaret Thatcher o que ela considerava seu maior sucesso, ela respondeu o "Novo Trabalhismo", insinuando o fato de que até mesmo seus oponentes do Partido Trabalhista haviam adotado sua política econômica.

Os demais esquerdistas radicais têm uma resposta rápida para isso: a social-democracia está desaparecendo precisamente porque adotou a política econômica neoliberal, então a solução é... o quê? É aqui que começam os problemas. Os esquerdistas radicais não têm um programa alternativo viável, e o desaparecimento da social-democracia europeia é um processo mais complexo. Em primeiro lugar, deve-se notar seus recentes sucessos eleitorais na Finlândia, na Eslováquia, na Dinamarca e na Espanha. Em segundo lugar, deve-se notar que, medidos pelos padrões europeus, os "socialistas democratas" americanos como Bernie Sanders não são extremistas, mas modestos sociais-democratas. Nas décadas anteriores, a postura padrão da esquerda radical em relação à social-democracia era de desconfiança paternalista: quando a social-democracia é a única opção esquerdista, devemos apoiá-la, sabendo que acabará fracassando – esse fracasso será uma importante experiência de aprendizagem para o povo. Hoje, no entanto, a social-democracia à moda antiga é cada vez mais percebida pelo *establishment* como uma ameaça: suas demandas tradicionais já não são aceitáveis. Esta nova situação exige uma nova estratégia. A lição para a esquerda a partir de tudo isso é: abandone o sonho de uma grande mobilização popular e foque em mudanças no cotidiano. O verdadeiro sucesso de uma "revolução" só pode ser medido no dia seguinte, quando as coisas voltam ao normal. Como a mudança é percebida no cotidiano das pessoas comuns?

De volta ao Reino Unido, a confusão do Brexit não é uma exceção, mas apenas a explosão agravada de uma tensão que percorre toda a Europa. O que a situação no Reino Unido demonstra é que, como o diria Mao, as contradições secundárias são importantes. O erro de Corbyn foi agir como se a escolha entre "Brexit ou não" fosse desprovida de grande importância, de modo que (embora seu coração estivesse com o Brexit) ele navegou oportunisticamente entre os dois lados; tentando não perder votos de nenhum dos lados, ele os perdeu de ambos. Mas as contradições secundárias importam: era crucial assumir uma posição clara. Esta é, de um modo mais geral, a difícil questão que a esquerda europeia evita cuidadosamente: como, em vez de sucumbir à tentação populista nacionalista, elaborar uma nova visão esquerdista da Europa.

3
PROLETÁRIOS NÔMADES

Em sua "Political Considerations About Lacan's Later Work" [Considerações políticas sobre a obra tardia de Lacan], Jean-Claude Milner cita "Joyce le symptôme", de Lacan: "Ne participent à l'histoire que les déportés: puisque l'homme a un corps, c'est par le corps qu'on l'a" [Os únicos a participarem da história são os deportados: porquanto o homem tem um corpo, é por meio do corpo que os outros o têm]. ..."Il [= Joyce] a raison, l'histoire n'étant rien de plus qu'une fuite dont ne se racontent que des exodes" [Joyce tem razão, a história nada mais é do que uma fuga, sobre a qual apenas o êxodo é contado]. Lacan refere-se aqui à oposição entre "fuga" (vagar sem objetivo) e "êxodo" (quando vagamos com um destino final em mente, como os judeus em busca de uma terra prometida): "fuga" é o real da história, errância sem lei, e essa fuga só se torna parte da história narrada quando se transforma em êxodo. Milner então aplica essa oposição aos imigrantes de hoje: eles vagueiam e o lugar onde eventualmente pousam não é o seu destino escolhido. Essa impossibilidade de organizar sua experiência na narrativa de um êxodo é o que torna os imigrantes refugiados reais e, enquanto tais, insuportáveis. Seus corpos (muitas vezes a única coisa que possuem) são um constrangimento, perturbando nossa paz – percebemos esses corpos como uma ameaça potencial, como algo que exige comida e cuidado, que polui nossa terra. Por conseguinte, o ódio a que [os imigrantes] são submetidos, bem como a necessidade de piedade humanitária a fim de evitar a única consequência lógica que os sistemas políticos ocidentais deveriam extrair explicitamente, se aceitassem a sua própria estrutura real: a eliminação física dos imigrantes. Como meio termo entre a piedade verbal e a crueldade factual, as almas honradas descobriram as virtudes da segregação. Desde o começo da década de 1970, Lacan considerou a segregação como o fato social por excelência, sendo o racismo apenas um subcaso desse processo geral[9].

Como esses intrusos errantes se relacionam com os proletários? Em alguns círculos esquerdistas, o crescimento explosivo de refugiados sem-teto deu origem à noção de "proletário nômade". A ideia básica é que, no mundo globalizado de hoje, o principal antagonismo (a "contradição primária") já não é entre a classe dominante capitalista e o proletariado, mas entre aqueles que estão seguros sob a cúpula de um mundo "civilizado" (com ordem pública, direitos básicos etc.) e aqueles que são excluídos, reduzidos a uma vida nua. Os "proletários nômades" não estão simplesmente fora da cúpula, mas em algum lugar no meio: sua forma de vida substancial pré-moderna já está em ruínas, devastada pelo impacto do capitalismo global, mas eles não estão integrados à cúpula da ordem global, então eles vagueiam em um submundo intermediário. Eles não são proletários no sentido marxista estrito; paradoxalmente, quando entram na cúpula dos países desenvolvidos, o ideal da maioria deles é precisamente tornarem-se proletários explorados "normais". Recentemente, um refugiado de Salvador que tentou entrar nos Estados Unidos pela fronteira México-Estados Unidos

---

9. Citado de http://crisiscritique.org/april2019/milner.pdf

disse para as câmeras de TV: "Por favor, Sr. Trump, deixe-nos entrar, só queremos ser bons trabalhadores em seu país".

Será que a distinção entre os proletários propriamente ditos (trabalhadores explorados) e os nômades (menos que) proletários pode ser de alguma forma obscurecida em uma nova categoria mais abrangente dos proletários de hoje? Do ponto de vista marxista estrito, a resposta é um retumbante NÃO: para Marx, os proletários não são apenas "os pobres", mas aqueles que, por seu papel no processo de produção, são reduzidos a uma subjetividade desprovida de todo conteúdo substancial; enquanto tal, eles também são disciplinados pelo processo de produção para se tornarem portadores de seu poder futuro (a "ditadura do proletariado"). Aqueles que estão fora do processo de produção – e, portanto, fora de um lugar na totalidade social – são tratados por Marx como "lumpemproletários", e ele não vê neles nenhum potencial emancipatório; ao contrário, ele os trata com grande desconfiança, como a força que é, via de regra, mobilizada e corrompida por forças reacionárias (como Napoleão III).

As coisas se complicaram com a vitória da Revolução de Outubro, quando os bolcheviques exerceram o poder em um país onde não só a grande maioria da população era de pequenos agricultores (e os bolcheviques ganharam poder justamente lhes prometendo terras), mas onde, como resultado de violentas revoltas durante a guerra civil, milhões de pessoas encontraram-se na posição não de lumpemproletários clássicos, mas de nômades sem-teto que ainda não eram proletários (reduzidos ao "nada" de sua força de trabalho), mas literalmente menos que proletários (menos-que-nada). Sua presença maciça é o tema central da obra de Andrei Platonov, que descreveu em detalhes seu modo de vida, elaborando uma singular "ontologia materialista da vida pobre"[10]. Do ponto de vista da "ontologia da vida pobre", o paralelo entre Samuel Beckett e Platonov é totalmente relevante: a experiência de uma "vida pobre" não é também o cerne da grande trilogia de romances de Beckett, *Molloy*, *Malone Morre*, *O inominável*? Toda a temática, bem como os detalhes de *Malone Morre* relacionam-se claramente com as *péripéties* francesas durante a ocupação alemã e seu rescaldo: controle nazista e colaboracionista, terror e opressão, a vingança contra os colaboracionistas, e a maneira como os refugiados foram tratados ao voltarem para casa e se recuperarem. O que confere tamanha força ao romance é justamente que esses três domínios são condensados em uma única experiência sufocante de um indivíduo sem-teto deslocado, um indivíduo perdido na teia de medidas policiais, psiquiátricas e administrativas.

A diferença entre Platonov e Beckett é que, enquanto Beckett apresenta a experiência dos refugiados sem-teto como indivíduos à mercê de instituições do Estado, Platonov concentra-se em grupos nômades deslocados em uma situação pós-revolucionária quando o novo poder comunista tenta mobilizá-los para a luta comunista. Cada uma de suas obras "parte do mesmo problema político de como construir o comunismo: do que significa comunismo e como a ideia comunista atende às condições concretas e à realidade da sociedade pós-revolucionária". A resposta de Platonov a este problema é paradoxal, longe da usual rejeição dissidente do comunismo. Seu resultado é negativo; todas as suas histórias são histórias

---

10. Baseio-me aqui fortemente em Maria Chehonadskih, "Soviet Epistemologies and the Materialist Ontology of Poor Life: Andrei Platonov, Alexander Bogdanov and Lev Vygotsky". [Epistemologias soviéticas e a ontologia materialista da vida pobre: Andrei Platonov, Alexander Bogdanov e Lev Vygotsky.] Manuscrito não publicado, do qual foram retiradas todas as citações não atribuídas.

de um fracasso; a "síntese" entre o projeto comunista e os grupos nômades deslocados termina em um vazio; não há unidade entre proletários e menos-que-proletários:

> Em Chevengur (1926-1928), o órfão Sasha Dvanov torna-se comunista no ano da revolução, junta-se aos bolcheviques e sai em missão partidária para apoiar a revolução em uma aldeia. Durante sua longa jornada, Dvanov descobre "o comunismo em uma aldeia", estabelecido por camponeses pobres. O comunismo da aldeia de Chevengur é acompanhado de vários experimentos absurdos de planejamento urbano e agricultura, terror permanente e fome. Os intelectuais orgânicos errantes são um suplemento das massas, classes e comunidades errantes, e todos são acompanhados em sua migração por animais, plantas e paisagens naturais. O protagonista de *Dzhan* [1936; em português, "Alma"], Nazar Chagataev, retorna à sua cidade natal no Turquistão em uma missão partidária para encontrar a nação nômade perdida de Dzhan, de onde ele veio, a fim de estabelecer uma ordem socialista. *Dzhan* foi escrito após as duas viagens de Platonov ao Turquistão como membro de delegações de escritores. Isso foi durante o período em que a guerra civil no Turquistão havia acabado de terminar e uma campanha contra as formas de vida nômades tradicionais havia sido iniciada. A tarefa da delegação era escrever uma história realista socialista ortodoxa sobre um processo "civilizador" bem-sucedido nas comunidades locais. O problema central do *Dzhan* de Platonov pode parecer estar em conformidade com este resumo, narrando como ele o faz a história de um "Moisés Vermelho" conduzindo os habitantes nômades do deserto asiático ao socialismo. No entanto, Chagataev volta para Moscou quando sua missão termina e ficamos com dúvidas sobre o futuro do comunismo no deserto. ...A obra mais famosa de Platonov, *The Foundation Pit* [O poço de fun-

dação] (1930), também foi criada no contexto do primeiro plano quinquenal. Ela se desenrola por meio de uma série de encontros entre o protagonista Voshchev e os moradores de uma pequena cidade provincial, que estão envolvidos na construção de uma enorme casa proletária. Enquanto Voshchev desafia os representantes de diferentes grupos de classes, envolvendo-se em uma investigação socrática sobre a verdade, o projeto adquire um plano cada vez mais grandioso, antes de finalmente chegar a um fim sem nenhum resultado.

Mas estamos, ao mesmo tempo, tão longe quanto possível da velha crítica liberal conservadora da revolução como uma tentativa violenta de impor à vida real modelos que lhe sejam estranhos. Primeiro, Platonov articula seu desespero desde a posição de um lutador engajado pelo comunismo (ele esteve ativamente engajado com grupos nômades na década de 1920, também em um nível técnico muito prático, planejando e organizando projetos de irrigação etc.). Em segundo lugar, Platonov não está descrevendo um conflito entre a textura tradicional da vida social e a tentativa revolucionária radical de mudá-la (no estilo da crítica de Edmund Burke à Revolução Francesa): seu foco não está nas formas tradicionais de vida, mas nos nômades despossuídos cujas vidas já estavam irremediavelmente arruinadas pelo processo de modernização. Em suma, o corte radical que Platonov descreve não é entre a multidão proletária "espontânea" e as forças comunistas organizadas, mas entre os dois aspectos da própria multidão proletária, entre os dois "nadas" sociais: o "nada" estritamente proletário dos trabalhadores modernos gerados pelo capitalismo, e o "menos-que-nada" daqueles não integrados ao sistema, nem mesmo como sua negatividade imanente, como fica claro neste breve diálogo de Chevengur: "'Quem você nos trouxe?' Chepurny perguntou a Prokofy...

'São proletários e outros', disse Prokofy. Chepurny estava perturbado 'Que outros? Mais uma vez a camada de suíno residual?' ...'Os outros são os outros. Ninguém. São ainda piores do que o proletariado'". Eis algumas passagens que descrevem esses "menos-que-nada" sociais:

> Os heróis de Platonov têm origens nacionais e culturais diferentes, mas ainda assim representam a mesma categoria: o proletariado. A ideia por trás das faces "internacional" e "não russa" é a ideia de um proletariado multinacional médio que compõe uma classe. Há uma explicação significativa da "não russidade" dos nômades desclassificados em Chevengur: "Este é o verdadeiro proletariado internacional: veja – eles não são russos, não são armênios, não são tártaros – eles não são coisa alguma! Eu lhe trago internacional ao vivo". É precisamente essa perspectiva multinacional, e pode-se mesmo dizer anticolonial, que leva Platonov à desconstrução da imagem dominante da classe trabalhadora industrial branca, que era tão típica entre os linha-dura do Proletkult ... Ele viu camaradas como nunca havia encontrado antes, pessoas sem qualquer compreensão ou aparência de classe e sem valor revolucionário. Estes eram, em vez disso, uma espécie de outros anônimos que viviam totalmente sem significado, sem orgulho e afastados do iminente triunfo mundial. Mesmo a idade desses outros era impossível apreender, pois tudo o que se podia perceber era que eles eram pobres, tinham corpos que cresciam involuntariamente e eram estranhos para todos. Platonov nomeia seus marginais andarilhos desclassificados "pessoas feitas à mão com uma designação desconhecida", "não contabilizados", "confundíveis" ou *"prochie"* – *"others"* [outros], na tradução inglesa de Robert Chandler. A palavra russa *prochie* também se refere ao "resto", o "restante". Portanto, outros é o resto do povo; eles não pertencem a nenhuma categoria de

classe existente na teoria marxista, porque eles são demasiado pobres e excluídos da vida social normal... O outro, portanto, refere-se a alguém que permanece não contabilizado devido à sua condição amorfa e marginal, mas que também faz parte de uma multiplicidade que não pode ser contada – parte de um povo disperso e nômade, uma anomalia da humanidade, apanhada entre a vida e a morte, social e biológica.

Como a última frase citada deixa claro, é preciso evitar absolutamente a elevação de *prochie* a um local original de produtividade, sua presença viva oprimida pela representação do Estado. *Prochie* não são a multidão deleuzeana, são, ao contrário, "mortos-vivos" apanhados numa passividade improdutiva, basicamente privados da própria vontade de serem ativos. É por isso que devemos arriscar oferecer ainda outra tradução de *prochie*: os próximos, com todo o peso bíblico deste termo, aqueles que são "outros" e, precisamente enquanto tais, sempre muito próximos de nós, não importa quão longe estejam. O que os torna tão próximos é que não temos uma distância adequada em relação a eles, porque eles não possuem uma identidade clara, um lugar na sociedade. O lema cristão "ame o seu próximo como a si mesmo" adquire aqui todo o seu peso: o verdadeiro amor social é o amor pelos inexplicáveis menos-que-nada. No entanto, esse amor pode assumir diferentes formas, e, embora os bolcheviques certamente os amassem, quisessem ajudá-los e redimi-los, eles seguiram o modelo do que Lacan chamou de "discurso universitário": *prochie* eram seu *objet petit a*, e eles puseram todo seu esforço em iluminá-los, em transformá-los em sujeitos modernos. O conflito que está no cerne da obra de Platonov não é, portanto, um conflito entre inimigos, mas uma espécie de briga de amantes: os bolcheviques queriam ajudar os outros sem-teto, civilizá-los, e os outros (retratados por Platonov) endossaram sinceramente os ideais comunistas e lutaram por eles, mas deu tudo errado: "Os outros nos romances de Platonov são sempre manipulados por camaradas, líderes partidários e intelectuais 'mais conscientes', mas sempre sem sucesso – é quase impossível integrar os outros no corpo coletivo dos trabalhadores e estabelecer uma sociabilidade normalizada baseada na coletivização do trabalho e da produção industrial".

No entanto, Platonov sutilmente observou que essa lacuna não é apenas a lacuna entre a força revolucionária autoconsciente e a inércia das multidões: enquanto os bolcheviques se concentravam no aspecto operacional da transformação social, o núcleo da utopia comunista estava diretamente presente nos sonhos dos Outros que esperavam que algo radicalmente novo surgisse. O comunismo não estava em lugar algum mais perto do que na imobilidade dos Outros, na sua resistência a serem apanhados em medidas operativas concretas: "o *status* especial dos elementos pobres e desclassificados, que ao contrário dos trabalhadores organizados, dos representantes do partido e dos intelectuais, estão dispostos a ficar onde estão para fazer algo radicalmente novo. De certa forma, a vida deles permanece em estado de espera, e a questão é que tipo de política será estabelecida aqui". As famosas inflexões de linguagem de Platonov também se situam nesse contexto da tensão entre a linguagem oficial do partido e a fala "primitiva" dos outros:

> Platonov refletiu o desenvolvimento histórico de uma nova linguagem soviética feita de *slogans* revolucionários, o vocabulário da economia política marxista, o jargão dos bolcheviques e burocratas do partido e sua absorção pelos camponeses e trabalhadores analfabetos. A pesquisa histórica demonstra que para a maioria da população pós-revolucionária, especialmente nas províncias, a linguagem do partido era estrangeira e ininteligível, de modo que "eles mesmos começaram forçosamente

a absorver o novo vocabulário... amiúde distorceram seus termos desconhecidos e livrescos, ou os reconfiguraram como algo mais compreensível, não obstante absurdo". Assim, "deistvyushchaya armia" – "exército atuante" – tornou-se "devstvyushchaya armia" – "exército virginal" – porque "atuante" e "virgindade" soam idênticos em russo; "militsioner" ("miliciano") tornou-se "litsimer" ("hipócrita").

Será que essa mistura bastarda única, com toda a sua mobilização "sem sentido" de semelhanças sonoras que podem engendrar faíscas de verdades inesperadas (num regime opressor, os policiais *são* hipócritas; os revolucionários *devem* agir virginalmente, numa espécie de inocência, libertos de qualquer motivo egoísta), não é um caso exemplar do que Lacan chamou *lalangue*, uma linguagem atravessada por todos os antagonismos sociais e sexuais que a distorcem para além de sua estrutura linguística? Esta *lalangue* emerge através do uso por Platonov de dois dispositivos (quase) simetricamente opostos:

> [Primeiro,] ele interpreta uma definição ideológica abstrata através do uso do homem comum, a pessoa do povo, e em segundo lugar, ele faz uma operação inversa, quando sobrecarrega as palavras e expressões cotidianas mais simples e claras... com um conjunto de associações ideológicas, a tal ponto que essas palavras se tornam "tão terrivelmente improváveis e confusas que, finalmente, perdem seu significado inicial".

Qual é a implicação política dessa perda de sentido? Embora se interpenetrem, os dois níveis – o discurso bolchevique oficial e o discurso cotidiano dos Outros – permanecem para sempre antagônicos: quanto mais a atividade revolucionária tentou combiná-los, mais seu antagonismo tornou-se palpável. Essa falha não é empírica e contingente; os dois níveis simplesmente pertencem a espaços radicalmente heterogêneos. Por esta razão, deve-se também evitar a armadilha de celebrar a "subcorrente" do marxismo soviético, a outra linha suprimida pelo marxismo-leninismo soviético oficial, a linha que rejeitou o papel de controle "de cima" do Partido e contou com a auto-organização direta dos trabalhadores "de baixo" (como foi o caso com Bogdanov), indicando uma esperança de um desenvolvimento diferente, menos opressivo, da União Soviética, em contraste com a abordagem de Lenin, que lançou os alicerces do stalinismo. É verdade que essa outra linha era uma espécie de "sintoma" do marxismo leninista oficial; registrava o que estava "reprimido" da ideologia soviética oficial, mas precisamente enquanto tal permanecia parasitário do marxismo oficial – ou seja, não se sustentava sozinho. Em suma, a armadilha a ser evitada aqui é elevar a "vida pobre" dos Outros a algum tipo de vida comunal autêntica da qual possa emergir uma alternativa à nossa malfadada modernidade capitalista. Não há nada de "autêntico" na vida pobre dos Outros; sua função é puramente negativa, ela registra (e até dá corpo) ao fracasso dos projetos sociais, inclusive o comunista.

E, infelizmente, o mesmo fracasso, o qual é necessário por razões estruturais, também caracteriza um projeto homólogo de fusão da classe trabalhadora de hoje e dos "menos-que-proletários" de hoje (refugiados, imigrantes) – ou seja, a ideia de que o "proletário nômade" é a fonte potencial de mudança revolucionária. Aqui também, é preciso assumir plenamente a lição de Platonov: a tensão não é apenas entre as classes baixas racistas conservadoras locais e os imigrantes; a diferença em todo o "modo de vida" é tão forte que não se pode contar com uma solidariedade fácil de todos os explorados. Talvez o antagonismo entre proletários e "outros" menos-que-proletários seja um antagonismo que é, em certo sentido, ainda mais insuperável do que o antagonismo de classe dentro da mesma comunidade étnica. Precisamente neste ponto, quando a "subsunção" (dos Outros aos "nossos" proletários) parece a mais óbvia, e a universalidade de todos os oprimidos parece à mão, ela desliza para fora de nosso alcance. Em outras palavras, os Outros "menos-que-proletários" não podem ser subsumidos, integrados, não porque sejam muito diferentes, muito heterogêneos em relação ao nosso mundo da vida, mas porque são absolutamente inerentes a ele, o resultado das suas próprias tensões.

Isso, é claro, de forma alguma implica que a posição proletária marxista só seja possível no Ocidente desenvolvido. Durante uma visita à Índia, encontrei representantes do movimento da parte mais baixa da casta mais baixa (os "intocáveis"), os limpadores de banheiros secos, e eles me deram uma resposta maravilhosamente concisa sobre o que desejam alcançar: "Nós não queremos ser o que somos". Portanto, não há nenhuma política identitária, não há nenhuma busca de reconhecimento e respeito pelo trabalho singular que realizam, apenas a demanda por uma mudança social que torne supérflua e impossível a sua identidade.

Fica-se assim tentado a propor uma reformulação radical aqui: no capitalismo global de hoje os elementos problemáticos não são os nômades "menos-que-nada" que resistem a serem subsumidos no "nada" proletário como o eventual local de uma possível mudança social radical; os elementos problemáticos são, cada vez mais, os próprios proletários (locais) que, quando confrontados com os nômades "menos-que-nada", de repente se dão conta de que o seu "nada" (o nível-zero, o "lugar do não lugar" na ordem social existente) é, no entanto, um nada determinado, uma posição dentro da ordem social existente com todos os privilégios (educação, saúde etc.) que isso implica. Não é de admirar, então, que quando os proletários "locais" encontram os nômades "menos-que-

-nada", sua reação é a redescoberta de sua própria identidade cultural. Para colocá-lo em termos hegelianos especulativos, os proletários "locais" descobrem que o seu "nada" é, no entanto, sustentado por uma série de privilégios particulares, e essa descoberta, é claro, torna-os muito menos propensos a se envolver em atos emancipatórios radicais – eles descobrem que têm muito mais a perder do que os seus grilhões.

Há uma piada bem conhecida sobre judeus reunidos em uma sinagoga para declarar publicamente seus fracassos. Primeiro, um poderoso rabino diz: "Perdoe-me, Deus, eu não sou nada, não sou digno de sua atenção!" Depois dele, um rico comerciante diz: "Perdoe-me, Deus, eu sou um nada inútil!" Então um pobre judeu comum dá um passo à frente e diz: "Perdoe-me, Deus, eu também não sou nada". O rico comerciante sussurra para o rabino: "Quem ele pensa que é, esse cara miserável, que também pode dizer que não é nada?" Há um *insight* profundo nessa piada: "tornar-se nada" exige o esforço supremo da negatividade, de arrancar-se da imersão na teia das determinações particulares. Essa elevação sartreana do sujeito ao vazio, ao nada, não é uma verdadeira posição lacaniana (ou hegeliana): Lacan demonstra como, para fazê-lo, é preciso encontrar apoio em um elemento particular que funciona como um "menos-que-nada" – o nome de Lacan para isso é *objeto a*, objeto-causa do desejo. Tomemos um exemplo político. A proibição politicamente correta de afirmar a identidade particular dos homens brancos (como o modelo de opressão dos outros), embora se apresente como a admissão de sua culpa, confere-lhes uma posição central: essa proibição mesma de afirmar sua identidade particular os transforma no meio neutro-universal, o lugar de onde a verdade sobre a opressão dos outros é acessível. E é por isso que os liberais brancos se entregam tão prontamente à autoflagelação: o verdadeiro objetivo de sua atividade não é realmente ajudar os outros, mas alcançar o *Lustgewinn* provocado por suas autoacusações, o sentimento de sua própria superioridade moral sobre os outros. O problema da autonegação da identidade branca não é que ela vá longe demais, mas que não vá longe o suficiente: embora seu conteúdo enunciado pareça radical, sua posição de enunciação permanece a de uma universalidade privilegiada. Então, sim, eles se declaram "nada", mas essa renúncia mesma a algo (particular) é sustentada pelo excedente de gozo de sua superioridade moral, e podemos facilmente imaginar a cena da citada piada judaica repetida aqui: quando, digamos, um negro diz "eu também não sou nada!", um branco sussurra para o vizinho (branco): "Quem esse cara pensa que é para poder dizer que também não é nada?" Mas podemos facilmente passar da imaginação para a realidade aqui. Há cerca de uma década, em uma mesa redonda em Nova York onde os esquerdistas politicamente corretos predominavam, lembro-me de alguns grandes nomes dentre os "pensadores críticos" que, um após o outro, praticavam autoflagelação, culpando a tradição judaico-cristã pelos nossos males, pronunciando veredicos mordazes sobre o "eurocentrismo" etc. Então, inesperadamente, um ativista negro juntou-se ao debate e também fez algumas observações críticas sobre as limitações do movimento muçulmano negro. Ao ouvir isso, os "pensadores críticos" brancos trocaram olhares irritados cuja mensagem era algo como "Quem esse cara pensa que é, que também pode afirmar que é um nada inútil?" E algo semelhante não vale para a maneira como "nossos" proletários tendem a reagir aos proletários nômades? "Nós somos o verdadeiro nada – quem são eles para também afirmarem que não são nada?"

De volta a Platonov: em um nível abstrato, ele assim levanta a questão da subsunção (dos Outros no proletariado), e hoje estamos enfrentando o mesmo problema não apenas em relação aos refugiados e outros migrantes (será que eles podem ser subsumidos na ordem capitalista global?), mas também em um nível mais formal do que Balibar chama de "subsunção total" como a tendência básica do capitalismo hodierno[11]. Este termo não abrange apenas o fenômeno do chamado "capitalismo cultural" (a crescente comoditização da esfera cultural), mas, sobretudo, uma plena subsunção à lógica do capital dos próprios trabalhadores e do processo de sua reprodução:

> Enquanto Marx explicou que o "capital" em última análise poderia ser reduzido a trabalho (produtivo) ou nada mais era do que trabalho em uma forma diferente, apropriado por uma classe diferente, a teoria do capital humano explica que o trabalho – mais precisamente a "capacidade de trabalho" [*Arbeits vermögen*] – pode ser reduzido ao capital ou ser analisado em termos de operações capitalistas de crédito, investimento e rentabilidade. Isso é, claro, o que está por trás da ideologia do indivíduo como um "autoempreendedor", ou um "empreendedor de si mesmo"[12].

A questão aqui "não é tanto descrever um crescimento de mercados para produtos existentes; é muito mais ampliar o alcance do mercado para além dos limites da 'esfera da produção' no sentido tradicional, e, portanto, adicionar novas fontes de 'mais-valia extra' permanente que possam se integrar à valorização, superando suas limitações, porque o capital é valorizado tanto no lado 'objetivo' do trabalho e da produção, quanto no lado 'subjetivo' do consumo e do uso"[13].

---

11. Etienne Balibar "Towards a New Critique of Political Economy: From Generalized Surplus-Value to Total Subsumption", in *Capitalism: Concept, Idea, Image* (Kingston: CRMEP Books, 2019).
12. Balibar, "Towards a New Critique of Political Economy", p. 51.
13. Balibar, "Towards a New Critique of Political Economy", p. 53.

Então não se trata apenas de tornar a força de trabalho mais produtiva, mas de conceber a própria força de trabalho diretamente como mais um campo de investimento capitalista: todos os aspectos de sua vida "subjetiva" (saúde, educação, vida sexual, estado psíquico, ...) são considerados não só importantes para a produtividade dos trabalhadores, mas campos de investimento que podem gerar mais-valia adicional. Os serviços de saúde não servem simplesmente aos interesses do capital tornando os trabalhadores mais produtivos; eles próprios são um campo de investimento incrivelmente poderoso, não só para o capital (os serviços de saúde compõem o ramo mais forte da economia dos Estados Unidos, muito mais forte do que a defesa), mas para os próprios trabalhadores (que veem o pagamento do seguro de saúde como um investimento para seu futuro). O mesmo vale para a educação: ela não apenas prepara você para o trabalho produtivo; é em si o campo de um investimento rentável tanto para as instituições como para os indivíduos que investem no seu futuro. É como se, dessa maneira, a comoditização não apenas se tornasse total, mas também fosse apanhada em uma espécie de ciclo autorreferencial: a força de trabalho como a última "fonte de riqueza (capitalista)", a origem da mais-valia, torna-se ela mesma um momento de investimento capitalista. Em nenhum lugar esse ciclo é mais claramente expresso do que na ideia do trabalhador como um "autoempreendedor", um capitalista que decide livremente onde investir seus (escassos) recursos excedentes (ou, principalmente, recursos adquiridos por meio de empréstimos): em educação, saúde, habitação, propriedade... Será que este processo tem limite? Quando, no último parágrafo do seu ensaio, Balibar aborda esta questão, ele estranhamente recorre a uma referência lacaniana, à lógica do não todo de Lacan (das suas "fórmulas de sexuação"):

Isso é o que chamo de subsunção total (depois da subsunção "formal" e "real") porque não deixa nada de fora (nenhuma reserva para vida "natural"). Ou, tudo o que fica de fora deve aparecer como um resíduo, e um campo para incorporação posterior. Mas será que deve? É claro que essa é a questão, tanto ética quanto política: há limites para a comoditização? Há obstáculos internos e externos? Um lacaniano pode querer dizer: toda essa totalização inclui um elemento de impossibilidade que pertence ao "real"; deve ser *pas tout*, ou nem tudo. Se assim fosse, os elementos heterogêneos, os restos intrínsecos da subsunção total, poderiam aparecer de muitas formas diferentes, algumas aparentemente individualistas, como patologias ou resistências anarquistas, outras comuns ou mesmo públicas. Ou podem se manifestar em certas dificuldades na implementação da agenda neoliberal, como a dificuldade de desmantelar um sistema de Medicare depois de ele ter sido legalizado[14].

O que Balibar diz aqui é, para um lacaniano, muito estranho. Ele condensa (ou melhor, apenas confunde) os dois lados das fórmulas de sexuação de Lacan, e simplesmente lê a exceção como não-todo: a totalidade da subsunção é não-todo, porquanto há exceções que resistem a serem subsumidas ao capital. Mas Lacan justamente opõe não-todo e exceção: toda universalidade se baseia em uma exceção, e quando não há exceções, o conjunto é não-todo, não pode ser totalizado. (Um exemplo interessante de exceção ao controle politicamente correto do discurso público são as letras de rap: aí você pode dizer tudo, celebrar estupro, assassinato etc. etc. Por que essa exceção? A razão é fácil de adivinhar: os negros são considerados a imagem privilegiada da vitimização, e o

---

14. Balibar, "Towards a New Critique of Political Economy", p. 57.

rap a expressão da miséria da juventude negra, então a brutalidade das letras de rap é absolvida de antemão como a expressão autêntica do sofrimento e da frustração negra.) Essa oposição também deve ser aplicada ao tópico da subsunção: deve-se passar da busca de exceção, daqueles que resistem à subsunção (universal) e são, enquanto tais, o "lugar de resistência", a endossar a subsunção sem exceção e contar com o seu não-todo. A subsunção de vidas individuais a que Balibar se refere não pode ser reduzida a um caso particular de subsunção capitalista universal; ela permanece um caso particular que, devido à sua natureza autorrelativa (a própria força de trabalho torna-se capital), redobra a produção de mais-valia.

Na crítica de Marx à economia política, há dois casos principais de universalidade por exceção: dinheiro e força de trabalho. O campo das mercadorias só pode ser totalizado por meio de uma mercadoria especial que funciona como um equivalente geral de todas as mercadorias, mas é, enquanto tal, privada de valor de uso; o campo da troca de mercadorias só é totalizado quando produtores individuais não apenas vendem seus produtos no mercado, mas quando a força de trabalho (como uma mercadoria cujo valor de uso é gerar mais-valia) também é vendida no mercado como uma mercadoria. Então, talvez haja um terceiro caso aqui: quando esta mercadoria, que produz mais-valia, torna-se ela mesma um objeto de investimento de capital trazendo mais-valia, de modo que obtemos dois tipos de mais-valia: a mais-valia "normal" gerada pelos produtos da força de trabalho e o excedente gerado pela produção da própria força de trabalho. Um bom exemplo do *insight* de Hegel sobre como o Absoluto sempre envolve autodivisão e é, neste sentido, não todo: com a produção da própria força de trabalho como um campo de investimento de capital, a subsunção sob o capital torna-se total – mas, precisamente enquanto tal, torna-se não-todo, não pode ser totalizada, o elemento autorreferencial da própria força de trabalho como investimento de capital introduz uma lacuna que introduz desequilíbrio em todo o campo. Por exemplo, o que significam os enormes investimentos em educação? Muitos estudos empíricos demonstram que a maior parte do ensino superior não é realmente útil para a reprodução do capital – mesmo as escolas de negócios fazem muito pouco para treinar indivíduos para se tornarem gerentes eficazes. Por conseguinte, embora a mídia nos bombardeie com a mensagem de que a educação é crucial para uma economia bem-sucedida, a maioria dos estudos universitários é irrelevante para fins empresariais. É por isso que as instituições estatais e empresariais reclamam o tempo todo sobre como as humanidades não servem para nada e como as universidades deveriam ser feitas para atender às necessidades da vida real (isto é, do capital). Mas e se for exatamente isso o que torna o nosso enorme sistema educacional tão precioso? Não serve a nenhum objetivo claramente definido, apenas multiplica a cultura "inútil", o pensamento refinado, a sensibilidade para a arte etc. Por conseguinte, encontramo-nos em uma situação paradoxal: no momento mesmo em que, formalmente, até mesmo a educação torna-se cada vez mais subsumida ao capital como um campo de investimento, o resultado real dessa subsunção é que enormes quantias de dinheiro são gastas no cultivo do conhecimento e da arte como seu próprio objetivo. Obtemos assim centenas de milhares de indivíduos altamente educados que não são úteis para o capital (que não conseguem encontrar empregos). Mas, em vez de protestar contra esse gasto sem sentido de recursos financeiros, será que não deveríamos celebrar esse resultado como um sinal inesperado da expansão do "reino da liberdade"?

Talvez essa lacuna possa funcionar como uma fonte de esperança, talvez abra a possibilidade de uma mudança radical: a lógica do capital é ameaçada não por algum resto externo não integrado, mas pela sua própria inconsistência interna, que explode quando a subsunção se torna total.

4
SERÁ QUE A RESPOSTA DA ESQUERDA AO POPULISMO DE DIREITA DEVERIA REALMENTE SER UM "ME TOO"?

Todos conhecemos a famosa pintura de um cachimbo de Magritte, com as palavras abaixo do desenho de um cachimbo: "Ceci n'est pas une pipe". Encontramos uma surpreendente nova versão deste paradoxo nas recentes voltas e reviravoltas da política israelense.

Na terça-feira, 19 de março de 2019, um anúncio de campanha foi lançado em Israel no qual Ayelet Shaked, a ministra da Justiça direitista, movendo-se em câmera lenta, parece estar atuando como modelo para um perfume de luxo. No rótulo do frasco de perfume lê-se "Fascismo", e, enquanto Shaked se borrifa com ele, ouve-se a voz do narrador: "Revolução do Judiciário. Redução do ativismo. Nomeação de juízes. Governança. Separação de poderes. Restrição da Suprema Corte". Por fim, a ministra quebra a quarta parede e dirige-se diretamente à câmera (ou seja, a nós, os telespectadores): "Cheira a democracia para mim"[15]. A ironia (um tanto ou quanto estapafúrdia) do anúncio é clara: os críticos da esquerda-liberal de Shaked a atacam por (o que eles percebem como) elementos fascistas no seu programa (e nas medidas

---

15. Cf. https://www.nytimes.com/2019/03/19/world/middleeast/ayelet-shaked-perfume-ad.html

impostas pelo seu ministério); na sua resposta aos críticos, ela ironicamente assume o termo ("fascista"), enquanto a voz enumera suas medidas reais, que são democráticas.

Embora, na campanha eleitoral em curso em Israel, Shaked esteja tentando superar Netanyahu pela direita, Netanyahu fez o mesmo caminho em suas recentes declarações no Instagram onde, após afirmar que todos os cidadãos de Israel, inclusive os árabes, têm direitos iguais, acrescentou: "Israel não é um Estado de todos os seus cidadãos". (Uma referência à controversa lei aprovada em 2018 declarando Israel o Estado-nação do povo judeu)[16]. Portanto, chegamos mais perto da verdade se simplesmente invertermos o anúncio publicitário de Shaked: ela se borrifa com um perfume chamado "Democracia" enquanto um narrador enumera suas realizações – sistema de apartheid com cidadãos de segunda classe, mais de um milhão de palestinos em um limbo legal, bombardeios de civis. Um transeunte (não a própria Shaked) então comenta: "Me cheira a fascismo".

No entanto, é muito fácil insistir que Shaked e Netanyahu são na verdade fascistas – a verdade é um pouco mais complexa. Embora continuem a respeitar as democráticas regras parlamentares, eles jogam um jogo populista, e a lógica do populismo de hoje também pode ser caracterizada como fascismo democrático, com a democracia limitada ao "nosso lado", nosso grupo étnico – os outros são inimigos do povo (como Trump gosta de dizer, ressuscitando o velho termo stalinista que ele talvez tenha aprendido com um de seus quatro grandes amigos – não de Kim Jong-un, Mohammad bin Salman, ou Jair Bolsonaro, mas de Putin).

---

16. Cf. https://www.theguardian.com/world/2019/mar/10/benjamin-netanyahu-says-israel-is-not-a-state-of-all-its-citizens

É isso que torna o populismo racista de hoje tão perigoso: não apenas sua pretensão de representar as preocupações reais das pessoas comuns, mas sua legitimação democrática. É assim que funciona hoje o "fascismo que cheira a democracia". Shaked tem razão: o que torna o populismo racista de hoje tão traumático não é o fato de ser fascista, mas o fato de *ser*, em certo sentido, genuinamente democrático, de representar um novo modo de funcionamento da democracia – para criticá-lo, deve-se criticar os potenciais perigosos inerentes à própria democracia. Então, será que a esquerda deve copiá-lo para obter o mesmo sucesso? A última tendência nas extravagâncias da política esquerdista é efetivamente uma versão estranha do MeToo: a esquerda deveria aprender com a ascensão do populismo direitista – o WeToo pode jogar o jogo populista. Dizem-nos repetidamente que o populismo de esquerda está de fato ganhando e funciona – mas onde e como funciona? Em todos os lugares nos quais se tornou uma força séria, da América Latina ao partido Podemos da Espanha, ele tropeçou em um limite fatal. Quanto ao Partido Trabalhista de Corbyn, sua política não pode ser chamada de populista de qualquer maneira significativa (além disso, ainda não ganhou poder onde o verdadeiro teste virá). Contra as paixões populistas de direita (de Nigel Farage a Boris Johnson), a atual política do Partido Trabalhista é precisamente um triunfo de argumentação pragmática racional – pode-se discordar de algumas medidas propostas, mas a linha de argumentação é sempre clara. Pode-se imaginar um político menos sujeito a explosões de paixão do que Corbyn (o que, para evitar um mal-entendido, é para mim o que torna Corbyn grande)?

Esse fato por si só torna problemática a confiança dos populistas de esquerda na oposição entre a argumentação racional pragmática fria e o confronto apaixonado – embora os populistas de esquerda insistam que há limites para esse confronto: eles permanecem dentro do quadro democrático; os antagonismos devem ser transpostos para uma competição agonística na qual todos os lados obedeçam às regras democráticas básicas. Mas e se essas regras já não forem aceitas por todos os agentes? Quando, há alguns anos, eu respondia às perguntas dos leitores do *Süddeutsche Zeitung* sobre a crise dos refugiados, a pergunta que de longe mais chamou a atenção dizia respeito justamente à democracia, mas com um toque populista de direita: quando Angela Merkel fez seu famoso apelo público convidando centenas de milhares de imigrantes para a Alemanha, qual foi sua legitimação democrática? O que lhe deu o direito de trazer uma mudança tão radical para a vida alemã sem consulta democrática? O meu ponto aqui, claro, não é apoiar populistas anti-imigrantistas, mas mostrar claramente os limites da legitimação democrática. O mesmo vale para aqueles que defendem a abertura radical das fronteiras aos refugiados. Será que estão cientes de que, uma vez que nossas democracias são democracias de Estado-nação, sua demanda equivale a uma suspensão da democracia? Deve-se permitir que uma mudança tão gigantesca afete um país sem a consulta democrática de sua população? (Sua resposta teria sido, claro, que os refugiados também deveriam ter o direito de votar – mas isso é claramente insuficiente, uma vez que essa é uma medida que só pode acontecer depois que os refugiados já estiverem integrados ao sistema político de um país.) Lembro-me de tempos atrás ver George Soros na TV, onde ele defendia a ideia de que a Europa deveria aceitar mais um milhão de refugiados. A despeito de seus melhores motivos humanitários, um aspecto me incomodava: que direito ele, um bilionário, tem de promover um deslocamento tão grande de pessoas sem sequer levantar a questão do que a população local na Europa pode pensar disso? Yuval Harari aponta como os problemas atuais com os imigrantes na

Alemanha já nos confrontam com os limites da democracia. Como se opor aos populistas anti-imigrantistas que exigem um referendo sobre os imigrantes, certos de que a maioria dos alemães votará contra eles? Será então que a solução é conferir direito de voto também aos imigrantes? A quais deles? Aos que já estão na Alemanha, aos que querem ir para lá?

No final dessa linha, temos a ideia de eleições mundiais, que é autodestrutiva por uma razão simples e precisa: *uma vez que* não há "acordo sobre o básico" *a nível mundial*, o único procedimento à nossa disposição (fora a guerra total, é claro) é negociar. (É por isso que o conflito no Oriente Médio não pode ser resolvido por eleições, mas apenas por guerra ou negociações.) E as negociações, por definição, implicam a superação da lógica antagônica de nós contra eles. De acordo com os populistas de esquerda, a principal razão para a derrota da esquerda é a postura não combativa da argumentação racional e o universalismo sem vida na teoria sintetizada pelos nomes de Anthony Giddens, Ulrich Beck e Jürgen Habermas. Essa Terceira Via pós-política não pode combater de maneira eficiente a lógica agonística de nós contra eles mobilizada com sucesso pelos populistas de direita anti-imigrantistas. Por conseguinte, a forma de combater esse populismo de direita é recorrer ao populismo de esquerda, que, embora mantendo as coordenadas populistas básicas (lógica agonística de nós contra eles, do "povo" contra uma elite corrompida), as preenche com um conteúdo de esquerda: "eles" não consistem em refugiados ou imigrantes pobres, mas referem-se ao capital financeiro, à burocracia estatal tecnocrática etc. Esse populismo vai além do velho anticapitalismo da classe trabalhadora; ele tenta reunir uma multiplicidade de lutas, da ecologia ao feminismo, do direito ao emprego à educação e saúde gratuitas etc., como o partido Podemos está fazendo na Espanha.

No que diz respeito à política pragmática desapaixonada de compromisso racional, deve-se notar primeiro que a ideologia do neoliberalismo (também em sua versão liberal-esquerdista) é tudo menos "racional": é *extremamente* confrontadora, exclui brutalmente aqueles que não a aceitam como perigosos utopistas antidemocráticos, seu conhecimento especializado é ideologia em sua forma mais pura etc. Os problemas com a Esquerda de Terceira Via (que endossava a economia neoliberal) não eram que ela fosse demasiado racional-pragmática, mas que simplesmente não era verdadeiramente racional – estava permeada de um pragmatismo desprovido de princípios que endossa de antemão as premissas do oponente. A política de esquerda hoje não precisa (apenas) de paixão confrontadora; precisa muito mais de verdadeira racionalidade fria. A análise fria e a luta apaixonada não apenas não se excluem mutuamente como precisam uma da outra.

A fórmula da politização agonística, do confronto apaixonado, dirigida contra o universalismo sem vida, é simplesmente demasiado formal – ela ignora a grande questão que espreita no fundo: Por que é que a esquerda abandonou a lógica agonística de nós contra eles décadas atrás? Será que não foi pelas profundas mudanças estruturais do capitalismo, mudanças que não podem ser enfrentadas por meio da simples mobilização populista? A esquerda abandonou o confronto antagônico porque fracassou em sua luta contra o capitalismo, porque aceitou o triunfo global do capitalismo. Como disse Peter Mandelson, em termos da economia, somos todos thatcheristas, de modo que tudo o que resta à esquerda é a multiplicidade de lutas particulares: direitos humanos, feminismo, antirracismo e, especialmente, multiculturalismo. (É interessante notar que Ernesto Laclau, o pai teórico do populismo de esquerda, primeiro saudou entusiasticamente a política da Terceira Via de Blair – como uma libertação do essencialismo de classe etc. – e só mais tarde a visou como o modo de política não antagonista.)

O Podemos, sem dúvida, representa o populismo no seu melhor: contra as arrogantes elites intelectuais politicamente corretas que desprezam a "estreiteza" das pessoas comuns consideradas "estúpidas" por "votarem contra seus interesses", o princípio organizador do partido é ouvir e organizar os "de baixo" contra os "de cima", além de todos os modelos tradicionais de esquerda e direita. A ideia é que o ponto de partida da política emancipatória deveria ser a experiência concreta do sofrimento e das injustiças das pessoas comuns em seu mundo da vida local (domicílio, local de trabalho etc.), não visões abstratas de uma futura sociedade comunista ou qualquer que seja. Embora as novas mídias digitais pareçam abrir espaço para novas comunidades, a diferença entre essas novas comunidades e as antigas comunidades do mundo da vida é crucial: essas velhas comunidades não são escolhidas, eu nasci nelas, elas formam o próprio espaço da minha socialização; ao passo que as novas comunidades (digitais) me incluem num domínio específico definido pelos meus interesses e, portanto, dependente da minha escolha. Longe de tornar deficientes as antigas comunidades "espontâneas", o fato de não se basearem na minha livre-escolha as torna superiores em relação às novas comunidades digitais, uma vez que me obrigam a encontrar meu caminho para um mundo da vida pré-existente não escolhido no qual encontro (e tenho que aprender a lidar com) diferenças reais, ao passo que as novas comunidades digitais, dependendo da minha escolha, sustentam o mito ideológico do indivíduo que de alguma forma preexiste em uma vida comunal e é livre para escolhê-la. Embora essa abordagem sem dúvida contenha um (muito grande) grão de verdade, seu problema é que, para ser franco, não apenas, como Laclau gostava de enfatizar, a sociedade não existe, como tampouco o "povo" existe.

Essa tese não deve ser tomada como uma afirmação teórica abstrata sobre a inconsistência que atravessa o corpo social: ela se refere a um fato bastante concreto, até mesmo experiencial. "Povo" é um nome falso para a totalidade social – em nosso capitalismo global, a totalidade é "abstrata", invisível, não há como ancorá-la em mundos da vida concretos. Em outras palavras, no atual universo capitalista global, uma "experiência concreta" de ser membro de um determinado mundo da vida, com seus costumes, vínculos vivos, formas de solidariedade etc., já é algo "abstrato" no sentido estrito de uma experiência particular que oblitera a espessa rede de processos financeiros, sociais etc., que regem e regulam esse mundo particular concreto. Aqui o Podemos encontrará problemas se em algum momento tomar o poder: Que medidas econômicas específicas (além dos recursos e estratagemas keynesianos padrões) ele adotará para limitar o poder do capital?

Aí residia a diferença entre o Syriza e o Podemos: o Syriza tocou o Real da nossa ordem global; ele ameaçava o reino do capital, e essa é a razão pela qual teve que ser humilhado sem piedade. O heroísmo do Syriza foi que, depois de vencer a batalha política democrática, o partido arriscou um passo a mais para perturbar o fluxo suave da reprodução do capital. A lição da crise grega é que o capital, embora em última análise uma ficção simbólica, é o nosso Real. Ou seja, os protestos e revoltas de hoje são sustentados pela combinação (sobreposição) de diferentes níveis, e essa combinação explica a sua força: eles lutam pela democracia (parlamentar "normal") contra regimes autoritários; contra o racismo e o sexismo, especialmente o ódio dirigido a imigrantes e refugiados; pelo Estado de bem-estar contra o neoliberalismo; contra a corrupção na política e na economia (empresas que poluem o meio ambiente etc.); por novas formas de democracia que vão além dos rituais multipartidários (participação etc.); e, finalmente, questionando o sistema capitalista global enquanto tal e tentando manter viva a ideia de uma sociedade não capitalista.

As duas armadilhas devem ser evitadas aqui: o falso radicalismo ("o que realmente importa é a abolição do capitalismo parlamentar liberal, todas as outras lutas são secundárias"), bem como o falso gradualismo ("agora lutamos contra a ditadura militar e pela democracia simples, esqueça seus sonhos socialistas, isso vem depois – talvez..."). Quando temos de lidar com uma luta específica, a questão-chave é: Como o nosso engajamento nela ou desengajamento dela afetará outras lutas? A regra geral é que, quando começa uma revolta contra um regime opressor e semidemocrático, como foi o caso no Oriente Médio em 2011, é fácil mobilizar grandes multidões com *slogans* que não podem deixar de ser caracterizados como popularescos – pela democracia, contra a corrupção etc. Mas depois aos poucos abordamos escolhas mais difíceis: quando nossa revolta é bem-sucedida em seus objetivos mais diretos, nos damos conta de que aquilo que realmente nos incomodava (nossa falta de liberdade, humilhação, corrupção social, falta de perspectiva de uma vida decente) permanece sob um novo disfarce. No Egito, os manifestantes conseguiram se livrar do regime opressivo de Mubarak, mas a corrupção permaneceu e a perspectiva de uma vida decente se afastou ainda mais. Após a derrubada de um regime autoritário, os últimos vestígios de cuidado patriarcal para com os pobres podem desaparecer, de modo que a liberdade recém-conquistada é de fato reduzida à liberdade de escolher a forma preferida da sua miséria – a maioria não apenas permanece pobre, mas, para piorar ainda mais a situação, lhes é dito que, porquanto agora estão livres, a pobreza é sua própria responsabilidade. Em tal situação, temos de admitir que houve uma falha em nosso objetivo mesmo, que esse objetivo não foi suficientemente específico – digamos, que a democracia política padrão também possa servir como a própria forma de não liberdade: a liberdade política pode facilmente prover a estrutura legal para a escravidão econômica, com os desprivilegiados "livremente" se vendendo à servidão. Somos assim levados a exigir mais do que apenas democracia política; temos que admitir que o que inicialmente tomamos como a incapacidade de realizar plenamente um princípio nobre (de liberdade democrática) é uma incapacidade inerente a esse princípio mesmo – entender isso é o grande passo da pedagogia política.

A dupla reviravolta que a crise grega sofreu em julho de 2015 não pode deixar de aparecer como um passo não apenas da tragédia para a comédia, mas, como observou Stathis Kouvelakis, de uma tragédia cheia de reviravoltas cômicas diretamente para um teatro do absurdo – existe alguma outra maneira de caracterizar a extraordinária reversão de um extremo ao seu oposto que deslumbraria até mesmo o filósofo hegeliano mais especulativo? Cansado das intermináveis negociações com os executivos da União Europeia, nas quais uma humilhação se sucedia a outra, o Syriza convocou um referendo para domingo, 5 de julho de 2015, perguntando ao povo grego se apoiava ou rejeitava a proposta da União Europeia de novas medidas de austeridade. Embora o próprio governo tenha declarado claramente que apoiava o voto "NÃO", o resultado foi uma surpresa para o próprio governo: a maioria surpreendentemente esmagadora de mais de 61 por cento votou "NÃO" à chantagem europeia. Começaram a circular rumores de que o resultado – uma vitória do governo – foi uma surpresa ruim para o próprio primeiro-ministro Alexis

Tsipras, que secretamente esperava que o governo perdesse, e que uma derrota lhe permitiria manter as aparências ao render-se às exigências da União Europeia ("temos que respeitar a voz do eleitor"). No entanto, literalmente na manhã seguinte, Tsipras anunciou que a Grécia estava pronta para retomar as negociações, e dias depois a Grécia negociou uma proposta da União Europeia que era basicamente a mesma que os eleitores haviam rejeitado (em alguns detalhes ainda mais severa) – em suma, ele agiu como se o governo tivesse perdido, não vencido, o referendo. Aqui encontramos a verdade do populismo: seu fracasso em confrontar o real do capital. O momento populista supremo (a vitória do referendo) reverteu-se imediatamente em capitulação, em confissão de impotência em relação à ordem capitalista – não há nessa reversão uma simples traição, mas a expressão de uma profunda necessidade.

O triste destino do Syriza é emblemático da nova situação da esquerda europeia. No capitalismo como o conhecíamos, quando uma grave crise econômica impossibilitava a reprodução normal do sistema, algum tipo de governo autoritário (geralmente uma ditadura militar) era imposto por mais ou menos uma década até que a situação econômica fosse normalizada o suficiente para que um retorno à democracia pudesse ser tolerado novamente – lembre-se dos casos do Chile, da Argentina, da Coreia do Sul... O papel singular do Syriza é que ele foi autorizado a desempenhar esse papel que normalmente é reservado às ditaduras de direita: assumiu o poder em uma época de profunda agitação e crise, cumpriu sua tarefa de promulgar duras medidas de austeridade, e então deixou o palco, substituído por um partido chamado Nova Democracia, o mesmo partido que levou a Grécia a uma crise em primeiro lugar.

As conquistas do governo do Syriza são variadas: ele fez algumas coisas boas (que também poderiam ter sido feitas por um governo racional de centro, como o acordo com a Macedônia sobre a mudança de nome), mas em geral o resultado é uma dupla catástrofe. Primeiro, assumiu a tarefa de impor medidas de austeridade – a mesma tarefa à qual todo o seu programa se opunha. A genialidade perversa dos burocratas da União Europeia foi permitir que o Syriza fizesse isso – foi muito melhor ter um partido de esquerda radical fazendo isso porque dessa maneira os protestos contra a austeridade foram minimizados; só podemos imaginar que protestos públicos teriam sido organizados pelo Syriza se um governo de direita tivesse introduzido a austeridade. Pior ainda, ao decretar as medidas de austeridade, o Syriza de fato destruiu a sua própria base social, a rica textura de grupos da sociedade civil da qual emergiu como um partido político – o Syriza agora é apenas um partido político como todos os outros.

Quando o Syriza assumiu e iniciou negociações com a União Europeia, ficou claro que, quando a única escolha era a austeridade ou o Grexit, a batalha estava perdida. Aceitar a necessidade de impor medidas de austeridade significava trair o princípio básico do seu programa, e o Grexit teria causado uma queda adicional de 30 por cento nos padrões de vida e um colapso da vida social (falta de remédios, de comida, ...) levando a um estado de emergência. Agora sabemos que o Grexit era de fato bastante aceitável para a elite financeira europeia. Varoufakis relata que, quando mencionou o Grexit como uma ameaça a Wolfgang Schäuble (na época ministro das finanças alemão), Schäuble imediatamente ofereceu bilhões de euros para ajudar a Grécia a fazê-lo. O que era intolerável para a elite da União Europeia não era o Grexit, mas a Grécia permanecer *na* União Europeia e aí montar uma contraofensiva. A ideia era clara: o colapso causado pelo Grexit teria servido como uma boa lição para todos os esquerdistas não brincarem com medidas econômicas radicais.

O *establishment* gosta que uma esquerda mais radical assuma o poder a cada duas ou três décadas, apenas para alertar as pessoas acerca dos perigos que as espera nesse caminho.

Portanto, tudo dependia de se evitar essa escolha e encontrar uma terceira via. Ingenuamente, nós que apoiamos o Syriza pensamos que eles tinham um plano para essa terceira via, e em todos os debates que tive com eles, garantiram-me que sabiam o que estavam fazendo e disseram-me para não me preocupar: o Syriza tem um time dos sonhos e vencerá. Mesmo eu caí nessa por algum tempo, porque, apesar de toda a crítica de esquerda à brutalidade da pressão da União Europeia sobre a Grécia, a União Europeia não fez nada de inesperado, os administradores em Bruxelas agiram exatamente como esperado – não houve surpresas aqui.

Lembro-me de como, nos debates de 2015, alertei contra o fascínio pelos grandes eventos públicos – todo o alarido em torno do "um milhão de nós na Praça Syntagma, estávamos todos batendo palmas e cantando juntos". O que realmente importa é o que acontece na manhã seguinte, quando a embriaguez do transe coletivo termina e o entusiasmo tem que ser traduzido em medidas concretas. Muitas vezes evoquei zombeteiramente um grupo de participantes que, uma vez por ano, reúnem-se numa cantina no aniversário de manifestações passadas e relembram sentimentalmente os saudosos momentos de união extática – mas então um celular toca e eles têm que correr de volta para seus trabalhos chatos. Podemos facilmente imaginar essa cena hoje: membros do Syriza encontram-se numa cafeteria lembrando com carinho o espírito singular dos seus protestos em massa de 2015, e então um telefone toca e eles têm de correr de volta para os seus escritórios para prosseguir o trabalho de austeridade.

O fracasso do Syriza traz-nos de volta aos fatídicos limites do populismo. Laclau insistiu na necessidade de construir alguma figura Inimiga como imanente ao populismo – essa não é sua fraqueza, mas o recurso de sua força. O populismo de esquerda deveria construir uma figura diferente do Inimigo, não o ameaçador Outro racial (imigrante, judeu, muçulmano...), mas as elites financeiras, fundamentalistas e outros "habituais suspeitos" dos progressistas. Essa ânsia de construir o Inimigo é outra limitação fatal do populismo: hoje, o "inimigo" último não é um agente social concreto, mas, em certo sentido, o próprio sistema, um certo funcionamento do sistema que não pode ser facilmente localizado como agentes. Anos atrás, Alain Badiou escreveu que não se combate o capitalismo, mas sim seus agentes concretos – mas aí reside o problema, uma vez que o verdadeiro alvo é o capitalismo. Hoje, parece fácil dizer que o Inimigo é o nacionalismo neofascista, anti-imigrantista ou, nos Estados Unidos, o Trump. Mas permanece o fato de que a ascensão de Trump é, em última análise, o efeito do fracasso de um consenso democrático liberal, de modo que, embora não se deva, é claro, excluir novas formas de alianças "antifascistas" com esse consenso, ele continua sendo *a* coisa que deve ser mudada. Então eu estava errado quando, em duas entrevistas realizadas antes das eleições presidenciais dos Estados Unidos, preferi Trump a Clinton? Não. Os eventos que se seguiram me deram razão: a vitória de Trump lançou o *establishment* em crise e abriu caminho para a ascensão da ala de esquerda do Partido Democrata. Se os excessos trumpianos não mobilizarem a esquerda norte-americana, então a batalha está realmente perdida.

É por causa do seu foco em inimigos concretos que os populistas de esquerda parecem privilegiar a soberania nacional, o Estado-nação forte, como uma defesa contra o capital global (mesmo Auferstehen, na Alemanha, basicamente segue esse caminho). Dessa forma, a maioria deles (por definição) endossa não apenas o populismo, mas até mesmo o nacionalismo, apresentando sua luta como uma defesa contra o capital financeiro internacional. Alguns populistas de esquerda nos Estados Unidos já usaram o termo "nacional-socialismo"[17]; embora, é claro, seja estúpido e injusto afirmar que eles sejam nazistas enrustidos, deve-se, no entanto, insistir que o internacionalismo é um componente-chave de qualquer projeto de emancipação radical. Quaisquer que sejam as observações críticas que alguém sustente contra o DIEM de Varoufakis, pelo menos o DIEM vê claramente que a resistência contra o capital global tem de ser ela mesma global, uma nova forma de universalismo. Definitivamente existem inimigos, e o tema das conspirações não deve ser simplesmente descartado. Anos atrás, Fredric Jameson notou perspicazmente que no capitalismo global de hoje, coisas acontecem que não podem ser explicadas por referência a alguma anônima "lógica do capitalismo" – por exemplo, sabemos agora que o colapso financeiro de 2008 foi o resultado de uma "conspiração" bem-planejada de alguns círculos financeiros. No entanto, a verdadeira tarefa da análise social ainda é explicar como o capitalismo contemporâneo abriu espaço para tais intervenções "conspiratórias". É também por isso que a referência à "ganância" e o apelo aos capitalistas para mostrarem solidariedade e responsabilidade social são equivocados: "ganância" (busca de lucro) é o que motiva a expansão capitalista, a aposta do capitalismo é que agir por ganância individual contribuirá para o bem comum. Então, novamente, ao invés de focar na ganância individual e abordar o problema da crescente desigualdade em termos moralistas, a tarefa é mudar o sistema de modo a que ele não mais permita ou mesmo solicite uma atuação "gananciosa".

---

17. Aconteceu na conferência da Union for Radical Economics, em Amherst, Massachusetts, em setembro de 2018.

É preciso que se aceite que algum tipo de economia de gozo [*jouissance*] extraforte esteja em ação na identificação com o próprio "modo de vida", algum núcleo do Real que seja muito difícil de rearticular simbolicamente. Lembre-se do choque de Lenin com a reação patriótica dos sociais-democratas à eclosão da Primeira Guerra Mundial – as pessoas estão prontas para sofrer pelo seu modo de vida, inclusive os refugiados de hoje, que não estão prontos para "se integrar". Em suma, há dois Reais (o real do capital e o real da identificação étnica), que não podem ser dissolvidos em elementos fluidos de hegemonia simbólica.

Tomemos um caso (artificialmente) claro: imagine uma democracia na qual uma grande maioria de eleitores sucumba à propaganda populista anti-imigrantista e decida em um referendo fechar as fronteiras aos refugiados e tornar a vida mais difícil para aqueles que já estão dentro de um país; imagine então um país no qual, apesar dessa propaganda, os eleitores afirmem em um referendo seu compromisso com a solidariedade e sua vontade de ajudar os refugiados. A diferença não é apenas objetiva – ou seja, não é só que, em um caso, os eleitores tomaram uma decisão racista reacionária e, no outro caso, fizeram a escolha certa de solidariedade; a diferença também era "subjetiva" no sentido preciso de que um tipo diferente de paixão política estava em ação em cada um dos dois casos. No entanto, não se deve ter medo de afirmar que, no primeiro caso, por mais sinceramente convencidos que parecessem, eles de alguma forma, "no fundo de si mesmos", sabiam que o que fizeram foi um ato vergonhoso – todo o seu raciocínio agitado apenas encobre a sua sensação ruim. E, no segundo ato, as pessoas estão sempre de alguma forma conscientes do efeito libertador do seu ato: mesmo que o que tenham feito tenha sido arriscado e louco, elas efetivamente conseguiram um verdadeiro avanço. Ambos os atos, em certo sentido, alcançam o impossível, mas de uma maneira inteiramente diferente. No primeiro caso, o espaço público é prejudicado, os padrões éticos são rebaixados; o que era até aquele momento uma questão de rumores sujos privados, inaceitáveis no espaço público, torna-se algo que se pode falar publicamente – pode-se ser abertamente racista, sexista, pregar o ódio e espalhar paranoia. O modelo atual dessa "libertação" é, claro, Donald Trump, que, como dizem, "diz publicamente o que os outros estão apenas pensando". No segundo caso, a maioria de nós está vergonhada de que não confiamos mais nas pessoas: antes do referendo, esperávamos silenciosamente uma derrota, e a compostura ética dos eleitores nos surpreende. Vale a pena viver por tais "milagres".

Mas como vamos preparar o terreno para tais "milagres"? Como vamos mobilizar o "nosso" povo para lutar pelos direitos dos refugiados e imigrantes? Em princípio, a resposta é fácil: devemos nos esforçar para articular um novo espaço ideológico no qual a luta pelos refugiados se combine com a luta feminista, a luta ecológica etc. Entretanto, uma saída tão fácil é puramente retórica e vai de encontro à (ideologicamente determinada, é claro) "experiência", que é muito difícil de desfazer. Mais profundamente, o problema é que a constelação de hoje não permite uma ligação direta entre o programa e a experiência direta de "pessoas reais". A premissa básica do marxismo clássico é que, com o papel central do proletariado, a humanidade se encontrava em uma situação única na qual o mais profundo *insight* teórico encontrava eco na mais concreta experiência de exploração e alienação – é, no entanto, profundamente questionável se, na situação complexa de hoje, uma estratégia semelhante é viável. Os populistas de esquerda insistiriam, é claro, que é precisamente por isso que deveríamos abandonar a dependência marxista do proletariado como o sujeito emancipatório privilegiado e nos engajar em um longo e difícil trabalho de construção de novas "cadeias de equivalências" hegemônicas sem qualquer garantia de sucesso (não há garantia de que a luta feminista, a luta pela liberdade e a luta pelos direitos dos imigrantes se unirão em uma grande luta). Meu ponto é, no entanto, que mesmo essa solução é muito abstrata e formal. Os populistas de esquerda lembram-me um médico que, quando questionado pelo paciente preocupado acerca do que fazer, diz a ele: "Vá ao médico!" O verdadeiro problema não é de procedimento formal – uma busca pragmática por unidade *versus* confronto antagonista – mas substancial: Como contra-atacar o capital global? Será que temos uma alternativa ao sistema capitalista global? Será que podemos imaginar hoje uma autêntica potência comunista? O que obtemos é desastre (Venezuela), capitulação (Grécia), ou um controlado completo retorno ao capitalismo (China, Vietnã).

Então, o que acontece com a paixão populista aqui? Ela desaparece, e tem que desaparecer. Quando o populismo toma o poder, a escolha é, para designá-lo com nomes, Nicolás Maduro (passagem do genuíno populismo à sua versão autoritária com decadência social) ou Deng Xiaoping (normalização autoritário-capitalista, retorno ideológico a Confúcio). Um populismo que prospera em um estado de emergência não pode, por definição, perdurar. Ele precisa da figura de um inimigo externo – vejamos a análise precisa do próprio Laclau sobre por que se deve considerar o cartismo como populismo:

> Seu leitmotiv dominante é situar os males da sociedade não em algo que é inerente ao sistema econômico, mas muito pelo contrário: no abuso de poder por parte de grupos parasitários e especulativos que controlam o poder político –

a "velha corrupção", nas palavras de Cobbett
... Foi por essa razão que a característica mais
fortemente destacada na classe dominante foi
sua ociosidade e parasitismo[18].

Em outras palavras, para um populista, a causa dos problemas, em última análise, nunca é o sistema enquanto tal, mas o intruso que o corrompeu (manipuladores financeiros, não capitalistas enquanto tais etc.); não uma falha fatal inscrita na estrutura enquanto tal, mas um elemento que não desempenha seu papel dentro da estrutura adequadamente. Para um marxista, ao contrário (como para um freudiano), o patológico (má conduta desviante de alguns elementos) é o sintoma do normal, um indicador do que está errado na própria estrutura que é ameaçada de acessos "patológicos": para Marx, as crises econômicas são a chave para entender o funcionamento "normal" do capitalismo; para Freud, fenômenos patológicos como ataques histéricos proveem a chave para a constituição (e antagonismos ocultos que sustentam o funcionamento) de um sujeito "normal". É por isso que o populismo tende a ser nacionalista; ele clama pela unidade do povo contra o inimigo (externo), ao passo que o marxismo se concentra na divisão interna que atravessa cada comunidade e clama pela solidariedade internacional porque todos somos afetados por essa divisão.

O fato difícil de aceitar é que as "pessoas comuns" *não* "saibam": elas não possuem nenhum *insight* ou experiência autêntica, não são menos confusas e desorientadas do que todas as outras. Lembro-me, no debate após uma palestra minha, de uma breve conversa com um apoiador do Podemos, que reagiu à minha afirmação de que as demandas do Podemos (livrar-se de estruturas de poder corrompidas; de-

---

18. Ernesto Laclau, *On populist reason* (Londres: Verso, 2005), p. 90.

mocracia autêntica enraizada nos interesses e preocupações reais das pessoas) não incluem quaisquer ideias precisas sobre como reorganizar a sociedade. Ele respondeu: "Mas isso não é uma reprovação, uma vez que o Podemos quer apenas isso: não outro sistema, mas um sistema democrático que seja realmente o que afirma ser!" Em suma, o Podemos queria o sistema existente sem seus sintomas, ao que se deve retrucar que tudo bem começar por isso, mas então, mais cedo ou mais tarde, chega o momento em que somos forçados a perceber que os sintomas (corrupção, fracasso etc.) são parte do sistema, de modo que, para nos livrarmos dos sintomas, temos que mudar o próprio sistema.

Uma das versões da política radical hoje está esperando por uma catástrofe: muitos dos meus amigos radicais estão me dizendo em particular que apenas uma grande catástrofe ecológica, um colapso econômico ou uma guerra podem mobilizar as pessoas a trabalharem por uma mudança radical. Mas será que essa mesma postura de esperar por uma catástrofe já não é uma catástrofe, uma admissão de derrota absoluta? A fim de encontrar uma orientação apropriada nesse enigma, deve-se tomar consciência da fatídica limitação da política de interesses. Partidos como o die Linke, na Alemanha, representam efetivamente os interesses do seu eleitorado da classe trabalhadora – melhores condições de saúde e aposentadoria, salários mais altos etc.; isso os coloca automaticamente dentro dos limites do sistema existente, e, portanto, não é suficiente para uma emancipação autêntica. Os interesses não devem ser apenas seguidos; eles precisam ser redefinidos em relação a ideias que não podem ser reduzidas a interesses. É por isso que testemunhamos reiteradamente o paradoxo de como os populistas de direita, quando chegam ao poder, às vezes impõem medidas que são efetivamente do interesse dos trabalhadores – como é o caso da Polônia, onde o PiS (Lei e Justiça, o partido populista de direita no poder) conseguiu decretar as maiores transferências sociais da história contemporânea da Polônia. O PiS fez o que Marine le Pen também promete fazer na França: uma combinação de medidas antiausteridade (transferências sociais que nenhum partido de esquerda ousa considerar) mais a promessa de ordem e segurança que afirma a identidade nacional e lida com a ameaça dos imigrantes – quem pode vencer esta combinação, que aborda diretamente as duas principais preocupações das pessoas comuns? Podemos vislumbrar no horizonte uma situação estranhamente pervertida na qual a "esquerda" oficial impõe políticas de austeridade (ao mesmo tempo que defende direitos multiculturais etc.), enquanto a direita populista busca medidas antiausteridade para ajudar os pobres (ao mesmo tempo que segue a agenda nacionalista xenófoba) – a última figura do que Hegel descreveu como *die verkehrte Welt*, o mundo às avessas. A óbvia reação (não apenas) populista a isso é: não deveríamos restabelecer o estado "normal"? Em outras palavras, será que a esquerda não deveria adotar as medidas antiausteridade que a direita populista está adotando, apenas sem a bagagem racista-nacionalista que a acompanha? Por mais "lógico" que possa soar, isso é justamente o que não pode ser feito: a direita pode fazê-lo justamente *porque* suas medidas antiausteridade são acompanhadas de ideologia racista-nacionalista; esse verniz ideológico é o que torna a antiausteridade aceitável.

Essa lógica é vagamente semelhante ao fato de que, via de regra, só um grande líder de direita pode fazer um acordo histórico com uma força de esquerda: só Nixon poderia estabelecer vínculos com a China ou concluir a paz no Vietnã; apenas de Gaulle poderia reconhecer a independência da Argélia. Para um líder esquerdista, tal passo teria sido autodestrutivo. Hoje, também temos o exemplo oposto: apenas o esquerdista Syriza foi capaz de implementar medidas de austeridade na Grécia – se um governo de direita o fizesse, teria desencadeado uma explosão de protestos. O que isso significa em um nível mais geral é que, em uma cadeia hegemônica de equivalências, a posição dos elementos é sobredeterminada pela composição de outros elementos: reconhecimento de uma luta anticolonialista radical pelo poder colonial é mais prontamente compatível com uma orientação conservadora geral do que o é um elemento de uma cadeia muito mais "natural", na qual está acoplada a uma política de esquerda.

Em última análise, o populismo *nunca* funciona. Em sua versão direitista, ele trapaceia por definição: constrói uma falsa figura do inimigo – falsa no sentido de que ofusca o antagonismo social básico ("judeu" em vez de "capital" etc.) e, dessa forma, sua retórica populista serve às próprias elites financeiras às quais pretende se opor. Em sua versão de esquerda, é falso em um sentido kantiano mais complexo. Em uma homologia vaga, mas pertinente, podemos dizer que a construção do Inimigo em uma relação antagônica cumpre o papel do esquematismo de Kant: ela nos permite traduzir o *insight* teórico (consciência das contradições sociais abstratas) em engajamento prático-político. É assim que devemos ler a afirmação de Badiou de que "não se pode lutar contra o capitalismo": deve-se "esquematizar" nossa luta em atividade contra atores concretos que trabalham como os agentes expostos do capitalismo. No entanto, a aposta básica do marxismo é precisamente que tal personalização em um inimigo real é errada – se for necessária, é uma espécie de ilusão estrutural necessária. Será então que isso significa que a política marxista deve manipular permanentemente seus seguidores (e a si mesma), agindo de uma forma que ela sabe ser enganosa? O engajamento marxista está condenado a essa tensão imanente, que não pode ser resolvida alegando-se que agora lutamos contra o Inimigo e depois passaremos a uma revisão mais fundamental do próprio sistema. O populismo de esquerda tropeça no limite de lutar contra o Inimigo no momento em que ele toma o poder.

Em uma situação como a atual, a falha fatal do populismo de esquerda é claramente visível: sua fraqueza é precisamente o que aparece para seus partidários como sua força, ou seja, a construção da figura do Inimigo e o foco na luta contra ele. O que é necessário hoje são, acima de tudo, visões positivas de como enfrentar nossos problemas – a ameaça de catástrofes ecológicas, as implicações desestabilizadoras do capitalismo global, as armadilhas da digitalização de nossas mentes. Em outras palavras, o que é necessário não é apenas combater as grandes instituições financeiras, mas imaginar novos modos de política financeira, fornecer respostas viáveis para a pergunta: "OK, então como você organizaria as finanças se ganhasse o poder?" Não se trata apenas de lutar contra os muros e pela abertura das fronteiras, mas de vislumbrar novos modelos sociais e econômicos que não gerem mais refugiados. Hoje, mais do que nunca, nosso sistema aproxima-se de uma crise tão profunda que já não podemos apenas bombardeá-lo com nossas demandas, esperando que de alguma forma ele consiga atendê-las enquanto continua funcionando sem problemas.

Em vez de focar apenas no antagonismo, é, portanto, crucial para um governo de esquerda hoje definir um papel para o setor privado, oferecer ao setor privado condições precisas sob as quais ele possa operar. Enquanto o setor privado (pelo menos uma boa parte dele) for necessário para o bom funcionamento das nossas sociedades, não se deve apenas antagonizá-lo, mas propor uma visão positiva do seu papel. A social--democracia em seu melhor estava fazendo exatamente isso.

O óbvio contra-argumento populista de esquerda está aqui, é claro: mas não é o fato de o populismo de esquerda não fornecer uma visão detalhada da sociedade alternativa precisamente a sua vantagem? Tal abertura é o que caracteriza uma luta democrática radical: não há prescrições decididas de antemão, rearranjos acontecem o tempo todo, com mudança de metas de curto prazo. Mais uma vez, essa réplica suave é fácil demais, ofusca o fato de que a "abertura" da luta populista de esquerda é baseada em um recuo, em evitar o problema-chave do capitalismo.

Então, por que persistir em uma luta radical, se uma mudança radical é hoje inimaginável? Porque a nossa situação global o exige: só uma mudança radical pode permitir-nos lidar com a perspectiva de uma catástrofe ecológica, com as ameaças da biogenética e do controle digital sobre as nossas vidas etc. A tarefa é impossível, mas não menos necessária. Décadas atrás, em um debate no parlamento irlandês, Gerald Fitzgerald, então primeiro-ministro, rejeitou uma proposta com uma bela inversão hegeliana da sabedoria popular "Isso pode ser bom para a teoria, mas não é bom para a prática". Seu contra-argumento foi: "Isso pode ser bom para a prática, mas não é bom o bastante para a teoria". É assim que as coisas estão com o populismo de esquerda: sem endossá-lo totalmente, devemos tratá-lo como parte de um compromisso pragmático de curto prazo. Devemos apoiá-lo (quando está no seu melhor, pelo menos, como é o caso do Podemos), mas sem quaisquer ilusões, sabendo que acabará por fracassar e esperando que desse fracasso surja algo novo.

5
QUANDO A PRÓPRIA FALTA DE LIBERDADE É EXPERIMENTADA COMO LIBERDADE

Nossa mídia informou recentemente que Steve Bannon estabeleceu em Bruxelas um órgão populista de direita destinado a coordenar populistas nacionalistas em toda a Europa. "O Movimento", como o órgão é chamado, pesquisará e redigirá propostas de políticas, realizará pesquisas e compartilhará conhecimentos sobre direcionamento de dados e mensagens. Já emprega 80 pessoas e seu objetivo último é nada menos do que mudar radicalmente o cenário político da Europa, colocar de lado o consenso liberal e substituí-lo pelo nacionalismo anti-imigrantista "meu país primeiro". A opinião pública americana está obcecada pela intromissão russa no processo eleitoral dos Estados Unidos – mas simplesmente imagine Putin enviando alguém a Washington para agir como Bannon em Bruxelas. Encontramos aqui o velho paradoxo: as forças separatistas de desunião são melhores em estabelecer unidade transnacional do que as forças da solidariedade internacional. Não é de admirar que a Europa liberal esteja em pânico.

Somos bombardeados pela ideia de que hoje, no início do século XXI, nosso precioso legado liberal de direitos humanos, democracia e liberdades individuais está ameaçado pela ascensão explosiva do populismo "fascista", e que devemos reunir todas as nossas forças para manter essa ameaça sob controle. Essa ideia deve ser resolutamente rejeitada em dois níveis. Em primeiro lugar, o populismo não atingiu a Terra como um cometa (como Joschka Fischer escreveu sobre Donald Trump): sua ascensão é mais como uma rachadura na terra, um fluxo de lava fluindo – é o resultado da desintegração do consenso liberal e da incapacidade da esquerda de oferecer uma alternativa viável. O primeiro passo para combater o populismo é, portanto, lançar um olhar crítico sobre as fragilidades do próprio projeto liberal – o populismo é um sintoma dessa fragilidade.

Em segundo lugar, e mais importante, o perigo real reside alhures. A ameaça mais perigosa à liberdade não vem de um poder abertamente autoritário; ela ocorre quando a nossa própria falta de liberdade é experimentada como liberdade. Uma vez que a permissividade e a livre-escolha têm sido elevadas a um valor supremo, o controle social e a dominação já não podem parecer infringir a liberdade de um sujeito: devem aparecer como (e ser sustentados por) a própria autoexperiência dos indivíduos como livres. Há uma multiplicidade de formas desta aparente falta de liberdade sob o disfarce do seu oposto: quando somos privados de cobertura universal de saúde, dizem-nos que nos é dada uma nova liberdade de escolha (para escolher o nosso prestador de assistência médica); quando já não podemos contar com um emprego de longo prazo e somos obrigados a procurar novos empregos precários a cada dois anos, dizem-nos que estamos tendo a oportunidade de nos reinventar e descobrir potenciais criativos inesperados que se escondem na nossa personalidade; quando temos de pagar pela educação dos nossos filhos, dizem-nos que nos tornamos "empresários de si mesmo", agindo como um capitalista que tem de escolher livremente como investirá os recursos que possui (ou tomou emprestado) – em educação, saúde, viagens. Constantemente bombardeados por "livres-escolhas" impostas, forçados a tomar decisões para as quais, na maioria das vezes, não estamos devidamente qualificados (ou acerca das quais não possuímos informações suficientes), experimentamos cada vez mais nossa liberdade como um fardo que causa uma ansiedade insuportável.

Além disso, a maioria das nossas atividades (e passividades) está agora registrada em alguma nuvem digital que também nos avalia permanentemente, rastreando não apenas nossos atos, mas também nossos estados emocionais; quando nos experimentamos como livres ao máximo (navegando na web onde tudo está disponível), somos totalmente "externalizados" e sutilmente manipulados. A rede digital atribui um novo sentido ao velho *slogan* "o pessoal é político". E não é só o controle de nossas vidas íntimas que está em jogo: tudo hoje é regulado por alguma rede digital, dos transportes à saúde, da eletricidade à água. É por isso que a web é nosso bem comum mais importante hoje, e a luta por seu controle é *a* luta hoje. O inimigo é a combinação de comuns privatizados e controlados pelo Estado, corporações (Google, Facebook) e agências de segurança do Estado (a NSA). Esse fato, por si só, torna insuficiente a noção liberal tradicional de poder representativo: os cidadãos transferem parte do seu poder para o Estado, mas em termos precisos (esse poder é restringido por lei, e limitado a condições muito precisas na forma como é exercido, uma vez que o povo permanece a fonte última da soberania e pode revogar o poder se assim o decidir). Em suma, o Estado com seu poder é o sócio minoritário num contrato que o sócio majoritário (o povo) pode a qualquer momento revogar ou alterar, basicamente da mesma forma que cada um de nós pode mudar o supermercado onde faz compras.

A mídia nos bombardeia com notícias sobre as ameaças à nossa segurança: Será que a China vai invadir Taiwan como punição pela guerra comercial dos Estados Unidos? Será que os Estados Unidos vão atacar o Irã? Será que a União Europeia vai afundar no caos após a confusão do Brexit? Mas acho que há um tópico que – pelo menos a longo prazo – supera todos os outros: o esforço dos Estados Unidos para conter a expansão da Huawei. Por quê?

A rede digital que regula o funcionamento das nossas sociedades bem como seus mecanismos de controle é a figura última da rede técnica que hoje sustenta o poder. Shoshana Zuboff batizou esta nova fase do capitalismo de "capitalismo de vigilância": "Conhecimento, autoridade e poder dependem do capital de vigilância, para o qual somos meramente 'recursos humanos naturais'. Agora somos os povos nativos cujas pretensões de autodeterminação sumiram do mapa da nossa própria experiência"[19]. Não somos apenas materiais, somos também explorados, envolvidos numa troca desigual, e é por isso que o termo "excedente comportamental" (desempenhando o papel de mais-valia) é plenamente justificado aqui: quando estamos navegando, comprando, vendo televisão etc., conseguimos o que queremos, mas damos mais – desnudamo-nos, tornamos os detalhes da nossa vida e seus hábitos transparentes ao grande Outro digital. O paradoxo é, obviamente, que experimentamos essa troca desigual, a atividade que efetivamente nos escraviza, como o nosso maior exercício de liberdade – o que é mais livre do que navegar livremente na web? Apenas exercendo essa nossa liberdade, geramos o "excedente" apropriado pelo grande Outro digital que coleta dados...

E isso nos traz de volta à Huawei: a batalha em torno da Huawei é a batalha por quem controlará o mecanismo que

---

19. Citado de https://www.theguardian.com/technology/2019/jan/20/shoshana-zuboff-age-of-surveillance-capitalism-google-facebook

controla nossas vidas. Talvez seja *a* luta crucial pelo poder que esteja acontecendo. A Huawei não é apenas uma corporação privada, ela está totalmente integrada à segurança estatal chinesa, e devemos ter em mente que sua ascensão foi amplamente financiada e dirigida pelo Estado. Já vemos como o controle estatal digitalizado funciona na China de hoje:

> Potenciais passageiros aéreos foram impedidos de comprar passagens 17,5 milhões de vezes no ano passado por infrações de "crédito social", incluindo impostos e multas não pagos, sob um sistema controverso que o governo do Partido Comunista diz que melhorará o comportamento do público. Outros foram impedidos 5,5 milhões de vezes de comprar passagens de trem, de acordo com o Centro Nacional de Informações de Crédito Público. Em um relatório anual, esse órgão disse que 128 pessoas foram impedidas de deixar a China devido a impostos não pagos. O partido governante diz que as penalidades e recompensas de "crédito social" melhorarão a ordem em uma sociedade em rápida mudança, após três décadas de reforma econômica terem abalado as estruturas sociais. O sistema faz parte dos esforços do governo do Presidente Xi Jinping para usar tecnologias que vão desde processamento de dados até sequenciamento genético e reconhecimento facial para aumentar o controle[20].

Esta é a realidade política da expansão da Huawei. Então, sim, as acusações de que a Huawei representa uma ameaça à segurança de todos nós, são verdadeiras – no entanto, o que devemos ter em mente é que as autoridades chinesas estão apenas fazendo mais abertamente o que nossas autoridades "democráticas" fazem de maneira mais sutil, escondido da vista do público. Desde a nova lei na Rússia que limita

---

20. https://www.apnews.com/9d43f4b74260411797043ddd391c13d8

o acesso à internet até as mais recentes regulamentações da web da União Europeia, testemunhamos o mesmo esforço para limitar e controlar nosso acesso aos comuns digitais. A rede digital é indiscutivelmente hoje a principal figura do que Marx chamou de "comuns", o espaço social compartilhado que constitui a base da nossa interação. A batalha pela liberdade é, em última análise, a batalha pelo controle dos comuns, e hoje isso significa a batalha por quem controlará o espaço digital que regula nossas vidas. Portanto, não é "o Ocidente contra a China" – a luta em curso entre a Huawei e o Ocidente é secundária, a luta entre diferentes facções dos que nos querem dominar. A verdadeira luta é entre todos eles juntos e nós, pessoas comuns controladas por eles. Há um nome que simboliza essa luta pelos comuns: Julian Assange. Devemos, portanto, evitar todos os ataques fáceis à China, e aqueles que não querem defender Assange também deveriam se calar quanto aos abusos chineses do controle digital.

O liberalismo e seu grande adversário, o marxismo clássico, tendem a reduzir o Estado a um mecanismo secundário que obedece às necessidades da reprodução do capital; ambos, portanto, subestimam o papel ativo desempenhado pelos aparelhos estatais nos processos econômicos. Hoje (talvez mais do que nunca) não se deve fetichizar o capitalismo como o lobo mau que controla Estados: os aparelhos estatais estão ativos no próprio coração dos processos econômicos, fazendo muito mais do que apenas garantir condições legais e outras (educacionais, ecológicas...) de reprodução do capital. De muitas formas diferentes, o Estado atua como um agente econômico direto (ajuda bancos falidos, apoia indústrias selecionadas, encomenda equipamentos de defesa e outros) – nos Estados Unidos hoje, cerca de 50% da produção é mediada pelo Estado (um século atrás, esse número estava entre 5 e 10 por cento).

Como já vimos, a rede digital que sustenta o funcionamento de nossas sociedades bem como seus mecanismos de controle é a figura última da rede técnica que sustenta o poder hoje – e será que isso não confere uma nova atualidade à velha ideia de Trotsky de que a chave para o Estado não reside em suas organizações políticas e secretariais, mas em seus serviços técnicos? Por conseguinte, da mesma forma que, para Trotsky, tomar o controle do serviço postal, da eletricidade, das ferrovias etc., era o momento chave na tomada revolucionária do poder, será que não é o caso, hoje, de a "ocupação" da rede digital ser absolutamente crucial se quisermos quebrar o poder do Estado e do capital? E, da mesma forma que Trotsky exigia a mobilização de um estrito e bem-treinado "grupo de assalto, especialistas técnicos e bandos de homens armados liderados por engenheiros" para resolver essa "questão de técnica", a lição das últimas décadas é que nem protestos massivos de base (como os vimos na Espanha e na Grécia) nem movimentos políticos bem-organizados (partidos com visões políticas elaboradas) são suficientes – também precisamos de uma força de ataque estrita de "engenheiros" dedicados (hackers, delatores...) organizados como um grupo conspiratório disciplinado. Sua tarefa será "assumir" a rede digital, arrancá-la das mãos de corporações e agências estatais que agora, de fato, a controlam.

Ou, para colocá-lo nos bem conhecidos termos de 1968, a fim de que o seu legado fundamental sobreviva, o liberalismo precisa da ajuda fraterna da esquerda radical.

6
SOMENTE AS CRIANÇAS AUTISTAS PODEM NOS SALVAR!

Por vezes, dá-se um acontecimento que, embora totalmente explicável como parte do curso natural das coisas, adquire uma dimensão inesperada de sinal da nossa situação global. Foi o que aconteceu em abril de 2019 nos subúrbios de Seattle, onde, todos os dias, águias americanas começaram a jogar lixo, inclusive um recipiente de resíduo infectante cheio de sangue, nos quintais das pessoas suburbanas de classe média alta. O lixo vem de um aterro próximo que recebe duas toneladas de lixo fresco por dia: as águias catam os pedaços suculentos de comida encontrados no aterro e depois descartam o lixo que não querem nos bairros próximos[21]. "Há algo quase poético no fato de a ave nacional americana lembrar às pessoas que o lixo que elas jogam em um aterro sanitário não desaparece simplesmente. De certa forma, essas aves são uma demonstração visceral das consequências geralmente ocultas do consumo extremo"[22]. Vivemos em um mundo, então não é de admirar que a merda que pensávamos ter jogado fora com segurança seja jogada de volta na nossa cara.

---

21. Cf. https://boingboing.net/2019/04/04/bald-eagles-are-taking-tra sh-f.html.
22. Citado de https://www.popularmechanics.com/science/environme nt/a27035441/bald-eagles-are-stealing-trash-from-a-seattle-landfill -and-dropping-it-in-the-suburbs/

Não está acontecendo algo semelhante com o aumento da temperatura para mais de 50 graus Celsius? Isso já não é uma grande notícia; acontece regularmente no Crescente, dos Emirados ao sul do Irã, em partes da Índia, no Vale da Morte, e agora somos informados de que as perspectivas são muito mais sombrias, ameaçando não apenas as áreas desérticas. No Vietnã, muitos agricultores decidiram dormir durante o dia e trabalhar à noite por causa do calor insuportável. A região mais populosa do mundo – a planície ao norte da China, de Pequim a Xangai, densamente povoada e produtora de alimentos – se tornará inabitável se o aquecimento global continuar. A causa será a combinação mortal de calor e umidade medida como a temperatura de "bulbo úmido" (WBT [*"wet bulb" temperature*] na sigla em inglês). Uma vez que a WBT atinja 35°C, o corpo humano não consegue se resfriar por meio do suor e até mesmo pessoas sentadas à sombra podem morrer em seis horas.

Como está rapidamente se tornando evidente, as migrações e os muros destinados a impedir a entrada de migrantes estão se tornando cada vez mais interligados com distúrbios ecológicos como o aquecimento global, de modo que o apocalipse ecológico e o apocalipse dos refugiados estão cada vez mais se sobrepondo no que é apropriadamente chamado de "apartheid climático": "À medida que eventos climáticos extremos, como secas, inundações e furacões, tornam-se mais frequentes, as pessoas mais pobres do mundo serão forçadas a escolher entre fome e migração". "Corremos o risco de um cenário de 'apartheid climático', onde os ricos pagam para escapar do superaquecimento, da fome e do conflito, enquanto o resto do mundo sofre", disse Philip Alston, relator especial da ONU sobre pobreza extrema e direitos humanos. "Perversamente, embora as pessoas em situação de pobreza sejam responsáveis por apenas uma fração das emissões globais, elas sofrerão o impacto da mudança climática e terão menos capacidade de se proteger"[23]. Adicione a isso a perspectiva de controle digital total e a imagem da bagunça em que estamos começa a emergir.

A reação predominante da direita às advertências sobre o apocalipse iminente é que elas fazem parte da estratégia desesperada da esquerda radical para sustentar seu zelo revolucionário após o triunfo do capitalismo na década de 1990. O que a esquerda não pode aceitar é que, apesar de todos os problemas, vivemos numa era relativamente pacífica e próspera: nunca houve tão poucas guerras, a pobreza está diminuindo mesmo nos países menos desenvolvidos, a vida continuará como de costume e até melhorará para a maioria de nós. A única maneira de a esquerda radical, com sua visão da necessidade de uma mudança radical, sobreviver, é construir uma nova ameaça apocalíptica que substitua a velha visão marxista do proletariado que não tem nada a perder senão os próprios grilhões, e a candidata óbvia para tal visão catastrófica é a ecologia – o movimento ecológico de hoje é efetivamente um movimento "melancia" (verde por fora, vermelho por dentro). Para manter um mínimo de credibilidade, tal visão deve se apegar a qualquer má notícia que apareça: uma geleira que derrete aqui, um tornado ali, uma onda de calor em outro lugar – tudo isso é lido como sinais de uma catástrofe iminente. Nossa resposta a esse ataque não deve ser apenas a enumeração de dados que confirmam previsões apocalípticas; deve-se também apontar as inconsistências internas dessa crítica à esquerda. Lembre-se de que Trump, um dos grandes defensores do negacionismo do aquecimento global, proclamou uma emergência nacional por causa da onda de imigrantes latinos

---

23. Citado de https://edition.cnn.com/2019/06/25/world/climate-apartheid-poverty-un-intl/index.html

entrando nos Estados Unidos. Também na Europa, os populistas de direita pintam uma visão catastrófica de toda a nossa civilização sob a ameaça de refugiados muçulmanos – se as tendências de hoje continuarem, em cerca de uma década a Europa será a província muçulmana do Europastão...

E, como convém a toda boa teoria da conspiração, tem que haver um agente secreto controlando esse ataque ao nosso modo de vida: após o fracasso das revoluções comunistas europeias na década de 1920, o centro comunista percebeu que primeiro é preciso destruir as fundações morais do Ocidente (religião, identidade étnica, valores familiares), por isso fundou a Escola de Frankfurt, cujo objetivo era declarar a família e a autoridade como ferramentas patológicas de dominação e minar toda identidade étnica como opressiva. Hoje, sob o disfarce de diferentes formas de marxismo cultural, seus esforços estão finalmente mostrando resultados; nossas sociedades estão presas na eterna culpa por seus supostos pecados; estão abertas a uma invasão desenfreada de imigrantes, perdidas num individualismo hedonista vazio e numa falta de patriotismo. Este é o fundamento secreto do politicamente correto, da teoria de gênero e do MeToo – não há contradição entre o apoio ao fundamentalismo muçulmano e o ataque politicamente correto aos nossos valores cristãos: são os dois lados da mesma moeda. Consequentemente, exatamente da mesma forma que censuram os ecologistas radicais, os populistas anti-imigrantistas se apegam desesperadamente a más notícias: um estupro por imigrantes aqui, uma briga entre eles ali – tudo é lido como sinais da catástrofe que se aproxima. Em suma, a nova direita tem a sua própria visão apocalíptica.

Mas, e aqueles centristas moderados (como os "otimistas racionais" de hoje, de Steven Pinker a Sam Harris) que rejeitam todas as visões apocalípticas? Até eles entretêm sua própria visão apocalíptica, que é, em uma paradoxal reviravolta autorreferencial, a própria postura apocalíptica: para os otimistas racionais, a maior ameaça ao nosso bem-estar é o crescimento do pânico irracional causado por visões apocalípticas, de esquerda ou de direita. Então, de onde vem esse pânico? Por que não podemos simplesmente desfrutar do nosso bem-estar? A resposta esquerdista padrão é óbvia: o poder autoritário só pode se reproduzir por meio da nossa miséria, portanto, são os que estão no poder que sabotam o nosso bem-estar. Em *A Pirâmide*, Ismail Kadaré propõe uma bela versão dessa conspiração do poder. O romance começa com o faraó Quéops anunciando a seus conselheiros que não deseja construir uma pirâmide como seus predecessores. Alarmados com essa sugestão, os conselheiros apontam que a construção da pirâmide é crucial para preservar sua autoridade: algumas gerações antes, a prosperidade tornou o povo do Egito mais independente, e eles começaram a duvidar e resistir à autoridade do faraó. Quando Quéops vê a necessidade de destruir essa prosperidade, seus conselheiros examinam diferentes opções para diminuir radicalmente a prosperidade: engajar o Egito em uma grande guerra com seus vizinhos; provocar artificialmente uma grande catástrofe natural (como perturbar o fluxo regular do Nilo e, assim, arruinar a agricultura), mas todas são rejeitadas por serem muito perigosas (se o Egito perder a guerra, o próprio Faraó e sua elite podem perder o poder; uma catástrofe natural pode expor a incapacidade de quem está no poder de controlar a situação e assim gerar o caos). Então, eles voltam à ideia de construir uma pirâmide tão grande que sua construção mobilizará os recursos do país e drenará a prosperidade do Egito – minar as energias de sua população manterá todos na linha. O projeto coloca o país em estado de emergência por duas décadas, com a polícia secreta ocupada descobrindo sabotagens e organizando prisões no estilo stalinista, confissões públicas e execuções pela polícia secreta do faraó. O romance termina com um relato de como a visão sábia e engenhosa do faraó foi praticada repetidas vezes ao longo da história posterior, mais recentemente e originalmente na Albânia, onde, em vez de uma grande pirâmide, milhares de bunkers fizeram o mesmo serviço.

Mas será que essa explicação é forte o bastante para dar conta de nossas sociedades capitalistas tardias nas quais aqueles que vivem dentro da cúpula dos privilegiados não são obrigados a sofrer por uma causa maior, mas são obrigados a consumir e desfrutar – ou seja, nas quais o próprio chamado a uma livre-vida de prazeres é o que nos escraviza ao sistema? Portanto, a verdadeira questão é: Por que o próprio chamado ao livre-prazer se transforma em seu oposto e produz uma vida de miséria autodestrutiva? O filme cult *Matrix* fornece uma dica nessa direção – perto do final do filme, Smith, o agente da Matrix, dá uma explicação propriamente freudiana da nossa situação na Matrix:

> Você sabia que a primeira Matrix foi projetada para ser um mundo humano perfeito? Onde ninguém sofria, onde todos seriam felizes? Foi um desastre. Ninguém aceitaria o programa. Culturas inteiras de humanos servindo como baterias foram perdidas. Alguns acreditavam que nos faltava a linguagem de programação para descrever seu mundo perfeito. Mas acredito que, como espécie, os seres humanos definem sua realidade por meio do sofrimento e da miséria. O mundo perfeito era um sonho do qual seu cérebro primitivo ficava tentando acordar. É por isso que a Matrix foi redesenhada para isso: o pico da sua civilização.

O agente Smith (não esqueçamos: não um ser humano como os outros, mas a encarnação virtual direta da própria Matrix) é o substituto da figura do psicanalista no universo do filme; sua lição é que a experiência de um obstáculo intransponível é uma condição positiva para nós, humanos, percebermos algo como realidade – a realidade é, em última instância, aquilo que *resiste*. Freud referiu-se a essa dimensão como a "pulsão de morte", uma espécie de masoquismo primordial que define o ser humano: algo em nós resiste para sempre ao excesso de prazer, e nossos gozos mais intensos são sempre, de uma forma ou de outra, gozos na dor. Isso também é o que está errado com o mais recente sonho ideológico esquerdista, o do "comunismo de luxo totalmente automatizado" (FALC [*fully automated luxury communism*] na sigla em inglês), "uma oportunidade para realizar uma sociedade pós-trabalho, onde as máquinas fazem o trabalho pesado e o emprego como o conhecemos é coisa do passado"[24]. O que obtemos aqui é um caso exemplar de raciocínio abstrato que ignora a complexidade da situação real: não apenas existe um outro lado (muito mais sombrio) da sociedade totalmente automatizada (novos modos de controle e dominação digital); confronta-se aqui também algumas questões muito mais difíceis. Será que as pessoas realmente desfrutarão de uma vida pacífica e abastada no FALC ou novas tensões violentas surgirão nele?

Então, o que está acontecendo? Estamos nos tornando cada vez mais conscientes da incerteza última da nossa sobrevivência: um terremoto devastador, um grande asteroide atingindo a Terra, uma onda de calor mortal e está tudo acabado. Gilbert Keith Chesterton escreveu: "Tire o sobrenatural e o que resta é o antinatural". Devemos endossar essa declaração, mas no sentido oposto, não no sentido pretendido por Chesterton: devemos aceitar que a natureza é "antinatural",

---

24. Citado de https://www.theguardian.com/sustainable-business/2015/mar/18/fully-automated-luxury-communism-robots-employment

um espetáculo grotesco de perturbações contingentes sem ritmo interno. Mas há mais, muito mais acontecendo.

A lição do aquecimento global é que a liberdade da humanidade só foi possível tendo como pano de fundo parâmetros naturais estáveis da vida na Terra (temperatura, composição do ar, suprimento suficiente de água e energia etc.): os humanos podem "fazer o que quiserem" apenas na medida em que permanecerem marginais o bastante, de modo a não perturbarem seriamente os parâmetros da vida na Terra. A limitação da nossa liberdade, que se torna palpável com o aquecimento global, é o resultado paradoxal do próprio crescimento exponencial da nossa liberdade e do nosso poder – ou seja, da nossa crescente capacidade de transformar a natureza ao nosso redor a ponto de desestabilizar os próprios parâmetros geológicos básicos da vida na Terra. A "natureza" torna-se assim literalmente uma categoria sócio-histórica – relembre as famosas linhas do *Manifesto Comunista*:

> Constante revolução da produção, perturbação ininterrupta de todas as condições sociais, incerteza e agitação permanentes distinguem a época burguesa de todas as anteriores. Todas as relações fixas e congeladas, com sua série de preconceitos e opiniões antigos e veneráveis, são varridas, todas as recém-formadas tornam-se antiquadas antes de poderem ossificar. Tudo o que é sólido se desmancha no ar, tudo o que é sagrado é profanado.

As coisas foram muito mais longe aqui do que Marx poderia ter imaginado – ele não poderia ter imaginado que a dinâmica capitalista de dissolução de todas as identidades particulares também afetaria as identidades étnicas e sexuais; que, em relação às práticas sexuais, "a unilateralidade e a estreiteza mental tornam-se cada vez mais impossíveis" e que "tudo o que é sólido se desmancha no ar, tudo o que é sagrado é profanado", de modo que o capitalismo tende a substituir a heterossexualidade normativa padrão por uma proliferação de identidades e/ou orientações instáveis e mutáveis. As coisas também vão muito mais longe em outra direção. A ciência e a tecnologia hoje não visam mais apenas entender e reproduzir os processos naturais, mas gerar novas formas de vida que nos surpreenderão; o objetivo já não é apenas dominar a natureza (do jeito que ela é), mas gerar algo novo, maior, mais forte do que a natureza comum, inclusive nós mesmos – exemplar aqui é a obsessão pela inteligência artificial, que visa a produzir um cérebro mais forte do que o cérebro humano. O sonho que sustenta a empreitada científico-tecnológica é desencadear um processo sem volta, um processo que se reproduziria exponencialmente e seguiria por conta própria. A noção de "segunda natureza" é, portanto, hoje mais pertinente do que nunca, em ambos os seus principais significados. Primeiro, literalmente, como a nova natureza gerada artificialmente: monstros da natureza, vacas e árvores deformadas, ou – um sonho mais positivo – organismos geneticamente manipulados, "aprimorados" na direção que nos convenha. Depois, a "segunda natureza" no sentido mais comum da autonomização dos resultados da nossa própria atividade: a forma como os nossos atos nos escapam nas suas consequências, a forma como geram um monstro com vida própria. É esse horror nos resultados imprevistos dos nossos próprios atos que causa choque e admiração, não o poder da natureza sobre o qual não temos controle. O que é novo hoje é o curto-circuito entre esses dois sentidos de "segunda natureza": "segunda natureza" no sentido de Destino objetivo, do processo social autonomizado, e "segunda natureza" no sentido de natureza artificialmente criada, de monstros naturais. O processo que ameaça sair do controle já não é apenas o processo social de desenvolvimento econômico e político, mas novas formas dos próprios processos naturais, da catástrofe nuclear imprevista ao aquecimento global e as consequências imprevistas das manipulações biogenéticas. Pode-se mesmo imaginar o que pode ser o resultado imprevisto dos experimentos nanotecnológicos: novas formas de vida se reproduzindo fora de controle de maneira análoga ao câncer.

Estamos assim entrando em uma nova fase na qual é simplesmente a própria natureza que se desmancha no ar: a principal consequência dos avanços científicos da biogenética é o fim da natureza. Isso nos obriga a dar uma nova reviravolta ao título de Freud *Unbehagen in der Kultur* – descontentamento, mal-estar, na cultura. Com os últimos desenvolvimentos, o descontentamento se desloca da cultura para a própria natureza: a natureza já não é "natural", o confiável "denso" ambiente das nossas vidas. Agora aparece como um mecanismo frágil, que, a qualquer momento, pode explodir em uma direção catastrófica. Como vamos evitar essa explosão?

Talvez uma série de TV escandinava possa nos dar a primeira pista. Na soberba *The Killing*, uma das duas figuras centrais é a detetive autista da polícia sueca Sarah Lund, que mora sozinha; em vez de se envolver em relacionamentos sérios, ela escolhe homens em bares para sexo casual. Suas habilidades sociais precárias, sua dificuldade de empatia e sua incapacidade de canalizar suas emoções a fazem parecer fria, insensível e direta, mas ela é completamente honesta e direta em todos os aspectos. A última temporada (terceira) termina com um ato ético tão chocante que deixou perplexos muitos dos seguidores mais ávidos da série. Saga (soberbamente interpretada por Sofie Gråbøl) finalmente confronta o assassino em série Reinhardt, um gerente corporativo com altas conexões políticas. Quando os dois estão sozinhos em um carro, ele confessa friamente a ela seus assassinatos brutais, mas zombeteiramente afirma que ela nunca conseguirá processá-

-lo; desesperada por sua impotência, ela o executa com uma arma. O seu ato ilegal é um crime ou um ato ético – ou ambos? Eis a profundamente feminina "masculinidade tóxica" no seu melhor: infringir a lei como um ato de dever ético.

Deve haver algo de escandinavo nesse tipo de postura feminina radicalmente ética, uma vez que outra garota sueca agiu de forma semelhante na vida real: Greta Thunberg, de 15 anos, que, ao perceber que a única maneira de fazer algo acerca do aquecimento global é a desobediência civil, instigou uma onda de greves escolares infantis, que se espalhou por toda a Europa. O fato de ter sido diagnosticada com autismo adquire aqui um inesperado significado político: longe de ser um fator perturbador, é o que aqui confere força. A definição de autismo é "um transtorno do desenvolvimento caracterizado por dificuldade de interação social e comunicação, e por padrões restritos ou repetitivos de pensamento e comportamento", e isso é exatamente o que é necessário se quisermos enfrentar o aquecimento global: insistir repetidamente em resultados científicos e ignorar todos os truques retóricos que ofuscam a mensagem científica.

Quando, como aconteceu nos últimos meses, crianças de todo o mundo entram em greve para protestar contra nossa (dos adultos) ignorância sobre os perigos ecológicos, devemos apoiá-las incondicionalmente e rejeitar todas as alegações de que as crianças "não entendem a complexidade da situação" etc. A reação mais repugnante foi a de um político belga: em vez de fazer greve, as crianças deveriam ficar na escola e aprender... Aprender o quê? Como arruinar nossas chances de um futuro da mesma forma que os mais velhos (aqueles que as estão ensinando) fizeram? A segunda reação mais repugnante veio de Angela Merkel, que insinuou que crianças como Greta não poderiam organizar um movimento grevista tão grande – deve haver alguma força sombria puxando os pauzinhos por trás delas, como Putin...

É verdade que as crianças "não veem a complexidade" – ou seja, a complexidade de como nossos políticos estão tentando desesperadamente atenuar a emergência de nossa situação. Elas parecem ser as únicas pessoas que levam a sério (o que aqui significa: literalmente) o que os cientistas estão nos dizendo repetidas vezes. Greta tem plena consciência da lógica da negação fetichista que determina nossa reação predominante ao aquecimento global: os adultos estão "sempre falando sobre como devemos apagar as luzes, economizar água, não jogar comida fora. Eu perguntei por que, e eles explicaram sobre as mudanças climáticas. E eu achei isso muito estranho. Se os humanos pudessem realmente mudar o clima, todo mundo estaria falando sobre isso e as pessoas não estariam falando sobre mais nada. Mas isso não esta -va acontecendo"[25]. Eles (adultos) sabem muito bem o que está acontecendo, mas... acrescentam o habitual "no entanto...", que os impede de agir de acordo com o nosso conhecimento. As crianças simplesmente sabem disso. A única coisa realmente "complexa" são as roupas novas do imperador, e as crianças simplesmente veem que o imperador está nu, e exigem de nós que ajamos de acordo.

O que isso significa, concretamente? Entre outras coisas, significa que, por mais obsceno que pareça, a esquerda não deve ter medo de também aprender com Trump. Como Trump opera? Muitos analistas perspicazes apontaram que, embora (principalmente, pelo menos) ele não viole leis ou regras explícitas, ele explora ao extremo o fato de que todas essas leis e regras dependem de uma rica textura de regras e costumes

---

25. Citado de https://www.newyorker.com/news/our-columnists/the
-fifteen-year-old-climate-activist-who-is-demanding-a-new-kind-of
politics

não escritos que nos dizem como aplicar leis e regras explícitas – e ele desrespeita brutalmente essas regras não escritas. O exemplo mais recente (e, até agora, o mais extremo) desse procedimento é a proclamação por Trump de uma emergência nacional. Seus críticos ficaram chocados com a forma como ele aplicou essa medida, claramente destinada apenas a grandes catástrofes como uma ameaça de guerra ou desastre natural, a fim de construir uma fronteira para proteger o território dos Estados Unidos de uma ameaça inventada. No entanto, não foram apenas os democratas que criticaram essa medida, alguns direitistas também ficaram alarmados com o fato de que a proclamação de Trump estabelece um precedente perigoso: e se um futuro presidente democrata de esquerda proclamasse uma emergência nacional em nome, digamos, do aquecimento global? O que quero dizer é que um presidente de esquerda deveria fazer algo assim precisamente para legitimar medidas rápidas e extraordinárias – o aquecimento global *é* efetivamente uma emergência (não apenas nacional). Proclamado ou não, *estamos* em estado de emergência. Em vista das últimas notícias sobre o aquecimento global, que deixam claro que ele avança muito mais rápido do que os pessimistas esperavam, alguns comentaristas traçam, muito apropriadamente, um paralelo com a Segunda Guerra Mundial – nada menos do que uma mobilização global semelhante é necessária.

Quando ignoramos a necessidade dessa mobilização, agimos exatamente como o paciente (de uma piada médica) que se deita em um quarto de hospital lotado e reclama com uma enfermeira: "Os pacientes nos outros leitos estão chorando e gemendo o tempo todo – você poderia pedir-lhes para ficarem mais quietos?" A enfermeira responde: "Você tem de entendê-los, são casos terminais". O paciente retruca: "OK, mas por que, então, vocês não os colocam em uma sala especial para casos terminais?" "Mas esta é uma sala para casos terminais." Não se passa o mesmo com todos esses "realistas" que afirmam que os ecologistas radicais reclamam demais de nossa situação, agindo como se nós – a humanidade – fôssemos um caso terminal? O que eles estão ignorando é que *somos* de fato um caso terminal.

Então, o que acontecerá no meio-tempo, antes que a catástrofe atinja com força total? Cyril Ramaphosa, atual presidente da África do Sul, fez no início dos anos 1990 uma comparação entre ferver um sapo e a estratégia do governo do novo CNA [Congresso Nacional Africano] para lidar com os brancos: "seria como ferver um sapo vivo, o que se faz elevando a temperatura muito devagar. Sendo de sangue frio, o sapo não percebe o lento aumento da temperatura, mas se a temperatura é aumentada subitamente, o sapo pulará para fora da água. [Ramaphosa] quis dizer que a maioria negra aprovaria leis transferindo riqueza, terra e poder econômico de branco para negro de forma lenta e incremental, até que os brancos perdessem tudo o que ganharam na África do Sul, mas sem nunca tirar demais deles a ponto de fazê-los rebelar-se ou lutar"[26]. Ramaphosa é um dos empresários sul-africanos mais ricos, vale mais de meio bilhão de dólares americanos, então se estamos falando de redistribuição de riqueza, ele não deveria também ser jogado na panela para ferver lentamente? Ou pretendemos apenas substituir a velha classe dominante branca pela nova classe negra, com a maioria negra presa na mesma pobreza?

Há, no entanto, outro uso muito mais interessante da infeliz metáfora de Ramaphosa: ela não representa perfeitamente a maneira como nós (até agora e nos países desenvolvidos) vivenciamos a ameaça ecológica? Enquanto estamos

---

26. Citado de https://www.politicsweb.co.za/opinion/ramaphosa-must -explain-comment-of-white-people-and

literalmente fervendo no processo de aquecimento global, parece que a cruel Mãe Natureza está jogando conosco, humanos, o mesmo jogo de aquecer lentamente a água (e o ar); o processo de aquecimento global é lento e cheio de ambiguidades exploradas pelos negacionistas – por exemplo, gera efeitos locais de ondas de frio extremo, permitindo que gênios estáveis como Trump afirmem que precisamos de mais tempo quente. Um dos efeitos do aquecimento global talvez seja que a Corrente do Golfo mude de curso e já não alcance o noroeste da Europa, levando a uma nova era do gelo da França à Escandinávia. É como se o "projeto de aquecimento global" fosse executado de modo a garantir que a maioria das pessoas permanecesse cética e se recusasse a fazer qualquer coisa a respeito. Apenas como um lembrete de que as coisas talvez sejam sérias, de vez em quando somos atingidos por uma onda de calor ou um tornado inesperado, mas essas calamidades são rapidamente interpretadas como acidentes bizarros. Dessa forma, mesmo sabendo da ameaça, a mensagem sutil da nossa mídia é que devemos continuar vivendo da maneira como vivemos, sem grandes mudanças. Recicle seu lixo, coloque suas latas de Coca-Cola em uma sacola e jornais velhos em outra, e você cumpriu seu dever...

Há outro uso da metáfora de Ramaphosa que não é menos pertinente no que diz respeito à nossa sobrevivência como humanos: Algo semelhante não está acontecendo com a ameaça do controle digital de nossas vidas? Estamos definitivamente entrando na era do estado policial digital: de um jeito ou de outro, máquinas digitais estão registrando todos os nossos fatos e atos pessoais, desde saúde a hábitos de compras, de opiniões políticas a diversão, de decisões de negócios a práticas sexuais. Com os supercomputadores de hoje, essa vasta quantidade de dados pode ser cuidadosamente categorizada e organizada em arquivos individuais, e todos os dados podem ser disponibilizados a agências estatais e corporações privadas. No entanto, o verdadeiro divisor de águas não é o controle digital enquanto tal, mas o projeto de estimação dos cientistas do cérebro: máquinas digitais que serão capazes de ler diretamente nossas mentes (sem que o saibamos, é claro).

Os agentes desse processo – ou seja, os detentores do poder – contam com uma série de estratégias para nos manter na posição de sapo, sem saber que a água está ficando cada vez mais quente. Uma é descartar a ameaça como utópica; ainda estamos longe disso: sermos controlados por máquinas leitoras de mente é apenas paranoia liberal-esquerdista. Outra é apresentar os potenciais benefícios (principalmente médicos) desse processo: se uma máquina puder ler a mente de um sujeito que seja totalmente aleijado, tornará sua vida cotidiana muito mais fácil; por exemplo, ele pode informar às pessoas ao seu redor o que deseja apenas pensando claramente sobre isso. De maneira mais geral, nossa mídia aponta repetidamente quão mais fácil será a vida cotidiana para nós em uma sociedade digitalmente controlada. Minha história favorita aqui é a do escaneamento ocular quando entramos em uma loja de departamentos: a máquina nos identifica escaneando nosso olho, contata nossa conta bancária e estabelece nosso poder de compra; além disso, registra automaticamente o que temos quando saímos da loja, de modo a que não tenhamos de fazer nada. A loja se torna um lugar onde apenas entramos, pegamos o que queremos ou precisamos e saímos.

Tanto com o aquecimento global quanto com a explosão do controle digital, as mudanças são graduais, de modo que, salvo por breves emergências, somos capazes de ignorar os efeitos em nosso cotidiano – até que, de repente, será tarde demais, e perceberemos que perdemos tudo. Mas há uma diferença entre ferver um sapo e aquecimento global ou controle digital: tanto na ameaça ecológica quanto na ameaça do controle digital, não há mais ninguém, nenhum agente desumano aumentando gradualmente a temperatura ou aprimorando o controle digital. Estamos fazendo isso a nós mesmos; estamos aumentando o calor gradualmente, permitindo-nos assim ignorar a ameaça. Nós mesmos somos os sapos fervendo a nós mesmos gradualmente até a morte.

Então, o que vai acontecer? Nada, provavelmente. Precisamos de mais catástrofes (espero que não muito grandes) para nos despertar e nos preparar para proclamar um verdadeiro estado de emergência, para travar a guerra contra nós mesmos que está por vir. É assim que o comunismo acabará entrando em cena: não por meio de um simples processo eleitoral parlamentar, é claro, mas por meio de um estado de emergência imposto a nós por uma ameaça apocalíptica. A resistência contra essa radicalização é extremamente forte, como podemos ver no último exemplo ficcional da radical agente política feminina, Daenerys em *Game of Thrones*. A última temporada da série suscitou clamor público que culminou em uma petição (assinada por quase um milhão de telespectadores ultrajados) para desqualificar toda a temporada e filmar uma nova. A ferocidade do debate é em si uma prova de que as apostas ideológicas devem ser altas.

A insatisfação girou em torno de alguns pontos: um cenário ruim (sob pressão de terminar rapidamente a série, a complexidade da narrativa foi simplificada), psicologia ruim (a transformação de Daenerys na Rainha Louca não se justifica pelo desenvolvimento de sua personagem) etc. Uma das poucas vozes inteligentes no debate foi a de Stephen King, que observou que a insatisfação não foi gerada pelo final ruim, mas pelo final enquanto tal – nesta época de séries que, a princípio, se prolongam indefinidamente, a ideia de um fechamento narrativo torna-se intolerável. É verdade que, no rápido desenlace da série, uma estranha lógica se impõe, uma lógica que não viola a psicologia credível, mas sim os pressupostos narrativos de uma série televisiva. Na última temporada, há apenas a preparação para uma batalha, o luto e a destruição após a batalha, e a própria batalha em toda a sua falta de sentido – muito mais realista para mim do que os enredos melodramáticos góticos habituais.

O universo de *Game of Thrones* é (como o de *O Senhor dos Anéis*) espiritualizado, mas sem Deus: existem forças sobrenaturais, mas elas fazem parte da natureza, sem deuses superiores ou sacerdotes as servindo. Dentro desse quadro, o esboço da 8ª temporada é profundamente consistente: encena três lutas consecutivas. A primeira é entre a humanidade e seus desumanos Outros (o Exército da Noite do Norte liderado pelo Rei da Noite); entre os dois principais grupos de humanos (os malvados Lannisters e a coalizão contra eles liderada por Daenerys e os Starks); o conflito interno entre Daenerys e os Starks. É por isso que as batalhas da 8ª temporada seguem um caminho lógico de uma oposição externa para a divisão interna: a derrota do desumano Exército da Noite, a derrota dos Lannisters e a destruição de Porto Real [*King's Landing*]; a última luta dos Starks e Daenerys – em última análise entre uma nobreza tradicional "boa" (Starks) protegendo fielmente seus súditos de maus tiranos, e Daenerys como um novo tipo de líder forte, uma espécie de bonapartista progressista agindo em nome dos desprivilegiados. O que está em jogo no conflito final é, portanto, para colocá-lo de forma simples: a revolta contra a tirania deve ser apenas uma luta pelo retorno da antiga versão mais gentil da mesma ordem hierárquica, ou deve evoluir para a busca de uma nova ordem necessária?

Os espectadores insatisfeitos têm um problema com esta última luta – não é de admirar, uma vez que combina a rejeição de uma mudança radical com um antigo tema antifeminista vigente em Hegel, Schelling e Wagner. Em sua *Fenomenologia do Espírito*, Hegel apresenta sua notória noção de feminilidade como "a perpétua ironia da comunidade": a feminilidade "transforma pela intriga o fim universal do governo em um fim privado, transforma sua atividade universal em obra de algum indivíduo particular, e perverte a propriedade universal do Estado em uma posse e ornamento para a família"[27]. Essas linhas cabem perfeitamente na figura de Ortrud no *Lohengrin* de Wagner: para Wagner, não há nada mais horrível e repugnante do que uma mulher que intervém na vida política, movida pelo desejo de poder. Em contraste com a ambição masculina, a mulher quer o poder a fim de promover os seus próprios e estreitos interesses familiares ou, pior ainda, seu capricho pessoal, incapaz como é de perceber a dimensão universal da política de Estado. Como não lembrar da afirmação de F. W. J. Schelling de que "o mesmo princípio que nos carrega e nos mantém em sua ineficácia nos consumiria e destruiria em sua eficácia"?[28] – um poder que, quando mantido em seu devido lugar, pode ser benigno e pacificador, transforma-se no seu radical oposto, na fúria mais destrutiva, no momento em que intervém em um nível superior, um nível que não é o seu. A mesma feminilidade que, no círculo íntimo da vida familiar, é a própria força do amor protetor, transforma-se em frenesi obsceno quando se manifesta no nível dos assuntos públicos e estatais. O ponto mais baixo do diálogo é o momento em que Daenerys diz a Jon que se ele não pode amá-la como uma rainha, então o medo deve reinar – o

---

27. G.W.F. Hegel, *Phenomenology of Spirit* (Oxford: Oxford University Press, 1977), p. 288.
28. F.W.J. Schelling, *Die Weltalter. Fragmente. In den Urfassungen von 1811 und 1813*, ed. Manfred Schroeter (Munich: Biederstein, 1946; reimpressão 1979), p. 13.

motivo embaraçosamente vulgar de uma mulher sexualmente insatisfeita que explode em fúria destrutiva.

Mas – mordamos nossa maçã azeda agora – e as explosões assassinas de Daenerys? Será que a matança implacável de milhares de pessoas comuns em Porto Real pode realmente ser justificada como um passo necessário para a liberdade universal? Sim, isso é imperdoável – mas, neste ponto, devemos lembrar que o cenário foi escrito por dois homens. Daenerys como a Rainha Louca é estritamente uma fantasia masculina, então os críticos estavam certos quando apontaram que sua queda na loucura é psicologicamente injustificada. A visão de Daenerys com uma expressão louca e furiosa voando em um dragão e queimando casas e pessoas é simplesmente a expressão da ideologia patriarcal com seu medo de uma mulher política forte.

O destino final das mulheres protagonistas em *Game of Thrones* se encaixa nessas coordenadas. Central é a oposição entre Cersei e Daenerys, as duas mulheres no/do poder, e a mensagem do seu conflito é clara: mesmo que a boa vença, o poder corrompe uma mulher. Arya (que salvou a todos matando sozinha o Rei da Noite) também desaparece, navegando para o Oeste do Oeste (como se fosse colonizar a América). Quem permanece (como a rainha do reino autônomo do Norte) é Sansa, um tipo de mulher amado pelo capitalismo de hoje: ela combina a suavidade feminina e a compreensão com uma boa dose de espírito de manipulação e, portanto, encaixa-se perfeitamente nas novas relações de poder. Essa marginalização das mulheres é um momento-chave da lição conservadora liberal geral do último episódio: as revoluções estão destinadas a dar errado e levar a novas tiranias.

Será que o mesmo não vale para *O Cavaleiro das Trevas Ressurge*, de Christopher Nolan, a parte final de sua trilogia do Batman? Embora Bane seja o vilão oficial, há indícios de que ele, muito mais do que o próprio Batman, é o herói autêntico do filme distorcido como seu vilão: ele está pronto para sacrificar a sua vida pelo seu amor, pronto para arriscar tudo pelo que ele percebe como injustiça, e esse fato básico é ocultado por sinais superficiais e um tanto ridículos de mal destrutivo. E em *Pantera Negra*, será que Killmonger não é o verdadeiro herói? Ele prefere morrer livre do que ser curado e sobreviver na falsa abundância de Wakanda – o forte impacto ético das últimas palavras de Killmonger arruína imediatamente a ideia de que ele é um simples vilão. A lição conservadora liberal é melhor transmitida pelas seguintes palavras de Jon para Daenerys:

> Nunca pensei que dragões existiriam novamente; ninguém pensou. As pessoas que a seguem sabem que você fez algo impossível acontecer. Talvez isso as ajude a acreditar que você pode fazer outras coisas impossíveis acontecerem: construir um mundo diferente do de merda que eles sempre conheceram. Mas se você os usar [dragões] para derreter castelos e queimar cidades, você não é diferente. Você é apenas mais do mesmo.

Consequentemente, Jon mata por amor (salvando a mulher amaldiçoada de si mesma, como diz a velha fórmula machista), o único agente social da série que realmente lutou por algo novo, por um novo mundo que acabaria com as velhas injustiças. Portanto, não é de admirar que o último episódio tenha sido bem-recebido: a justiça prevaleceu – que tipo de justiça? Cada pessoa é alocada em seu devido lugar, Daenerys, que perturbou a ordem estabelecida, foi morta e levada para a eternidade pelo seu último dragão. O novo rei é Bran: aleijado, onisciente, que não quer nada – com a evocação da sabedoria insípida de que os melhores governantes são aqueles que não querem o poder. Em um final extremamente politicamente correto, um rei deficiente agora governa, ajudado por um anão e escolhido pela nova elite sábia. (Um belo detalhe: o riso que se segue quando um deles propõe uma seleção mais democrática do rei.) E não se pode deixar de notar que os fiéis a Daenerys até o fim são mais diversos etnicamente, ao passo que os novos governantes são claramente nórdicos brancos. A rainha radical que queria mais liberdade para todos independentemente da sua posição social e raça é eliminada, as coisas voltam ao normal, a miséria do povo fermentada por uma sabedoria resignada (lembre-se apenas de que as primeiras medidas previstas pelo novo conselho governante são a restauração do exército e dos bordéis...).

Será que Greta não é a nossa Daenerys? Será que ela não é a mesma Rainha Louca que quer uma mudança real? E será que a resposta de nosso *establishment* aos seus atos não é a mesma sabedoria cínica exibida pelo conselho governante no final de *Game of Thrones*?

7
SÃO AMBOS PIORES!

Quando tento explicar aos alunos o que significa "associação livre" no tratamento psicanalítico, recorro regularmente ao conhecido ditado: "Não jogue fora o bebê com a água suja do banho!" Quando o psicanalista pede a seu paciente para "associar livremente", isto é, para suspender o controle de seu ego consciente e dizer qualquer coisa que lhe venha à mente, ele não exige dele que faça quase exatamente o oposto? O analista pede ao paciente que "jogue fora o bebê" (seu ego) e guarde apenas a "água suja" (de suas associações livres). A ideia, obviamente, é que essa "água suja" trará à tona a verdade oculta do próprio ego são e saudável. Não se esqueça de que a sujeira na água vem do bebê, não de fora!

O mesmo não vale para muitos falsos ecologistas? Eles são obcecados por habitações "sustentáveis" saudáveis em um *habitat* verde limpo, ignorando a água suja que flutua livremente nos arredores poluídos. Se alguém quiser lidar com a poluição de maneira séria, a primeira coisa a fazer é focar nos arredores sujos e analisar como nossos *habitats* "sustentáveis" isolados meramente exportam a poluição para os seus arredores. Talvez devêssemos adotar a abordagem oposta, na linha do que estão fazendo no Japão: concentrar o máximo de poluição e população nas grandes cidades, de modo a que funcionem como bebês sujos em água (relativamente) limpa.

Outro exemplo: o grande número de crimes de pedofilia que têm ocorrido na Igreja Católica em todo o mundo, da Irlanda e da Pensilvânia à Austrália, crimes cometidos por membros da instituição que se diz a bússola moral da nossa sociedade, obriga-nos a rejeitar a ideia fácil de que a Igreja deva jogar fora a água suja dos pedófilos, mas manter o corpo são dos seus bons padres. Esse abuso não é algo que aconteça porque a instituição tem de se acomodar às realidades patológicas da vida libidinal a fim de sobreviver, mas algo que a própria instituição precisa a fim de se reproduzir.

O que isso significa é que, quando vemos como um sistema é confrontado com seu lado sombrio, não devemos simplesmente apoiar seu lado bom; devemos também investigar como e por que esse lado bom dá origem ao lado ruim – em certo sentido, ambos os lados são piores. No final da década de 1920, um jornalista perguntou a Stalin qual desvio era pior, o de direita (Bukharin e companhia) ou o de esquerda (Trotsky e companhia), e ele retrucou: "São ambos piores!" Um triste sinal da nossa situação é que, quando somos confrontados com uma escolha política e convidados a tomar partido, mesmo que seja apenas do menos ruim, muitas vezes a resposta que se impõe é: "Mas são ambos piores!" Isso, é claro, não significa que ambos os polos da alternativa simplesmente se equivalham – em situações concretas, devemos, por exemplo, apoiar condicionalmente os protestos dos "coletes amarelos" (*les gilets jaunes*) na França ou fazer um pacto tático com os liberais para bloquear as ameaças fundamentalistas às nossas liberdades (digamos, quando os fundamentalistas querem limitar o direito ao aborto ou seguir uma política abertamente racista). Mas o que isso significa é que a maioria das escolhas impostas a nós pela grande mídia são escolhas falsas – sua função é ofuscar uma escolha verdadeira. A triste lição a ser tirada disso é: se um lado em um conflito é ruim, o lado oposto não é necessariamente bom.

Vejamos a situação atual da Venezuela: Maduro ou Guaidó? São ambos piores, embora não no mesmo sentido. Maduro é "pior" porque seu reinado levou a Venezuela a um completo fiasco econômico com a maioria da população vivendo em pobreza abjeta, um fiasco que não pode ser atribuído apenas à sabotagem de inimigos internos e externos. Basta ter em mente o dano indelével que o regime de Maduro causou à ideia de socialismo: nas próximas décadas, teremos que ouvir variações sobre o tema "Você quer o socialismo? Olha a Venezuela...". No entanto, Guaidó não é menos "pior": quando assumiu sua presidência virtual, estávamos sem dúvida testemunhando um golpe bem-preparado orquestrado pelos Estados Unidos, não a uma insurgência popular autônoma (que é precisamente o "melhor" terceiro termo que falta na escolha entre Maduro e Guaidó, que são "ambos piores").

E não devemos nos esquivar de aplicar a mesma lógica à luta entre populistas e liberais do *establishment* que caracteriza as democracias ocidentais. No que diz respeito à política dos Estados Unidos, isso significa que a nossa resposta à pergunta sobre "Quem é pior, Trump ou Clinton (ou agora Pelosi)" deveria ser: são ambos piores! Trump é "pior", claro: um agente do "socialismo para os ricos", minando sistematicamente as normas da vida política civilizada, desmantelando os direitos das minorias, ignorando as ameaças ao nosso meio-ambiente etc. No entanto, em outro sentido, o *establishment* democrático também é "pior": nunca devemos esquecer que foi o fracasso imanente do *establishment* democrático que abriu o espaço para o populismo de Trump. O primeiro passo para derrotar Trump é, portanto, uma crítica radical ao *establishment* democrático. Por que Trump e outros populistas podem explorar os medos e queixas das pessoas comuns? Porque elas se sentiram traídas por quem está no poder.

Passemos agora a um caso mais complexo. O universalismo liberal ocidental *versus* a afirmação de identidades particulares ("antieurocêntricas"). Também nessa escolha, ambos os termos são piores – por quê? A piada judaica que citamos no capítulo sobre proletários nômades deixa claro qual é o problema com os falsos "antirracistas" liberais de esquerda. Em seu zelo pela política identitária, todos eles apoiam o esforço das comunidades negras para manter e fortalecer sua identidade cultural; eles temem que as comunidades negras percam sua identidade específica e se afoguem no universo global definido pelas categorias brancas, um mundo no qual eles estão *a priori* em uma posição subordinada. No entanto, a razão pela qual os "antirracistas" liberais brancos apoiam a identidade negra é um assunto muito mais obscuro: o que eles realmente temem é que os negros deixem para trás sua identidade particular, assumam "serem nada" e formulem a sua própria universalidade como diferente da universalidade imposta pela cultura e pela política branca hegemônica. *Esta* opção é a "melhor", aquela em relação à qual ambos os termos da escolha original (universalismo liberal ou identidades particulares marginais) são "piores". Malcolm X viu isso de forma exemplar: em vez de buscar raízes e identidades negras particulares, ele aceitou o X (a falta de raízes étnicas) como uma chance única de afirmar uma universalidade diferente daquela imposta pelos brancos.

E eis o nosso último exemplo, ainda mais problemático, de "são ambos piores". Em 2018, um videoclipe tornou-se viral na web. Ele mostra uma cena tensa perto do Lincoln Memorial em Washington: no final da Marcha dos Povos Indígenas, um idoso nativo americano bate seu tambor constantemente enquanto canta uma canção de unidade exortando os participantes a "serem fortes" contra os estragos do colonialismo que incluem a brutalidade policial, a falta de acesso a serviços de saúde e os efeitos nocivos da mudança climática nas reservas. Ele está cercado por um grupo de jovens, a maioria rapazes adolescentes brancos, vários deles usando bonés "Make America Great Again" [Torne a América Grande Novamente]; um deles está a cerca de trinta centímetros do rosto do percussionista, com um sorriso implacável. Agora sabemos quem são esses dois: o nativo americano é Nathan Phillips, um ancião de Omaha, veterano do movimento pelos direitos indígenas, e o rapaz sorridente é Nick Sandmann, aluno de uma escola católica.

O vídeo desse confronto merece totalmente sua fama: ele fornece uma espécie de indício condensado de nossa situação ideológica. Como esperado, a reação liberal predominante a isso se concentrou no sorriso insolente de Nick, vendo nele uma pura expressão do racismo da direita alternativa, zombando não apenas dos protestos contra nossas injustiças, mas também de exibições autênticas das culturas minoritárias. Eu endosso totalmente essa visão. Para mim, o sorriso malicioso de Nick representa o pior do americanismo, de modo que, quando vi o clipe, fiquei pessoalmente enojado com a expressão do rosto de Nick e fui assombrado durante dias pela sua autossatisfação ignorantemente brutal. (Nick agora defende suas ações, alegando que estava apenas tentando diminuir a tensão: "Eu não estava intencionalmente fazendo caretas para o manifestante. Eu de fato sorri em determinado momento porque queria que ele soubesse que eu não ficaria com raiva..." A absurdidade dessa contra-afirmação é de tirar o fôlego: se seu sorriso expressa benevolência, então é a benevolência mais arrogante e paternalista que o mundo já viu, semelhante à de um pai tentando conter seu filho selvagem.)

No entanto – esta é a minha deformação profissional como filósofo – sinto-me compelido a lançar um olhar crítico também para o lado oposto. Como foi noticiado na mídia, Phillips não é apenas um veterano dos movimentos de protesto dos índios americanos, mas também um veterano da guerra do Vietnã, o que significa que, para ele, manter suas raízes culturais autênticas não foi obstáculo para que ele se envolvesse na mais eficiente máquina militar moderna. Podemos facilmente presumir que, por mais sincero que fosse, sua imersão contínua na cultura nativa americana até facilitou a sua participação. Há muitos exemplos semelhantes de uma prática cultural tradicional "autêntica" que torna possível a participação eficiente na guerra moderna em sua forma mais brutal. (De acordo com algumas fontes, Phillips nunca serviu no Vietnã – mas se isso for verdade, apresentar-se como um veterano do Vietnã torna ainda mais forte sua identificação com as operações militares do exército dos Estados Unidos: não algo de que ele se arrependa, mas uma declaração de fé.)

Qualquer pessoa familiarizada com a história recente do Zen Budismo no Japão sabe como, na era da brutal expansão militar do Japão (décadas de 1930 e 1940), a grande maioria do *establishment* budista apoiou ativamente os esforços de guerra, até mesmo fornecendo justificativas para eles. Por exemplo, D.T. Suzuki, conhecido nos tempos hippies como o popularizador definitivo do Zen, escreveu na década de 1930 uma série de textos em que tentou demonstrar como a experiência da iluminação zen torna um soldado mais eficiente – se você tem consciência de que não tem um Eu estável e que o mundo é apenas uma dança de fenômenos fugazes, é muito mais fácil matar. Nas próprias palavras de Suzuki, quando um soldado ataca um inimigo com uma espada, "na verdade não é ele, mas a própria espada que mata. Ele não queria machucar ninguém, mas o inimigo aparece e faz de si mesmo uma vítima. É como se a espada cumprisse automaticamente sua função de justiça, que é a função de misericórdia".

Quão longe o budismo autêntico está de nossa noção usual de compaixão pelo sofrimento dos outros fica claro pela história de um discípulo que certa vez perguntou a Buda: "Mestre, devemos ser compassivos para com os outros?" Após alguns momentos de contemplação, Buda respondeu: "Não há outros". Esta é a única resposta consequente do ponto de vista budista de negar qualquer realidade substancial dos Eus humanos: sofremos na medida em que nos percebemos como Eus substanciais, de modo que a verdadeira superação de nosso sofrimento reside não em nos livrarmos do que o nosso Eu percebe como um obstáculo para sua felicidade, mas em livrar-se do próprio Eu. Não é à toa que o budismo abandonou rapidamente essa postura radical – tudo começou a dar errado com a virada Mahayana. A principal divisão do budismo é aquela entre Hinayana ("a pequena roda") e Mahayana ("a grande roda"). A primeira é elitista e exigente, tentando manter a fidelidade aos ensinamentos de Buda, centrando-se no esforço do indivíduo para se livrar da ilusão do Eu e atingir a Iluminação. A segunda, que surgiu da cisão da primeira, sutilmente muda o acento para a compaixão pelos outros: sua figura central é o bodhisattva, o indivíduo que, após alcançar a Iluminação, decide, por compaixão, retornar ao mundo das ilusões materiais para ajudar os outros a alcançarem a Iluminação – ou seja, trabalhar para acabar com o sofrimento de todos os seres sencientes. É fácil localizar a inconsistência do movimento Mahayana, que só pode levar a consequências fatídicas: quando um bodhisattva retorna à vida de paixões ilusórias por compaixão por todos aqueles que ainda estão presos na Roda do Desejo a fim de ajudá-los alcançar a Iluminação e entrar no nirvana, há uma questão simples a ser levantada: se, como os budistas radicais apontam enfaticamente, entrar no nirvana não significa que deixamos este mundo e entramos em outra realidade superior – em outras palavras, se a realidade permanece como é e tudo o que muda no nirvana é a atitude do indivíduo em relação a ela – por que, então, para ajudar outros seres que sofrem, devemos *retornar* à nossa realidade comum? Por que não podemos fazer isso permanecendo no estado de Iluminação no qual, como nos ensinam, continuamos vivendo neste mundo? Não há, portanto, necessidade do Mahayana, da "roda maior": a roda pequena (Hinayana) é grande o suficiente para permitir que o Iluminado ajude os outros. Em outras palavras, será que o próprio conceito de bodhisattva não é baseado em uma incompreensão teológico-metafísica da natureza do nirvana? Será que isso não transforma sorrateiramente o nirvana em uma realidade metafísica superior? Não é de admirar que os budistas Mahayana tenham sido os primeiros a dar um toque religioso ao budismo, abandonando o materialismo agnóstico original do Buda, sua explícita indiferença em relação ao tema religioso.

Se fossem necessárias provas do potencial violento do budismo, eis o caso mais recente:

> A polícia de Mianmar emitiu um mandado de prisão contra Ashin Wirathu, um monge incendiário conhecido como o "Bin Laden Budista". Wirathu há muito é acusado de incitar a violência sectária contra os muçulmanos de Mianmar, em particular a comunidade Rohingya, por meio de discursos islamofóbicos cheios de ódio. Enquanto o budismo defende a não-violência, Wirathu disse abertamente que está "orgulhoso de ser chamado de budista radical" e em um sermão de 2013 disse sobre os muçulmanos em Mianmar: "Você pode ser cheio de bondade e amor, mas não pode dormir ao lado de um cachorro raivoso[29]".

---

29. Cf. https://www.theguardian.com/world/2019/may/29/myanmar-police-hunt-buddhist-bin-laden-over-suu-kyi-comments

Talvez isso nos leve a uma das caracterizações mais precisas da autêntica postura budista que evita tais perigos: a pessoa verdadeiramente iluminada é aquela que consegue dormir ao lado de um cachorro raivoso.

O que isso significa é que, para colocar de uma forma brutal (e para algumas pessoas, sem dúvida, "insensível"), apesar da minha total simpatia e solidariedade para com Phillips, quero incondicionalmente afirmar meu direito de considerar a realização de tais rituais "autênticos" estúpida, ineficiente e até contraproducente. Sim, claro, devemos lutar contra pessoas como Sandmann, mas não principalmente por meio de batidas de tambor acompanhadas de cânticos ritualísticos – quando muito, nossa imersão quase hipnótica no ritmo entorpecido de tais performances desativa nosso pensamento racional crítico, que, hoje, é necessário mais do que nunca. Não precisamos nos tornar animistas para combater o imperialismo militar.

Nem todas as nossas escolhas, felizmente, são desse tipo, em que ambos os lados são piores. Basta pensar no último caso de masculinidade tóxica, a autista Greta da Suécia que desencadeou uma série de greves escolares contra o aquecimento global. A lição de seus atos não é apenas política; também demonstra que se deve rejeitar a série padrão de oposições entre masculino e feminino (ordem *versus* caos, razão *versus* emoção, hierarquia versus cooperação, relações com objetos *versus* relações interpessoais etc.). É muito mais apropriado falar de duas combinações diferentes de ordem *versus* caos etc.: a "masculinidade tóxica" feminina detectável na linha que vai de Antígona a Greta Thunberg é diferente da sua versão masculina, que é fruto da autoridade patriarcal em decadência. Esta última é a (constitutiva) exceção à Lei paterna (a explosão de violência que neutraliza a percebida impotência do mestre masculino), ao passo que a "masculinidade tóxica" feminina é imanente ao senso de justiça, é um ato de fidelidade à justiça.

8
UM CONVITE DESESPERADO À RAZÃO (OU À TRAIÇÃO?)

As últimas notícias da fronteira da Ucrânia e da Rússia indicam que já vivemos em uma situação pré-guerra – então o que devemos nós, pessoas comuns, fazer quando a explosão da loucura global se aproxima? Talvez nossa primeira reação deva ser confrontar notícias tão sombrias com outra série de notícias ainda mais catastróficas. Relatórios científicos recentes deixam claro que nosso sistema alimentar global está falido: de acordo com 130 academias nacionais de ciência e medicina em todo o mundo, bilhões estão desnutridos ou acima do peso e nossa produção de alimentos está levando o planeta a uma catástrofe climática. Prover uma dieta ecologicamente correta para todos nós exigirá uma transformação radical do sistema.

Mas não é apenas o sistema alimentar global que está fora dos eixos. Como aprendemos abundantemente com os últimos relatórios ambientais, o diagnóstico científico de nossa situação é muito simples e direto: se não reduzirmos as emissões de gases do efeito estufa em 45% nos próximos 12 anos, as cidades costeiras serão inundadas, vão faltar alimentos etc. E, novamente, para fazê-lo, é necessária uma transformação social rápida e radical que afetará profundamente todas as esferas da nossa vida. Então, como conseguir isso? Além de eliminar de forma gradual e rápida os combustíveis intensivos em carbono, outra abordagem mais dramática é considerada: o SRM (*solar radiation management* [gerenciamento da radiação solar]), a dispersão massiva contínua de aerossóis em nossa atmosfera para refletir e absorver a luz solar e, assim, resfriar o planeta. No entanto, o SRM é extremamente arriscado: poderia diminuir o rendimento das colheitas, alterar irreparavelmente o ciclo da água, para não mencionar muitas outras "incógnitas desconhecidas" – não podemos sequer imaginar como funciona o frágil equilíbrio de nossa terra, e de que maneiras imprevisíveis essa geoengenharia pode perturbá-lo. Além disso, é fácil adivinhar por que o SRM é tão popular entre muitas empresas: em vez de uma mudança social dolorosa, ele oferece a perspectiva de uma solução tecnológica direta para o nosso maior problema. Estamos num verdadeiro impasse: se não fizermos nada, estamos condenados, e tudo o que fizermos envolve riscos mortais. Quem vai tomar as decisões aqui? Quem está sequer qualificado para fazê-lo?[30] Aqui devem ser tomadas decisões que são em grande medida baseadas em raciocínio científico, não em percepções diretas de interesses: mesmo que já sintamos e experimentamos efeitos de distúrbios ecológicos, nossa vida cotidiana ainda não está verdadeiramente destruída.

Fenômenos como o aquecimento global fazem com que nos demos conta de que, apesar de toda a universalidade de nossa atividade teórica e prática, somos em certo nível básico apenas mais uma espécie de ser vivo no planeta Terra. Nossa sobrevivência depende de certos parâmetros naturais que automaticamente tomamos como garantidos. A "natureza" torna-se assim literalmente uma categoria sócio-histórica, mas

---

30. Baseio-me aqui em "The Plan to Block Out the Sun", de Kate Aronoff, em *In These Times* (dezembro de 2018).

não no exaltado sentido marxista (o conteúdo do que é – ou conta para nós como – "natureza" é sempre sobredeterminado por condições históricas que estruturam nosso horizonte de nossa compreensão da natureza). Torna-se uma categoria sócio-histórica em um sentido muito mais radical e literal; a natureza não é apenas um pano de fundo estável da atividade humana, mas é afetada por essa atividade nos seus próprios componentes básicos.

Em suma, a perspectiva da geoengenharia implica que estamos mergulhados no "Antropoceno", uma nova época na vida de nosso planeta na qual nós, humanos, já não podemos contar com a Terra como um reservatório pronto para absorver as consequências da nossa atividade produtiva. A Terra já não é o pano de fundo/horizonte impenetrável de nossa atividade produtiva; ela emerge como um (outro) objeto finito que podemos inadvertidamente destruir ou transformar para torná-lo inabitável. Aí reside o paradoxo do Antropoceno: a humanidade tomou consciência de sua autolimitação como espécie precisamente quando se tornou tão forte que influenciou o equilíbrio de toda a vida na Terra. Ela foi capaz de sonhar em dominar e explorar a natureza enquanto sua influência sobre a natureza (Terra) fosse marginal – ou seja, no contexto de uma natureza estável. O paradoxo é, portanto, que quanto mais a reprodução da natureza depende da atividade humana, mais ela escapa ao nosso controle. O que nos escapa não é apenas o lado oculto da natureza, mas, sobretudo, as consequências impenetráveis da nossa própria atividade.

Então, sim, estamos em uma grande confusão: não há uma solução "democrática" simples aqui. A ideia de que as próprias pessoas (não apenas governos e corporações) devem decidir soa profunda, mas suscita uma importante questão: mesmo que sua compreensão não seja distorcida por interesses corporativos, o que as qualifica para julgar um assunto tão delicado? Mas o que podemos fazer é pelo menos definir corretamente as prioridades e admitir a absurdidade dos nossos jogos de guerra geopolíticos quando o próprio planeta pelo qual as guerras são travadas está sob ameaça.

A lógica da competição entre Estados-nação é extremamente perigosa porque vai diretamente de encontro à necessidade urgente de estabelecermos um novo modo de nos relacionarmos com o nosso ambiente, uma mudança político-econômica radical chamada por Peter Sloterdijk de "a domesticação da Cultura animal selvagem". Até agora, cada cultura disciplinou/educou os seus próprios membros e garantiu a paz cívica entre eles sob a forma do poder estatal, mas a relação entre diferentes culturas e Estados esteve permanentemente sob a sombra de uma guerra potencial, sendo cada estado de paz nada mais do que um armistício temporário. Toda a ética de um Estado culmina no mais alto ato de heroísmo, na prontidão em sacrificar a própria vida pelo Estado-nação, o que significa que as selvagens relações bárbaras entre os Estados servem de base para a vida ética dentro de um Estado. A Coreia do Norte de hoje, com sua busca implacável de armas nucleares e foguetes destinados a atingir alvos distantes, não é o exemplo máximo dessa lógica da soberania incondicional do Estado-nação?

No entanto, a partir do momento em que aceitamos plenamente o fato de que vivemos numa espaçonave Terra, a tarefa que se impõe com urgência é a de civilizar as próprias civilizações, de impor a solidariedade universal e a cooperação entre todas as comunidades humanas, tarefa tornada ainda mais difícil pelo aumento contínuo da sectária violência "heroica" religiosa e étnica, e da prontidão a sacrificar a si mesmo (e o mundo) por uma causa específica.

A razão, portanto, obriga-nos a cometer traição aqui: trair nossa Causa, recusar-nos a participar dos jogos de guerra em andamento. Se realmente nos importamos com o destino das pessoas que compõem nossa nação, nosso lema deveria ser: "A América por último, a China por último, a Rússia por último..." Meio século atrás, Huey Newton, o fundador e teórico do Partido dos Panteras Negras, viu claramente a limitação da resistência local (nacional) ao reinado global do capital. Ele até deu um passo importante adiante e rejeitou o termo "descolonização" como sendo inapropriado – não se pode lutar contra o capitalismo global a partir da posição de unidades nacionais. Eis suas declarações num diálogo singular com o psicanalista freudiano Erik Erikson de 1972:

> Nós do Partido dos Panteras Negras vimos que os Estados Unidos já não eram uma nação. Eram outra coisa; eram mais do que uma nação. Eles não apenas expandiram seus limites territoriais, mas também expandiram todos os seus controles. Nós os chamamos de império. Ora, houve um tempo em que o mundo teve um império no qual as condições de governo eram diferentes – o Império Romano. A diferença entre os impérios romano e americano é que outras nações foram capazes de existir fora e independentes do Império Romano porque seus meios de exploração, conquista e controle eram todos relativamente limitados. Mas quando dizemos "império" hoje, queremos dizer exatamente o que dizemos. Um império é um Estado-nação que se transformou em uma potência que controla todas as terras e pessoas do mundo.
>
> Acreditamos que já não existam colônias ou neocolônias. Se um povo é colonizado, deve-lhe ser possível descolonizar-se e tornar-se o que era antes. Mas o que acontece quando as matérias-primas são extraídas e a mão de obra

é explorada dentro de um território disperso por todo o globo? Quando as riquezas de toda a terra são esgotadas e usadas para alimentar uma máquina industrial gigantesca no lar dos imperialistas? Então o povo e a economia estão tão integrados ao império imperialista que é impossível "descolonizar", voltar às suas antigas condições de existência. Se as colônias não podem "descolonizar-se" e retornar à sua existência original como nações, então as nações já não existem. Acreditamos que elas tampouco voltarão a existir. E porquanto deve haver nações para que o nacionalismo revolucionário ou o internacionalismo façam sentido, decidimos que teríamos que nos chamar de algo novo[31].

Não é essa a nossa situação hoje, muito mais do que na época de Newton? Pode-se questionar o nome de Newton para a nova dimensão – "intercomunalismo revolucionário" – mas ainda assim endossar plenamente sua visão comunista básica. Quantos esquerdistas de hoje, apanhados no pântano da "descolonização" e outros itens da política identitária, estão prontos para agir de acordo com o diagnóstico de Newton?

A última reunião dos chefes do G20 em Osaka (em junho de 2019) e os eventos circundantes forneceram uma triste visão da Nova Ordem Mundial emergente: Trump trocando mensagens de amor com Kim Jong-un e o convidando para a Casa Branca; Putin batendo palmas jovialmente com Mohammad bin Salman, e assim por diante, enquanto Merkel e Tusk, as duas vozes da velha razão europeia, foram marginalizados e quase sempre ignorados. Esse *agora* é muito tolerante: todos se respeitam, ninguém impõe aos demais noções eurocentristas imperialistas como os direitos das mulheres. Esse novo espírito é melhor sintetizado pela entrevista

---

31. *In Search of Common Ground: Conversations with Erik H. Erikson and Huey P. Newton* (New York: Norton, 1973), p. 69.

que Putin deu ao *Financial Times* na véspera da cúpula de Osaka, na qual, como esperado, ele criticou a "ideia liberal", alegando que ela havia "sobrevivido ao seu propósito". Surfando na onda da "guinada pública contra imigração, fronteiras abertas e multiculturalismo", a evisceração do liberalismo por Putin,

> é consoante com líderes *antiestablishment*, do presidente dos Estados Unidos, Donald Trump, ao húngaro Viktor Orbán, Matteo Salvini, na Itália, e a insurgência do Brexit, no Reino Unido. "[Os liberais] não podem simplesmente ditar nada a ninguém como eles têm tentado fazer nas últimas décadas", disse ele. Putin classificou a decisão da chanceler Angela Merkel de admitir mais de 1 milhão de refugiados na Alemanha, principalmente da Síria devastada pela guerra, como um "erro cardinal". Mas ele elogiou Donald Trump por tentar impedir o fluxo de imigrantes e drogas do México. "Essa ideia liberal pressupõe que nada precisa ser feito. Que os migrantes podem matar, saquear e estuprar impunemente porque seus direitos como migrantes têm de ser protegidos". Ele acrescentou: "Todo crime deve ter sua punição. A ideia liberal tornou-se obsoleta. Entrou em conflito com os interesses da esmagadora maioria da população"[32].

Não há surpresa aqui, e o mesmo para a forma como Donald Tusk, presidente do Conselho Europeu, reagiu a Putin: "O que eu acho realmente obsoleto é o autoritarismo, os cultos à personalidade e o governo dos oligarcas" – uma afirmação banguela de princípios vazios que evita as raízes da crise. Os otimistas liberais se apegam desesperadamente a bons sinais aqui e ali (a forte guinada esquerdista da geração ameri-

---

32. https://www.ft.com/content/670039ec-98f3-11e9-9573-ee5cbb98ed36

cana mais jovem; o fato de Trump ter obtido três milhões de votos a menos do que Clinton e de sua vitória ter sido mais resultado de manipulações dentro dos distritos eleitorais; o ressurgimento da esquerda liberal europeia em países como a Eslováquia...), mas não são fortes para afetar a tendência global básica.

A única característica interessante da entrevista de Putin, o ponto em que se pode sentir como ele realmente fala com o coração, ocorre quando ele declara solenemente a sua tolerância zero para com espiões que traem seu país: "A traição é o crime mais grave possível e os traidores devem ser punidos. Não estou dizendo que o incidente de Salisbury é a maneira de fazer isso..., mas os traidores devem ser punidos". Fica claro a partir dessa explosão que Putin não tem nenhuma simpatia pessoal por Snowden ou Assange: ele apenas os ajuda a irritar seus inimigos, e só podemos imaginar o destino de um eventual Snowden ou Assange russo. Pode-se apenas estranhar que alguns esquerdistas ocidentais continuem a afirmar que, apesar da sua postura socialmente conservadora, Putin ainda represente um obstáculo à dominação mundial dos Estados Unidos e, por esse motivo, deva ser visto com simpatia.

Todo esquerdista autêntico deve opor-se ferozmente à alegação de que a traição (a traição ao próprio Estado-nação) seja o crime mais grave possível: não, há circunstâncias em que tal traição é o maior ato de fidelidade ética. Hoje, tal traição é personificada por nomes como Assange, Manning e Snowden.

O OCIDENTE...

9
O SOCIALISMO DEMOCRÁTICO E SEUS DESCONTENTES

Agora que Alexandria Ocasio-Cortez juntou-se a Bernie Sanders como o rosto público da ala esquerda do Partido Democrata, com outros esperando nas sombras para explodir na cena nacional americana, não é surpresa que, entre o amplo escopo de reações, o termo "socialismo democrático" ganhou aceitabilidade (limitada) em um dos dois principais partidos americanos. A mídia republicana previsivelmente espalha o medo: os socialistas democráticos planejam abolir o capitalismo, introduzir o terror de Estado ao estilo venezuelano e trazer a pobreza etc. De forma mais contida, democratas centristas alertam sobre as inadvertidas consequências econômicas catastróficas das propostas socialistas democráticas: como se deveria arrecadar dinheiro para a assistência médica universal, por exemplo. (Aliás, deve-se lembrar aqui como mesmo as propostas mais ousadas dos socialistas democráticos de hoje não chegam nem perto da social-democracia europeia moderada de meio século atrás – prova de como o centro de gravidade de todo o campo político se deslocou para a direita.) Mesmo no lado esquerdo liberal do Partido Democrata, há surpresas desagradáveis. Na longa lista de endossos de Obama aos candidatos democratas para as eleições de meio de mandato (mais de 80 nomes), procura-se em vão por Ocasio-Cortez. Ecoando Nancy Pelosi, que afirmou "tenho de admitir que nós somos capitalistas, é assim que as coisas são", até mesmo a "esquerdista" Elisabeth Warren declarou-se "capitalista até os ossos".

A última – e moralmente mais problemática – moda nesta série é a acusação de antissemitismo dirigida a qualquer um que se desvie para a esquerda do aceitável *establishment* liberal de esquerda. Até recentemente, o rótulo "antissemitismo" era usado contra qualquer crítica ao Estado de Israel e à forma como ele lida com os palestinos; agora, está cada vez mais mobilizado para desqualificar qualquer um da esquerda percebido como "radical demais", de Corbyn no Reino Unido a Ocasio-Cortez nos Estados Unidos. Os antissemitas no próprio país (Polônia, Hungria, Estados Bálticos) são tolerados na medida em que se transformem em apoiadores sionistas da política israelense na Cisjordânia, enquanto os esquerdistas que simpatizam com os palestinos da Cisjordânia, mas que também advertem contra o ressurgimento do antissemitismo na Europa, são denunciados o tempo todo. Essa ascensão da estranha figura dos sionistas antissemitas é um dos sinais mais preocupantes da nossa decadência.

No entanto, embora esses inimigos e ataques externos possam apenas reforçar a prontidão dos socialistas democráticos para lutar, limitações muito mais fatais espreitam no próprio coração do projeto socialista democrático. O socialismo democrático de hoje é infinitamente superior aos radicais acadêmicos que floresceram nas décadas passadas, pela simples razão de que representa um movimento político real que mobiliza centenas de milhares de pessoas comuns, registrando e articulando sua insatisfação. Os problemas começam quando levantamos a simples questão: O que os socialistas democráticos efetivamente querem? A crítica de direita contra eles é que, por trás de suas propostas concretas e aparentemente inocentes de aumentar impostos, melhorar a saúde etc., há um projeto sombrio de destruir o capitalismo e suas liberdades. Meu medo é exatamente o oposto: que por trás de suas propostas concretas de Estado de bem-estar não haja nada, nenhum grande projeto, apenas uma vaga ideia de mais justiça social. A ideia é simplesmente que, mediante pressão eleitoral, o centro de gravidade volte para a esquerda.

Mas será que, a (nem tão) longo prazo, isso é suficiente? Será que os desafios que enfrentamos, do aquecimento global aos refugiados, do controle digital às manipulações biogenéticas, não exigem nada menos do que uma reorganização global de nossas sociedades? Aconteça o que acontecer, duas coisas são certas: nada disso será promulgado por alguma nova versão de um partido comunista leninista, mas tampouco acontecerá como parte de nossa democracia parlamentar. Não é só uma questão de um partido político ganhar mais votos e decretar medidas sociais-democratas.

Isso nos leva à limitação fatal dos socialistas democráticos. Em 1985, Félix Guattari e Toni Negri publicaram um pequeno livro em francês, *Les Nouveaux Espaces de liberté* [Os novos espaços de liberdade], cujo título foi alterado na tradução inglesa para *Comunistas como nós*. A mensagem implícita dessa mudança era a mesma dos socialistas democráticos: "Não tenham medo, somos caras comuns como vocês, não representamos nenhuma ameaça, a vida vai simplesmente continuar quando vencermos...". Essa, infelizmente, não é a opção. Mudanças radicais são necessárias para nossa sobrevivência, e a vida *não* vai continuar como de costume, teremos que mudar até mesmo no mais íntimo da nossa vida.

Portanto, é claro que devemos apoiar totalmente os socialistas democráticos; se simplesmente esperarmos o momento certo para realizar uma mudança radical, esse momento nunca chegará, temos de começar de onde estamos. Mas devemos fazê-lo sem ilusões, com plena consciência de que nosso futuro exigirá muito mais do que jogos eleitorais e medidas sociais-democratas. Estamos no início de uma perigosa viagem da qual nossa sobrevivência depende.

E, finalmente, isso me traz de volta à minha posição "controversa" em relação a Trump. Desde sua eleição para a presidência, muitas vezes amigos e "amigos" me perguntaram se ainda mantenho minha preferência por Trump em vez de Clinton, ou agora admito que estava terrivelmente errado. Minha resposta é fácil de adivinhar: não apenas mantenho o que disse, mas acho que os eventos recentes confirmaram totalmente a minha escolha. Por quê? A crescente falta de acordo sobre o básico na política dos Estados Unidos vem de dois lados. Primeiro, Trump quebrou a ordem estabelecida do lado da direita populista e, em seguida, os democratas de esquerda (Sanders e outros) a quebraram do lado da esquerda. Essas duas rupturas não são simétricas. A luta entre Trump e o *establishment* liberal é uma luta cultural-ideológica dentro do mesmo espaço do capitalismo global, enquanto os democratas de esquerda começaram a questionar a própria ordem capitalista global. É por isso que a única verdadeira luta que está acontecendo hoje está ocorrendo dentro do próprio Partido Democrata.

Os liberais que estão em pânico com Trump rejeitam a ideia de que sua vitória pode iniciar um processo do qual emergiria uma esquerda autêntica – seu contra-argumento é basicamente uma comparação com a ascensão de Hitler ao poder. Muitos comunistas alemães saudaram a tomada nazista como uma nova oportunidade para a esquerda radical ("agora a situação está clara, as ilusões democráticas desapareceram, estamos diante do verdadeiro inimigo"), mas, como sabemos, sua apreciação foi um erro catastrófico. A questão é: é a mesma coisa com Trump? Será que Trump é um perigo que poderia reunir uma frente ampla semelhante às frentes populares antifascistas, uma frente na qual os conservadores "decentes" vão lutar junto com a corrente dominante dos progressistas liberais e (o que resta) da esquerda radical? Tal frente ampla contra Trump é uma ilusão perigosa: equivaleria à capitulação da nova esquerda, à sua rendição ao *establishment* liberal. O medo de que uma vitória de Trump transformaria os Estados Unidos em um Estado fascista é um exagero ridículo: os Estados Unidos têm uma textura suficientemente rica de instituições cívicas e políticas divergentes para que sua *Gleichschaltung* fascista direta não possa ser promulgada (em contraste com, digamos, a França, onde a vitória de Le Pen teria sido muito mais perigosa). O que aconteceu nos Estados Unidos é que a vitória de Trump desencadeou um processo de radicalização dentro do Partido Democrata, e esse processo é a nossa única esperança. O artigo de opinião de Saritha Prabhu publicado recentemente no *Tennessean* merece ser citado aqui – comoveu-me quase às lágrimas com sua descrição de uma verdade simples:

> Prepare-se; há uma guerra civil chegando em breve no Partido Democrata. No coração do Partido Democrata de hoje encontra-se uma crise de identidade e uma luta ideológica. Para começo de conversa, será que o Partido Democrata é um partido dos ricos ou um partido dos pequenos? Por muitos anos, ele tem sido o partido dos ricos que brincam de fingir que são a favor dos pequenos. E o *establishment* democrata o faz de maneiras insidiosas e pedantes: eles são a favor do cara ou da garota marginalizados nas questões de raça, gênero e sexualidade porque, afinal de contas, isso não prejudica tanto o bolso deles e dos seus correligionários abastados. Mas nas questões econômicas que importam, eles frequentemente prejudicam o eleitor médio da classe trabalhadora democrata: nos acordos comerciais globais que realocaram empregos no exterior e dizimaram a base manufatureira americana; ao fazerem vista

grossa enquanto imigrantes ilegais depreciam os salários dos americanos da classe trabalhadora, e muito mais. Mas enquanto falam sem parar – sobre aborto e direitos dos transgêneros e racismo (não que essas questões não sejam relevantes), eles têm a faca e o queijo na mão. Mas tudo isso só funcionou até 2016, e já não pode ser feito. A ala do *establishment* democrata ainda é ou sem noção ou teimosa, mas eles querem que o bom e velho Joe Biden venha em socorro e torne a América oligárquica grande novamente. Quando você arranca a máscara deles, o que é revelado é preocupante: o Partido de Davos disfarçado de Partido de Scranton, Pensilvânia, que basicamente engana grande parte do eleitorado[33].

Sim, "tudo isso só funcionou" até 2016 – até que Trump apareceu. Vamos deixar claro: foi a ascensão de Trump que desencadeou a "guerra civil" no Partido Democrata – e, diga-se de passagem, o nome certo dessa "guerra civil" é luta de classes. Portanto, não entremos em pânico, e sim aproveitemos a oportunidade inadvertidamente aberta por Trump. A única maneira de realmente derrotar Trump é a esquerda vencer a guerra civil no Partido Democrata.

---

33. Citado de https://eu.tennessean.com/story/opinion/columnists/20 19/06/21/democratic-party-civil-war-donald-trump/1503516001/

10
SERÁ QUE DONALD TRUMP É UM SAPO ABRAÇANDO UMA GARRAFA DE CERVEJA?

Algumas décadas atrás, um anúncio encantador de uma cerveja foi exibido na TV britânica. Sua primeira parte encenava a conhecida anedota do conto de fadas: uma menina caminha ao longo de um riacho, vê um sapo, pega-o delicadamente no colo, beija-o e, claro, o sapo feio milagrosamente se transforma em um belo rapaz. Mas a história ainda não acabou: o rapaz lança um olhar cobiçoso para a garota, puxa-a para si, beija-a – e ela se transforma em uma garrafa de cerveja, que o homem segura triunfantemente com a mão. Para a mulher, o que interessa é que seu amor e carinho (sinalizados pelo beijo) transformam um sapo em um belo homem, uma presença fálica plena; para o homem, é reduzir a mulher ao que Freud chamou de objeto parcial, a verdadeira causa do seu desejo. (Aliás, muitas mulheres disseram-me que a sua experiência foi o oposto disso: elas beijaram o que lhes parecia um homem bonito e, em contato próximo, deram-se conta de que na realidade se tratava de um sapo desprezível.) Portanto, ou temos uma mulher com um sapo ou um homem com uma garrafa de cerveja – o que nunca conseguimos obter é o casal "natural" da mulher e do homem belos. Por que não? Porque o suporte fantasmático (imaginado, mas impossível) desse "casal ideal" teria sido a figura inconsistente de um sapo abraçado a uma garrafa de cerveja.

Essa mesma fantasia de mau gosto oferece um modelo para a política de Donald Trump. Depois do encontro com Kim Jong-un em Cingapura, onde Trump declarou sua intenção de convidar Kim para a Casa Branca, fui assombrado por um sonho – não o do nobre Martin Luther King, mas um muito mais estranho (que será muito mais fácil de realizar do que o sonho de Luther). Trump, que já havia revelado seu amor por paradas militares, propôs organizar uma em Washington, mas os americanos parecem não gostar da ideia, então, e se o seu novo amigo Kim lhe desse uma mãozinha? E se ele retribuísse o convite e preparasse um espetáculo para Trump no grande estádio de Pyongyang, com centenas de milhares de norte-coreanos bem-treinados agitando bandeiras coloridas para formar gigantescas imagens em movimento de Kim e Trump sorrindo? Não é essa a fantasia compartilhada que subjaz ao vínculo Trump-Kim, o Trump parecido com um sapo abraçando o Kim parecido com uma lata de cerveja? (Em um mui desagradável passo adiante, podemos até mesmo imaginar Trump beijando Melania e depois observando alegremente como ela se transforma em uma lata de cerveja.)

Outro caso na mesma série: em uma entrevista à CNN em junho de 2018, Steve Bannon declarou que o seu ideal político era a unidade do populismo de direita e esquerda contra o velho *establishment* político. Ele elogiou a coalizão da Liga do Norte, de direita, e do movimento populista Cinco Estrelas, de esquerda, que agora governa a Itália como o modelo a ser seguido pelo mundo, e como prova de que a política está indo além da esquerda e da direita – outra vez, a fantasia é a de uma direita alternativa batráquia abraçando o movimento Sanders e transformando-o em uma garrafa de cerveja. A aposta dessa ideia repugnante (política e esteticamente) é, obviamente, ofuscar o antagonismo social básico, razão pela qual está condenada ao fracasso – embora possa causar muitos infortúnios antes de seu fracasso final.

Embora qualquer pacto entre Sanders e Bannon esteja excluído por razões óbvias, um elemento-chave da estratégia da esquerda deve ser explorar impiedosamente a divisão no campo inimigo e lutar pelos seguidores de Bannon. Para encurtar a história, não há vitória da esquerda sem a ampla aliança de todas as forças *antiestablishment*. Nunca se deve esquecer que o nosso verdadeiro inimigo é o *establishment* capitalista global e não a nova direita populista, que é meramente uma reação aos seus impasses. Se esquecermos disso, a esquerda vai simplesmente desaparecer do mapa, como já está acontecendo com a esquerda social-democrata moderada em grande parte da Europa (Alemanha, França etc.), ou, como Slawomir Sierakowski o coloca: "Uma vez que os partidos de esquerda colapsaram, a única opção que resta para os eleitores é o conservadorismo ou o populismo de direita".

Esta é a razão pela qual, para consternação de muitos dos meus amigos (os quais, é claro, já não são meus amigos), afirmei que, a propósito das eleições presidenciais de 2016 nos Estados Unidos, uma vitória de Trump é melhor para o futuro das forças progressistas do que uma vitória de Clinton. Trump é uma escória perigosa, é claro, mas sua eleição pode abrir possibilidades e mover o polo da esquerda liberal para uma posição nova e mais radical. Fiquei surpreso ao saber que David Lynch adotou a mesma posição: em uma entrevista em junho de 2018, Lynch (que votou em Bernie Sanders nas primárias democratas de 2016) disse que Trump "poderia ser lembrado como um dos maiores presidentes da história porque ele tem perturbado demais as coisas. Ninguém é capaz de contestar esse cara de forma inteligente". Lynch pensa que embora Trump possa não estar fazendo um bom trabalho, ele está abrindo um espaço onde outros *outsiders* talvez possam fazê-lo. "Nossos supostos líderes não conseguem levar o país adiante, não conseguem fazer nada. São como crianças. Trump mostrou tudo isso."

Deve-se ainda levar em conta como a estetização da política está explodindo hoje: na superfície (e essa superfície é essencial), as batalhas políticas são menos sobre "questões reais" do que sobre imagens, valores, atitudes[34]. Por exemplo (e isso, é claro, é *o* exemplo hoje), "Trump" não representa apenas um conjunto de medidas econômicas e ideológicas; ele também é um fenômeno (anti)estético, a personificação de um certo estilo vulgar – e o mesmo vale para Boris Johnson no Reino Unido. É precisamente esse estilo estético que permite a Trump (assim como a Boris Johnson no Reino Unido) atrair eleitores de estratos sociais opostos (ricos e pobres). Eles se identificam com Trump nesse nível estético. Vamos pegar Trump no seu ponto mais baixo, quando ele se gabou de ousar agarrar as mulheres por suas "bocetas": essa frase de mau gosto não é apenas uma clara indicação do sexismo chauvinista de Trump; também começou a funcionar como uma metáfora para sua política da "América primeiro". Em sua defesa implacável dos interesses dos Estados Unidos, Trump agarra outros países (como a China) pela boceta, no ponto mais fraco, onde dói, para fazê-los cumprir seus desejos.

A guerra comercial em curso entre os Estados Unidos e a China, o exemplo mais recente de Trump agarrando bocetas, não pode deixar de nos encher de pavor: Como isso afetará nossas vidas diárias? Será que resultará em uma nova recessão global ou mesmo em um caos geopolítico? Para nos orientarmos nessa confusão, devemos ter em mente alguns fatos básicos.

---

34. Devo essa ideia a Gabriel Gonzales-Molina.

O conflito comercial com a China é apenas a culminância de uma guerra que começou há alguns anos, quando Trump fez o primeiro disparo direcionado aos maiores parceiros comerciais dos Estados Unidos ao decidir cobrar tarifas sobre as importações de aço e alumínio da União Europeia, Canadá e México. Trump estava aqui interpretando a sua própria versão populista da luta de classes: seu objetivo declarado era proteger a classe trabalhadora americana (e os metalúrgicos não são uma das figuras emblemáticas da classe trabalhadora tradicional?) da "injusta" competição europeia e assim salvar empregos americanos. Agora ele está fazendo o mesmo com a China.

As decisões impulsivas de Trump não são apenas expressões de suas peculiaridades pessoais: são reações ao fim de uma era no sistema econômico global. Um ciclo econômico está chegando ao fim, um ciclo que começou no início dos anos 1970, época em que nasceu o que Yanis Varoufakis chama de "Minotauro Global", o monstruoso motor que moveu a economia mundial do início dos anos 1970 até 2008. Por volta do final da década de 1960, a economia dos Estados Unidos já não conseguia continuar reciclando seus superávits para a Europa e a Ásia: seus superávits transformaram-se em *déficits*. Em 1971, o governo dos Estados Unidos respondeu a esse declínio com um movimento estratégico audacioso: em vez de enfrentar os crescentes déficits da nação, decidiu fazer o oposto, *aumentar os déficits*. E quem pagaria por eles? O resto do mundo! Como? Por meio de uma transferência permanente de capitais que corriam incessantemente pelos dois grandes oceanos para financiar os *déficits* americanos.

Essa crescente balança comercial negativa demonstra que os Estados Unidos se tornaram o predador improdutivo: nas últimas décadas, tiveram que sugar um influxo de um bilhão de dólares diários de outras nações para comprar para seu consumo e é, enquanto tal, o consumidor keynesiano universal que mantém a economia mundial funcionando. (Pior para a ideologia econômica antikeynesiana que parece predominar hoje!) Esse influxo, que é efetivamente como o dízimo pago a Roma na Antiguidade (ou os presentes sacrificados ao Minotauro pelos gregos antigos), depende de um mecanismo econômico complexo: os Estados Unidos são "confiáveis" como o centro seguro e estável, de modo que todos os outros, desde os países árabes produtores de petróleo até a Europa Ocidental e o Japão, e agora até mesmo a China, investem seus lucros excedentes nos Estados Unidos. Uma vez que essa "confiança" é principalmente ideológica e militar, não econômica, o problema para os Estados Unidos é como justificar o seu papel imperial – eles precisam de uma ameaça permanente de guerra, oferecendo-se como os protetores universais de todos os outros Estados "normais" (não "vilões").

Desde 2008, porém, esse sistema mundial vem se decompondo. Nos anos Obama, Paul Bernanke, presidente do Federal Reserve, deu outro sopro de vida a esse sistema. Explorando impiedosamente o fato de que o dólar americano é a moeda global, ele financiou as importações imprimindo dinheiro massivamente. Trump decidiu abordar o problema de uma maneira diferente. Ignorando o delicado equilíbrio do sistema global, ele se concentrou em elementos que podem ser apresentados como "injustiça" para os Estados Unidos: importações gigantescas estão reduzindo empregos domésticos etc. Mas o que ele condena como "injustiça" é parte do sistema que beneficiou os Estados Unidos: os Estados Unidos estavam efetivamente "roubando" o mundo ao importarem coisas e pagarem por elas com dívidas e imprimindo dinheiro.

Consequentemente, em suas guerras comerciais, Trump trapaceia: ele quer que os Estados Unidos continuem sendo uma potência global, mas se recusa a pagar até mesmo o preço nominal por isso. Ele segue o princípio "América primeiro", privilegiando impiedosamente os interesses dos Estados Unidos, enquanto ainda age como uma potência global. Mesmo que alguns dos argumentos dos Estados Unidos contra a China e seu comércio possam parecer razoáveis, eles são ridiculamente unilaterais: os Estados Unidos lucraram com a situação denunciada por Trump como injusta, e Trump quer continuar lucrando com a nova situação. A única saída deixada aos demais é, portanto, que eles deveriam, em algum nível básico, unir-se para minar o papel central dos Estados Unidos como uma potência global garantida por seu poderio militar e financeiro. Isso não significa que os pecados daqueles que se opõem aos Estados Unidos devam ser perdoados. É típico que Trump tenha proclamado que não está interessado nos protestos democráticos em Hong Kong (que começaram em março de 2019), descartando-os como um assunto interno da China. Embora devamos apoiar os protestos, devemos apenas ter cuidado para que não sejam usados como um argumento para a guerra comercial dos Estados Unidos contra a China – devemos sempre ter em mente que Trump está aqui no lado da China.

Então, devemos, no entanto, ficar contentes com o fato de a guerra comercial em curso ser apenas uma guerra econômica? Será que devemos encontrar consolo na esperança de que tudo termine com algum tipo de trégua negociada pelos gestores de nossas economias? De jeito nenhum: rearranjos geopolíticos que já são discerníveis podem facilmente explodir em guerras reais (pelo menos locais). As guerras comerciais são o material de que são feitas as verdadeiras guerras. Nossa situação global se assemelha cada vez mais à da Europa nos anos anteriores à Primeira Guerra Mundial – só ainda não está claro onde será nossa Sarajevo, o lugar onde a guerra explodirá: Ucrânia, Mar da China Meridional, ou...

Para evitar essa catástrofe, deve-se ser tão implacável quanto Trump em sua luta. Nossa situação só pode ser estabilizada pela imposição coletiva de uma nova ordem mundial não mais liderada pelos Estados Unidos. A maneira de derrotar Trump não é imitá-lo com "China primeiro", "França primeiro" etc., mas opor-se a ele globalmente e tratá-lo como um pária vergonhoso. Será que a esquerda reunirá forças para usar essa abertura ou continuará defendendo o *status quo*? A resposta da esquerda à fantasia de Trump de um sapo abraçando uma garrafa de cerveja deveria ser simplesmente um casal comendo pernas de rã fritas e bebendo cerveja.

11
MELHOR MORTO DO QUE VERMELHO!

Uma série de coisas aconteceram ultimamente: pacotes suspeitos enviados a destacados democratas liberais, o tiroteio na sinagoga de Pittsburgh, o aguçamento da retórica de Trump – desde caracterizar os principais meios de comunicação públicos nos Estados Unidos como sendo inimigos do povo até insinuações de que, se os republicanos perdessem as eleições de meio de mandato, ele não as reconheceria, porquanto estariam baseadas em uma fraude. Uma vez que todos esses fenômenos ocorreram no lado republicano do espaço político dos Estados Unidos, e uma vez que a cor do Partido Republicano é vermelha, pode-se ver como o velho lema anticomunista dos tempos da Guerra Fria, "Antes morto do que vermelho!", adquire um inesperado novo significado hoje. Mas deve-se ser mais preciso aqui: o que realmente se passa nessa erupção de vulgaridade em nosso espaço político? Como observou Yuval Harari:

> As pessoas se sentem vinculadas às eleições democráticas apenas quando compartilham um vínculo básico com a maioria dos outros eleitores. Se a experiência dos outros eleitores me é alheia, e se acredito que eles não entendem meus sentimentos e não se importam com meus interesses vitais, então mesmo que eu seja derrotado por cem a um, não tenho absolutamente nenhuma razão para aceitar o veredicto. As eleições democráticas geralmen-

te funcionam apenas no âmbito de populações que tenham algum vínculo comum anterior, como crenças religiosas compartilhadas e mitos nacionais. Eles são um método para resolver divergências entre pessoas que já concordam sobre o básico[35].

Quando esse acordo sobre básico vacila, o único procedimento à nossa disposição (fora da guerra total, é claro) é a negociação. É por isso que o conflito no Oriente Médio não pode ser resolvido por eleições, mas apenas por guerra ou negociações. E é por isso que toda democracia é limitada por dentro: ela define silenciosamente o alcance limitado de sua validade. Liberais de todas as cores gostam de repetir a punhalada crítica de Rosa Luxemburgo aos bolcheviques: "Liberdade é liberdade para quem pensa diferente". E, para apimentar, gostam de incluir a máxima de Voltaire: "Eu desaprovo o que você diz, mas defenderei até a morte o seu direito de dizê-lo". Mas será que a nossa experiência recente (e não tão recente) não mostra que a liberdade para quem pensa diferente só é admissível no âmbito das restrições do pacto social predominante? Podemos ver isso claramente hoje, quando o pacto social que determina os limites do aceitável está se rompendo e diferentes visões competem para se impor como hegemônicas. Anos atrás, Noam Chomsky causou escândalo ao seguir a máxima de Voltaire ao extremo: defendeu o direito do negacionista do Holocausto Jean Faurisson de publicar seu livro; a argumentação de Chomsky até mesmo apareceu no livro de Faurisson como um posfácio. Hoje tal gesto seria imediatamente identificado como antissemita. O negacionismo do Holocausto é hoje não apenas criminalizado, mas os termos de sua criminalização são às vezes até mesmo nume-

---

35. Yuval Harari, *Homo Deus: A history of tomorrow* (Nova York: Random House, 2016), p. 249.

ricamente circunscritos – por exemplo, uma ideia circulou há cerca de uma década de que deveria ser punível definir o número de vítimas do Holocausto em menos de cinco milhões. Outros crimes em massa são então adicionados à lista: a França tornou ilegal negar o genocídio armênio, por exemplo. Mesmo que algo não seja legalmente criminalizado, pode ser submetido à criminalização de fato. Típico aqui é o destino do pensamento de Heidegger: depois que os seus *Cadernos negros* foram publicados, um grupo de críticos liberais fez uma campanha coordenada para criminalizar academicamente seu pensamento. A ideia era que, dados seus vínculos diretos com a ideologia nazista, Heidegger sequer merecia ser tema de um debate filosófico sério; ele deveria simplesmente ser descartado como indigno de tal abordagem, uma vez que, como disse Emmanuel Faye, Heidegger não apenas apoiou o nazismo, mas seu pensamento nada mais é do que a introdução do nazismo na filosofia.

Esse procedimento de criminalização não legal atinge seu ápice na versão atual politicamente correta do MeToo. Às vezes, parece que seus devotos se preocupam mais com um casal de mulheres ricas que ficaram chocadas quando o comediante Louis CK lhes mostrou seu pênis do que com centenas de meninas pobres sendo brutalmente estupradas. Em resposta àqueles que insistiram na diferença entre Harvey Weinstein e Louis CK, os ativistas do MeToo alegaram que aqueles que dizem isso não têm ideia de como a violência masculina funciona e é vivenciada, e que a masturbação na frente de mulheres pode ser vivenciada como não menos violenta do que a imposição física. Embora haja um momento de verdade nessas afirmações, deve-se, no entanto, estabelecer um limite claro à lógica que sustenta essa argumentação: os limites da liberdade são definidos de maneira tão estrita aqui que mesmo um debate modesto sobre diferentes graus de abuso é considerado inaceitável. Será que a liberdade (de debate) aqui não está de fato reduzida à liberdade para quem pensa como nós? Não apenas temos que aceitar o consenso geral (PC) e então limitar nosso debate a pequenos detalhes, mas até mesmo o escopo dos detalhes que podemos debater é muito estreito.

Será então que sou um liberal obstinado que defende uma abertura total? Não, proibições são necessárias, limites devem ser estabelecidos. É preciso ser muito realista aqui, o que significa que se deve descartar platitudes como "Quando se começa queimando livros, acaba-se queimando pessoas" – e se houver situações em que a única maneira de se evitar a queima de pessoas seja queimando livros (aqueles que incitam leitores a queimar pessoas)? Eu simplesmente odeio aqueles hipócritas que não admitem o fato óbvio de que, em certo sentido, liberdade efetivamente *é* liberdade para aqueles que basicamente pensam como nós. Os defensores da criminalização do "discurso de ódio" previsivelmente tentam inventar uma saída desse paradoxo; sua linha usual de argumentação é: o discurso de ódio merece criminalização porque efetivamente priva suas vítimas de sua liberdade e as humilha, então a exclusão do discurso de ódio efetivamente amplia o escopo da liberdade real. É verdade, mas surgem problemas com o procedimento PC de proibir até mesmo um debate aberto sobre esse tópico, de modo que uma exclusão arbitrária (como a proibição de Louis CK) é ela mesma excluída do debate.

O argumento evocado contra os defensores de Louis CK é o mesmo evocado por aqueles que acusam o Partido Trabalhista britânico de tolerar o antissemitismo: Quem somos nós para julgar se as queixas das autoproclamadas vítimas são ou não justificadas? Cabe às vítimas decidirem isso – se elas se sentirem magoadas, então é isso… sério? Vejamos o caso do antissemitismo: então devemos levar a sério as reclamações dos judeus no Reino Unido, mas será que eles estão dispostos a levar a sério as reclamações dos palestinos da Cisjordânia, ou este é apenas um exemplo diferente de uma reclamação em que a palavra da vítima não é confiável? Uma boa prova de que as reivindicações da própria vitimização nunca devem ser aceitas pelo valor nominal, mas sempre analisadas com frieza. Como Gilles Deleuze o colocou décadas atrás, uma política que se baseie em uma experiência única de um grupo limitado é sempre reacionária.

No entanto, a crescente falta de acordo sobre o básico nos Estados Unidos e em outros lugares não diz respeito principalmente à diversidade étnica ou religiosa: ela atravessa todo o corpo político. Confronta duas visões da vida social e política, a nacionalista populista e a democrática liberal. Esse confronto espelha a luta de classes, mas de forma deslocada: os populistas de direita se apresentam como a voz da classe trabalhadora oprimida, enquanto os liberais de esquerda são a voz das novas elites. Em última análise, nenhuma resolução das tensões por meio de negociação é possível: um lado tem de vencer ou todo o campo tem de ser transformado.

Ocorre, assim, uma ruptura no que os filósofos chamam de "substância ética" de nossa vida. Essa ruptura está ficando forte demais para uma democracia "normal" e está gradualmente se encaminhando para uma espécie de guerra fria civil. A "grandeza" pervertida de Trump é que ele age efetivamente – ele não tem medo de quebrar as regras não escritas (e escritas) para impor suas decisões. Nossa vida pública é regulada por uma espessa teia de costumes não escritos, regras que nos ensinam como praticar as regras explícitas (escritas). Embora Trump (mais ou menos) se atenha a regulamentos legais explícitos, ele tende a ignorar os pactos silenciosos não escritos que determinam como devemos praticar essas regras – a maneira como ele lidou com Brett Kavanaugh foi apenas o caso mais recente. Em vez de apenas culpar Trump, a esquerda deveria aprender com ele e fazer o mesmo. Quando uma situação exige, devemos fazer descaradamente o impossível e quebrar as regras não escritas. Infelizmente, a esquerda de hoje está, de antemão, apavorada com qualquer ato radical; mesmo estando no poder, preocupa-se o tempo todo: "Se fizermos isso, como o mundo vai reagir? Nosso ato causará pânico?" Em última análise, esse medo significa: "Será que os nossos inimigos ficarão loucos e reagirão?" Para atuar na política é preciso superar esse medo e assumir o risco, dar um passo rumo ao desconhecido.

Políticos como Andrew Cuomo fazem apelos desesperados por um retorno à civilidade, mas isso não é suficiente: não leva em conta o fato de que a ascensão do populismo "brutal" preencheu a lacuna aberta pelo fracasso do consenso liberal. Então, o que devemos fazer? Devemos citar aqui Samuel Beckett; em seu romance *Malone Morre*, ele escreveu: "Tudo se divide em si mesmo, suponho". A divisão básica não é, como afirmou Mao Tsé-Tung, a do Um que se divide em Dois; é a divisão de uma coisa qualquer em Um e seu resto. Até a recente explosão populista, o "Um" em que nossas sociedades se dividiam era o consenso liberal com respeito aos costumes não escritos estabelecidos da luta democrática compartilhada por todos; o "resto" excluído era os chamados extremistas de ambos os lados – eram tolerados, mas impedidos de participar do poder político. Com a ascensão do populismo de direita alternativa, a hegemonia do centro liberal foi minada e uma lógica política diferente (não tanto no que diz respeito ao seu conteúdo, mas principalmente no que diz respeito ao seu estilo) afirmou-se como parte do *mainstream*.

Tal situação não pode durar indefinidamente; há necessidade de um novo consenso, a vida política das nossas sociedades deve dividir-se num novo Uno, e não está determinado de antemão o que este Uno será. A situação traz perigos reais – quem pode adivinhar as consequências da vitória de Bolsonaro no Brasil, não apenas para o Brasil, mas para todos nós – no entanto, ao invés de entrarmos em pânico e nos resignarmos ao medo, devemos tomar coragem e usar esse momento perigoso como uma oportunidade. Citando Mao Tsé-Tung novamente: "Há um grande caos sob o céu – a situação é excelente".

O Uno, o novo espaço comum, que a esquerda deveria oferecer é simplesmente a maior conquista econômico-política da Europa moderna, o Estado de bem-estar social-democrata. Segundo Peter Sloterdijk, nossa realidade é – pelo menos na Europa – a social-democracia "objetiva", em oposição à social-democracia "subjetiva": deve-se distinguir entre a social-democracia como a panóplia de partidos políticos e a social-democracia como a "fórmula de um sistema", que "descreve precisamente a ordem político-econômica das coisas, que é definida pelo Estado moderno como o Estado dos impostos, como o Estado da infraestrutura, como o Estado do Estado de direito e, não menos importante, como o Estado social e o Estado terapêutico". "Encontramos em toda parte uma social-democracia fenomenal e estrutural, outra manifesta e latente, outra que aparece como um partido e outra que está mais ou menos irreversivelmente construída nas próprias definições, funções e procedimentos do Estado moderno enquanto tal"[36].

Será que estamos, assim, apenas retornando ao antigo? Não: o paradoxo é que, na nova situação de hoje, insistir no antigo Estado de bem-estar social-democrata é um ato quase revolucionário. As propostas de Bernie Sanders e Jeremy

---

36. Peter Sloterdijk, "Aufbruch der Leistungstraeger", Cicero (November 2009).

Corbyn costumam ser menos radicais do que as de uma social-democracia moderada há meio século, mas mesmo assim são condenadas como socialistas radicais.

Embora a direita populista seja nacionalista, ela é muito melhor do que a esquerda em se organizar como uma rede internacional. Portanto, o novo projeto esquerdista só pode ganhar vida se corresponder ao internacionalismo populista e se organizar como um movimento global. O pacto emergente entre Sanders, Corbyn e Yanis Varoufakis é um primeiro passo nessa direção. A reação do *establishment* liberal será violenta – a campanha contra o suposto antissemitismo de Corbyn é apenas um primeiro indício de como todo o movimento será vítima de uma campanha para desacreditá-lo. Mas não há outro jeito – riscos terão de ser corridos.

Nesse sentido, a imagem de Donald Trump também é um fetiche: a última coisa que um liberal vê antes de enfrentar a luta de classes. É por isso que os liberais estão tão fascinados quanto horrorizados com Trump: para evitar o tema das classes. O lema de Hegel "O mal reside no olhar que vê o mal em todos os lugares" aplica-se plenamente aqui: o próprio olhar liberal que demoniza Trump também é um mal porque ignora como os seus próprios fracassos abriram espaço para o tipo de populismo patriótico de Trump. Se alguém realmente quiser deixar o populismo de direita para trás, a primeira coisa a fazer é evitar a arrogância antipopulista, ou seja, a linha de pensamento que defende que o espaço público racional está caindo aos pedaços, que os eleitores cada vez mais (re)agem emocionalmente, impulsionados por ódios e medos em vez de por autointeresse racional. A solução oferecida por essa linha de pensamento é uma mistura de cenoura e porrete: devemos diminuir a pobreza, fornecer educação e saúde gratuitas – e combater impiedosamente o discurso de ódio, chegando até mesmo a criminalizá-lo diretamente. O que essa linha de pensamento deixa escapar é que os eleitores de Trump *são*, em certo sentido, bastante racionais: seu comportamento pode ser facilmente explicado pela sua própria percepção de autointeresse; eles respondem a problemas reais que foram efetivamente negligenciados pelo *establishment*. O problema não é a explosão da nova "irracionalidade": o problema é o fracasso da racionalidade (ideológica) ameaçada pela onda populista.

Quem, então, quer que Trump realmente perca? Durante o acalorado debate das primárias democratas em 30 de julho de 2019, o ex-governador do Colorado, John Hickenlooper, alertou que "você pode muito bem enviar a eleição para Donald Trump por FedEx" se o partido adotar o plano *"Medicare for All"* [Seguro de saúde para todos] de Bernie Sanders, o *Green New Deal* [Novo acordo verde], e outras iniciativas radicais. A troca apaixonada que se seguiu distinguiu claramente dois campos no Partido Democrata: os "moderados" (representantes do *establishment* do partido cujo rosto principal é Joe Biden) e os socialistas democráticos mais "radicais" (Bernie Sanders, talvez Elizabeth Warren, e mais as quatro jovens congressistas apelidadas por Trump de "o Esquadrão" e cujo rosto mais popular agora é Alexandria Ocasio-Cortez). Esta luta é indiscutivelmente a luta política mais importante que ocorre hoje em qualquer lugar do mundo.

Pode parecer que os moderados têm um argumento convincente. Será que os socialistas democráticos não são simplesmente radicais demais para conquistar a maioria dos eleitores? Será que a verdadeira batalha não é a batalha pelos eleitores moderados indecisos que nunca irão endossar uma Ilhan Omar muçulmana com seu cabelo coberto? E será que o próprio Trump não contava com isso quando atacou brutalmente o Esquadrão, obrigando assim o Partido Democrata inteiro a se solidarizar com as quatro mulheres, elevando-as ao símbolo do partido? Para os democratas moderados, o importante é livrar-se de Trump e trazer de volta a hegemonia democrática liberal normal que ele destruiu.

Infelizmente, essa estratégia já foi testada: Hillary Clinton a seguiu, e a grande maioria da mídia achou que ela não poderia perder, uma vez que Trump era inelegível. Até o pai e o filho de Bush, os dois presidentes republicanos anteriores, disseram que votariam nela, mas ela perdeu e Trump venceu. A vitória de Trump minou o *establishment* da direita – Será que não é hora de a esquerda fazer o mesmo? Como Trump em 2016, eles têm uma grande chance de vencer.

E é essa perspectiva que deixa todo o *establishment*, inclusive a pseudoalternativa de Trump, em pânico. Economistas *mainstream* preveem o colapso econômico dos Estados Unidos no caso de uma vitória de Sanders; os analistas políticos *mainstream* temem a ascensão do socialismo de Estado totalitário; liberais de esquerda moderados simpatizam com os objetivos dos socialistas democráticos, mas advertem que, infelizmente, eles estão fora de contato com a realidade. E eles estão certos em entrar em pânico: algo inteiramente novo está surgindo nos Estados Unidos.

O que é tão revigorante na ala esquerdista do Partido Democrata é que ela deixou para trás as águas estagnadas do politicamente correto e os excessos do MeToo. Embora firmemente apoiada nas lutas antirracistas e feministas, ela se concentra em questões sociais como saúde universal, ameaças ecológicas etc. Longe de ser composta de socialistas malucos que querem transformar os Estados Unidos em uma nova Venezuela, a ala esquerda do Partido Democrata simplesmente deu ao Estados Unidos o sabor da boa, velha e autêntica social-democracia europeia. Uma olhada rápida em seu programa deixa bem claro que eles não representam uma ameaça maior às liberdades ocidentais do que Willy Brandt ou Olof Palme.

Mas o que é ainda mais importante é que essa não é apenas a voz da geração jovem radicalizada. As figuras públicas – quatro mulheres jovens e um homem branco velho – já contam uma história diferente. Sim, elas demonstram claramente que a maioria da geração mais jovem nos Estados Unidos está cansada do *establishment* em todas as suas versões, que está cética quanto à capacidade do capitalismo como o conhecemos de lidar com os problemas que enfrentamos, e que a palavra "socialismo" já não é considerada um tabu. No entanto, o verdadeiro milagre é que uniu forças com "homens brancos velhos" como Sanders, que representam a geração mais velha de trabalhadores comuns, pessoas que muitas vezes tendiam a votar nos republicanos ou mesmo em Trump. O que está acontecendo aqui é algo que todos os defensores das guerras culturais e da política identitária consideravam impossível: antirracistas, feministas e ecologistas unindo forças com o que era a "maioria moral" dos trabalhadores comuns. Bernie Sanders, não a direita alternativa, é a verdadeira voz da maioria moral, se é que esse termo tem algum significado positivo.

Portanto, não, a eventual ascensão dos socialistas democráticos não vai garantir a reeleição de Trump. Eram Hickenlooper e outros moderados que estavam na verdade enviando por FedEx uma mensagem do debate para Trump. Sua mensagem era: podemos ser seus inimigos, mas todos queremos que Bernie Sanders perca. Portanto, não se preocupe, se Bernie ou alguém como ele for o candidato democrata, nós não o apoiaremos – secretamente nós preferimos que você vença...

12
"HÁ DESORDEM SOB O CÉU, A SITUAÇÃO É EXCELENTE"

No início de sua presidência, Donald Trump visitou três lugares: Bruxelas, onde se encontrou com os principais líderes europeus; Londres, onde se encontrou com a então primeira-ministra Theresa May (além da Rainha); e Helsinque, onde se encontrou com Vladimir Putin. Todos notaram o estranho fato de que Trump era muito mais amigável com (aqueles percebidos como) inimigos da América do que com seus amigos – mas tais fatos não deveriam nos surpreender muito; nossa atenção deveria se voltar para outra direção. Como sói acontecer com Trump, as reações aos seus atos são mais importantes do que o que ele realmente fez ou disse.

Comecemos comparando o que Trump disse com o que seus parceiros disseram. Quando Trump e May foram questionados por um jornalista sobre o que eles pensavam sobre o fluxo de imigrantes para a Europa, Trump brutal e honestamente reiterou sua posição populista anti-imigrantista: os imigrantes são uma ameaça ao modo de vida europeu, eles estão desestabilizando a segurança de nossos países, trazendo violência e intolerância, de modo que devemos mantê-los fora. Um ouvinte atento pode perceber facilmente que Theresa May disse exatamente a mesma coisa, só que de forma mais diplomática e "civilizada": os imigrantes trazem diversidade e contribuem para o nosso bem-estar, mas devemos verificar cuidadosamente quem deixamos entrar. Temos aqui uma amostra clara da escolha que é cada vez mais a única que nos é apresentada: uma barbárie populista direta ou uma versão mais civilizada da mesma política – uma barbárie com um rosto humano.

Geralmente, as reações globais a Trump de todo o espectro, inclusive republicanos e democratas nos Estados Unidos, foram de choque e admiração, beirando o pânico puro e simples: Trump não é confiável, ele traz o caos. Primeiro, ele censurou a Alemanha por confiar no gás russo e, assim, tornar-se vulnerável ao inimigo; dias depois, ele se gabou de suas boas relações com Putin. Ele nem tem boas maneiras (horror: ao encontrar-se com a Rainha, ele quebrou o protocolo de como se comportar na presença de um monarca!); ele não ouve realmente seus parceiros democráticos em um diálogo; ele está muito mais aberto ao charme de Putin, o grande inimigo da América. A maneira como ele agiu em uma coletiva de imprensa com Putin em Helsinque foi não apenas uma humilhação inédita (imagine só – ele nem se comportou como o senhor de Putin), e algumas de suas declarações podem até mesmo ser consideradas atos explícitos de traição. Reapareceram rumores de como Trump age como marionete de Putin porque Putin deve ter algum controle sobre ele (as famosas fotos de prostitutas urinando em Trump em Moscou?), e partes do *establishment* dos Estados Unidos, democratas e alguns republicanos, começaram a considerar um *impeachment* rápido, mesmo que isso significasse ter Pence como seu substituto. A conclusão foi simplesmente que o presidente dos Estados Unidos já não é o líder do mundo livre. Mas será que o presidente dos Estados Unidos já foi realmente alguma vez um líder assim? É aqui que o nosso contra-ataque deve começar.

Observemos primeiro que algumas verdades aqui e ali podem ser encontradas na confusão geral das declarações de

Trump. Será que ele não estava certo em certo sentido quando disse que é do nosso interesse ter boas relações com a Rússia e a China de modo a evitar a guerra? Será que ele não estava parcialmente certo em apresentar sua guerra tarifária também como uma proteção dos interesses dos trabalhadores americanos? O fato é que a ordem existente do comércio e das finanças internacionais está longe de ser justa e que o *establishment* europeu prejudicado pelas medidas de Trump também deveria olhar para os seus próprios pecados. Será que já nos esquecemos de como as regras financeiras e comerciais existentes que privilegiam os Estados europeus fortes, especialmente a Alemanha, trouxeram devastação para a Grécia?

Em relação a Putin, acredito que a maioria das acusações contra ele são verdadeiras – por exemplo, no que diz respeito à sua intromissão nas eleições dos Estados Unidos: provavelmente, sim, Putin foi pego fazendo... o quê? O que os Estados Unidos também fazem, regularmente e em grande escala, só que, no caso deles, chamam isso de defesa da democracia. Então, sim, Trump é um monstro, e quando ele se designou como um "gênio estável", devemos ler isso como uma reversão direta da verdade – ele é um idiota instável que perturba o *establishment*. Mas, como tal, ele é um sintoma, um efeito do que está errado com o próprio *establishment*. O verdadeiro monstro é o próprio *establishment* chocado com as ações de Trump.

A reação de pânico aos últimos atos de Trump demonstra que ele está minando e desestabilizando o *establishment* político dos Estados Unidos e sua ideologia. Portanto, nossa conclusão deveria ser: sim, a situação é perigosa, há incerteza e também elementos de caos nas relações internacionais – mas é aqui que devemos nos lembrar do velho lema de Mao: "Há uma grande desordem sob o céu, então a situação é excelente!" Não percamos a coragem, exploremos a confusão organizando sistematicamente outra frente *antiestablishment* da esquerda. Os sinais são claros aqui: a surpreendente vitória eleitoral de Alexandria Ocasio-Cortez, uma autoproclamada socialista democrática, contra Joe Crowley, titular da Câmara por dez mandatos, em uma primária para o Congresso em Nova York foi, com sorte, o primeiro de uma série de choques que transformarão o Partido Democrata. Pessoas como ela, não os rostos conhecidos do *establishment* liberal, devem ser nossa resposta a Trump.

Não é de admirar que o *establishment* em todas as suas formas esteja reagindo tão violentamente a essa ameaça. Depois que Bernie Sanders anunciou sua candidatura à presidência, ataques contra ele surgiram instantaneamente de todos os lados. Não apenas de Trump, que se referiu a ele como um "pirado", não apenas do grupo habitual de comentaristas conservadores, que propuseram dezenas de variações sobre o tema "Você quer Sanders como presidente? Olhe para a Venezuela hoje!" – mas também de seus oponentes democratas mais centristas. Ao ler esses últimos ataques, fica-se imediatamente tomado pela sensação de *déjà-vu* – já vivemos essa situação antes, na época das primárias democratas marcadas pelo conflito entre Sanders e Clinton.

Indiscutivelmente, a campanha de Clinton contra Sanders atingiu seu ponto mais baixo quando, em campanha por Hillary, Madeleine Albright disse: "Há um lugar especial no inferno para mulheres que não ajudam umas às outras!" (ou seja: para as que vão votar em Sanders em vez de Clinton). Talvez devêssemos corrigir esta afirmação: há um lugar especial no inferno para mulheres (e homens) que pensam que meio milhão de crianças mortas é um preço acessível para uma intervenção militar que arruína um país (como Albright disse em apoio ao bombardeio massivo do Iraque em 1996), ao mesmo tempo em que apoiam de todo o coração os direitos das mulheres e dos gays em casa. Será que esse comentário de Albright não é infinitamente mais obsceno e lascivo do que todas as banalidades sexistas de Trump?

Ainda não chegamos lá, mas estamos nos aproximando lentamente. Os ataques liberais a Sanders por sua suposta rejeição à política identitária ressuscitaram dos mortos novamente, ignorando o fato de que Sanders está fazendo exatamente o oposto, insistindo em uma ligação entre classe, raça e gênero. É preciso apoiá-lo incondicionalmente quando ele rejeita a identidade por si só como motivo para votar em alguém: "Não basta alguém dizer: sou mulher, vote em mim. O que precisamos é de uma mulher que tenha coragem de enfrentar Wall Street, as companhias de seguros, as empresas farmacêuticas, a indústria de combustíveis fósseis". Como esperado, por essa mesma declaração, Sanders foi atacado como um homem chauvinista branco que defende o "reducionismo de classe". Ninguém deveria se surpreender se isso logo fosse denunciado como uma expressão de masculinidade tóxica.

Se desconsiderarmos mentiras diretas (como a alegação, comprovadamente falsa, de que o jovem Sanders não trabalhou com Martin Luther King na luta pelos direitos civis), a estratégia daqueles que privilegiam Warren em detrimento de Sanders é bastante simples. Primeiro, eles alegam que a diferença entre seus respectivos programas econômicos é mínima e insignificante. (Ficamos tentados a acrescentar aqui: sim, mínima, como o fato de Sanders se autoproclamar um socialista democrático, enquanto Warren insiste que é capitalista até os ossos. Gates, Elon Musk e Mark Zuckerberg falam sobre como o capitalismo, pelo menos da maneira como funciona agora, não pode sobreviver.) Então, os críticos afirmam que, em contraste com o foco exclusivo de Sanders na injustiça econômica, Warren também traz injustiças de gênero e raça, de modo que sua vantagem sobre Sanders é clara: apenas Warren pode unir uma ampla frente progressista contra Trump. Em última análise, os críticos de Sanders acabam com uma espécie de ação afirmativa eleitoral: Sanders é um homem e Warren é uma mulher, então... Dois fatos-chaves ficam ofuscados aqui: o socialismo democrático de Sanders é muito mais radical do que o de Warren, que permanece firmemente dentro do *establishment* democrata, além disso, simplesmente não é verdade que Sanders ignora as lutas raciais e de gênero – ele simplesmente ressalta suas ligações com a luta econômica.

Warren não é, como seus defensores afirmam, uma terceira via entre democratas centristas e socialistas democráticos, a síntese do que há de melhor na política identitária de raça/gênero e na luta por justiça econômica. Não, ela é apenas Hillary Clinton com um rosto um pouco mais humano. Mesmo os defensores de Warren admitem que sua alegação de possuir raízes nativas americanas foi um erro – mas será que foi realmente apenas um erro inocente? O secretário de Estado da nação Cherokee, Chuck Hoskin Jr., respondeu ao teste que demonstrou que Warren era entre 1/64 e 1/1024 nativa americana: "Um teste de DNA é inútil para determinar a cidadania tribal. Os testes de DNA atuais nem mesmo distinguem se os ancestrais de uma pessoa eram indígenas da América do Norte ou do Sul". Hoskin estava certo, e o que se deve acrescentar é que provar que você tem um pouco de ancestralidade exótica em um grupo étnico para legitimar suas raízes populares não tem absolutamente nada a ver com a luta real contra o racismo. Mas o ponto principal é que Warren aplicou em prol de uma causa ("progressista") o mesmo procedimento que os nazistas aplicaram para identificar os suspeitos de terem sangue judeu.

No mercado de hoje, encontramos toda uma série de produtos privados de sua propriedade maligna: café sem cafeína, creme sem gordura, cerveja sem álcool... E a lista continua: e o sexo virtual como sexo sem sexo? E a política contemporânea – a arte da administração especializada – como política sem política? Será que os democratas "esquerdistas" que atacam Sanders não oferecem algo semelhante – socialismo sem socialismo, privado das características que o tornam uma ameaça ao *establishment*?

O que é indiscutivelmente mais problemático do que essas críticas pseudofeministas de Sanders são alguns esquerdistas pseudorradicais que afirmam que Sanders é um social-democrata que apenas deseja modificar moderadamente o sistema para torná-lo mais eficiente, em vez de almejar uma verdadeira revolução socialista (socialização dos meios de produção etc.). O que torna esse "radicalismo" especialmente repugnante é que seus proponentes estão bem cientes de como tal postura "radical" não tem a menor chance de mobilizar as pessoas e, enquanto tal, serve apenas ao *establishment*: ela dissuade as pessoas de se engajarem no único movimento de massas que as mobiliza em prol do socialismo. Claro, o programa de Sanders não é mais radical do que o de uma típica social-democracia europeia há meio século. No entanto, o próprio fato de a defesa do que era, há meio século, o programa padrão da social-democracia ser hoje condenada como uma ameaça totalitária diz muito sobre o triunfo da ideologia capitalista nas últimas décadas. Este fato indica que mesmo tais reivindicações sociais-democratas clássicas representam uma ameaça ao sistema de hoje, de modo que devemos começar com elas, plenamente conscientes de que, no curso de sua realização, outras medidas radicais se imporão.

De volta à nossa linha principal, a mensagem aos críticos da guinada do politicamente correto é, portanto, clara: vote Sanders!

13
SOYONS RÉALISTES, DEMANDONS L'IMPOSSIBLE!

Os protestos dos "coletes amarelos" (*gilets jaunes*) na França já duram meses. Eles começaram como um movimento popular que surgiu do descontentamento generalizado com um novo imposto ecológico sobre a gasolina e o diesel, visto como atingindo mais duramente aqueles que vivem e trabalham fora das áreas metropolitanas, onde não há transporte público. Mais recentemente, o movimento cresceu para incluir uma panóplia de demandas, incluindo "Frexit" (a saída da França da União Europeia), impostos mais baixos, pensões mais altas e uma melhoria no poder de compra do cidadão comum francês. O movimento oferece um caso exemplar de populismo de esquerda, de explosão da ira popular com todas as suas incoerências: menos impostos e mais dinheiro para educação e saúde; gasolina mais barata e luta ecológica. Embora o novo imposto sobre a gasolina tenha sido obviamente uma desculpa, ou melhor, um pretexto – e não o "verdadeiro motivo" dos protestos – é significativo notar que o que os desencadeou foi uma medida destinada a agir contra o aquecimento global. Não é à toa que Trump apoiou entusiasticamente os coletes amarelos (chegando mesmo a alegar que alguns dos manifestantes gritavam "Queremos Trump!"), observando que uma das demandas era que a França se retirasse do acordo de Paris. Em um quarto de hotel, você pode pendurar um aviso na porta dizendo "Por favor, limpe o quarto!", ou "Por favor, não perturbe!" Sempre que vejo esse aviso, imagino um aviso dizendo: "Por favor, não perturbe enquanto estiver limpando o quarto!" Será que as demandas dos coletes amarelos não são uma combinação semelhante de demandas contraditórias? "Por favor, proteja nosso meio ambiente enquanto fornece combustível mais barato!"

Os protestos dos coletes amarelos incorporam a estranha reversão que caracteriza a situação global de hoje. O antigo antagonismo entre "pessoas comuns" e as elites capitalistas financeiras está de volta com força total, com "pessoas comuns" explodindo em protestos contra as elites acusadas de serem cegas para seus sofrimentos e reivindicações; no entanto, a novidade é que a direita populista se mostrou muito mais hábil do que a esquerda em canalizar essas explosões em sua direção. Alain Badiou estava, portanto, plenamente justificado ao dizer a propósito dos coletes amarelos: "Tout ce qui bouge n'est pas rouge" – nem tudo o que se move (leva a agitação) é vermelho. A direita populista de hoje participa da longa tradição de protestos populares predominantemente de esquerda. Sim, *tout ce qui bouge n'est pas rouge*, mas mesmo quando é o populismo de direita que *bouge*, a esquerda deve aprender a explorar impiedosamente a fenda aberta no edifício da hegemonia ideológica existente pela agitação para promover a sua própria causa.

O movimento dos coletes amarelos se encaixa na tradição específica da esquerda francesa de grandes protestos públicos visando as elites políticas (mais do que as elites empresarial ou financeira). No entanto, em contraste com os protestos de 1968, os coletes amarelos são muito mais característicos de um movimento de *la France profonde*, uma revolta contra grandes áreas metropolitanas, o que significa que sua orientação esquerdista é muito mais difusa. (Tanto Marine le Pen quanto

Jean-Luc Mélenchon apoiam os protestos.) Como esperado, os comentaristas estão perguntando qual força política se apropriará da energia do movimento, le Pen ou uma nova esquerda, com os puristas exigindo que continue sendo um movimento de protesto "puro", distante da política estabelecida. É preciso ser claro aqui: em toda a explosão de reivindicações e expressões de insatisfação, fica claro que os manifestantes não sabem realmente o que querem; não têm uma visão da sociedade que desejam, apenas um misto de demandas impossíveis de serem atendidas dentro do sistema, embora as enderecem ao sistema. Essa característica é crucial: suas demandas expressam seus interesses enraizados no sistema existente.

Não se deve esquecer que estão endereçando essas demandas ao sistema (político) no seu melhor, o que, na França, significa Emmanuel Macron. Os protestos marcam o fim do sonho de Macron. Lembre-se do entusiasmo com o fato de Macron oferecer uma nova esperança não apenas de derrotar a ameaça populista de direita, mas de fornecer uma nova visão da identidade europeia progressista, que levou filósofos tão opostos quanto Habermas e Sloterdijk a apoiá-lo. Lembre-se de como todas as críticas esquerdistas a Macron, todas as advertências acerca das limitações fatais de seu projeto foram descartadas como "objetivamente" apoiando Marine le Pen. Hoje, com os protestos em curso na França, somos brutalmente confrontados com a triste verdade do entusiasmo pró-Macron. O discurso de Macron na TV aos manifestantes em 10 de dezembro foi uma performance miserável, meio compromisso, meio pedido de desculpas, que não convenceu ninguém e se destacou por sua falta de visão. Macron pode ser o melhor do sistema existente, mas sua política está localizada dentro das coordenadas democráticas liberais da tecnocracia esclarecida.

Como todos que têm problemas com constipação intestinal o sabem, o supositório é um cone medicinal sólido que é inserido no reto para facilitar a defecação. Sempre achei estranho que um termo tão nobre que soa filosófico seja usado para uma tarefa um tanto ou quanto repugnante. Será que não se passa o mesmo com a maneira como muitos de nossos especialistas econômicos falam quando chamam medidas um tanto ou quanto brutais, que prejudicam as pessoas comuns, de "estabilização" ou "regulação"? Macron permanece dentro desse quadro especializado e é por isso que a sua reação aos protestos causou alvoroço.

Devemos, portanto, dar aos protestos um "sim" condicional – condicional, porquanto é claro que o populismo de esquerda não oferece uma alternativa viável ao sistema. Ou seja, imaginemos que os manifestantes de alguma forma ganhem, tomem o poder e ajam dentro das coordenadas do sistema existente (como o Syriza o fez na Grécia). O que então teria acontecido? Provavelmente algum tipo de catástrofe econômica. Isso não significa que simplesmente precisamos de um sistema socioeconômico diferente, um sistema que seja capaz de atender às demandas dos manifestantes; o processo de transformação radical também daria origem a diferentes demandas e expectativas. Digamos, no que diz respeito ao custo do combustível, que o que é realmente necessário não é apenas combustível barato; o verdadeiro objetivo é diminuir nossa dependência do petróleo por razões ecológicas, mudar não apenas nosso transporte, mas todo o nosso modo de vida. O mesmo vale para impostos mais baixos, além de melhor saúde e educação: todo o paradigma terá de mudar.

O mesmo vale para o nosso grande problema ético-político: Como lidar com o fluxo de refugiados? A solução não é apenas abrir as fronteiras a quem quiser entrar, e fundamentar essa abertura na nossa culpa generalizada ("a colonização é o nosso maior crime, pelo qual teremos de pagar para sempre"). Se ficarmos nesse patamar, serviremos perfeitamente aos interesses dos governantes que fomentam o conflito entre os imigrantes e a classe trabalhadora local (que se sente ameaçada por eles) e mantêm sua postura moral superior. (No momento em que alguém começa a pensar nessa direção, a esquerda politicamente correta instantaneamente grita "fascismo" – veja os ataques ferozes a Angela Nagle por seu excelente ensaio "The Left Case against Open Borders" [O argumento da esquerda contra a abertura das fronteiras][37].) Novamente, a contradição entre os defensores da abertura das fronteiras e os populistas anti-imigrantistas é uma falsa "contradição secundária" cuja função última é ofuscar a necessidade de mudar o próprio sistema: todo o sistema econômico internacional que, em sua forma atual, dá origem a refugiados[38].

A atitude de culpa generalizada fornece um exemplo clinicamente perfeito do paradoxo do superego confirmado pela forma como os imigrantes fundamentalistas reagem ao sentimento de culpa dos liberais de esquerda: quanto mais os liberais de esquerda europeus admitem a responsabilidade pela situação que cria refugiados, e quanto mais eles nos exigem abolirmos todos os muros e abrirmos nossas portas aos imigrantes, mais eles são desprezados pelos imigrantes fundamentalistas. Não há gratidão nisso – quanto mais damos, mais somos repreendidos por não dar o suficiente. É significativo que os países mais atacados não sejam aqueles com postura anti-imigração aberta (Hungria e Polônia, por exemplo), mas precisamente aqueles que são mais abertos. A Suécia é censurada por não querer realmente integrar os imigrantes, e cada detalhe é apreendido como prova de sua

---

37. Cf. https://americanaffairsjournal.org/2018/11/the-left-case-again st-open-borders/
38. Aliás, o argumento mais estranho para a abertura das fronteiras é: "A Europa precisa de trabalhadores imigrantes para que sua economia continue a se expandir". *Qual* Europa? A Europa capitalista: o capitalismo precisa deles para sua reprodução expandida.

hipocrisia ("Veja só: eles ainda servem carne de porco nas refeições das escolas! Ainda permitem que suas filhas se vistam de maneira provocante! Ainda não querem integrar elementos da sharia em seu sistema legal!"), ao passo que toda demanda por simetria (mas onde estão as novas igrejas cristãs em países muçulmanos com uma minoria cristã?) é categoricamente rejeitada como imperialismo cultural europeu. As cruzadas são mencionadas o tempo todo, enquanto a ocupação muçulmana de grandes partes da Europa é tratada como normal. A premissa subjacente é que uma espécie de pecado radical (da colonização) está inscrito na própria existência da Europa, um pecado incomparável com os outros, de modo que nossa dívida para com os outros nunca poderá ser paga. No entanto, sob essa premissa é fácil discernir seu oposto, a atitude de desprezo – eles nos odeiam por nossa culpa e responsabilidade, eles percebem isso como um sinal de nossa fraqueza, de nossa falta de autorrespeito e confiança em nós mesmos. A grande ironia é que alguns europeus então percebem uma postura tão agressiva como "vitalidade" muçulmana e a contrastam com a "exaustão" da Europa – novamente transformando isso no argumento de que precisamos do influxo de sangue estrangeiro para recuperar nossa vitalidade. Nós, na Europa, só recuperaremos o respeito dos outros aprendendo a impor limites, a ajudar plenamente os outros não a partir de uma posição de culpa e fraqueza, mas de uma posição de força.

O que queremos dizer com essa força?[39] Precisamente essa força foi demonstrada por Angela Merkel quando estendeu o convite aos refugiados para virem para a Alemanha. Seu convite demonstrou fé de que a Alemanha poderia fazer isso, que é forte o suficiente para aceitar refugiados *e* manter

---

39. No que se segue, apoio-me na linha de pensamento de Alenka Zupančič.

sua identidade. Embora os patriotas anti-imigrantistas gostem de se passar por fortes defensores de sua nação, é sua posição que revela pânico e fraqueza – quão pouca confiança eles devem ter na nação alemã quando percebem algumas centenas de novos imigrantes como uma ameaça à identidade alemã. Por mais louco que possa parecer, Merkel agiu como uma forte patriota alemã, ao passo que os anti-imigrantistas são fracos miseráveis.

O que aconteceu no Egito durante a chamada Primavera Árabe é uma espécie de sintoma do nosso tempo, uma fórmula de como as coisas dão errado. Uma revolta popular derrubou o odiado ditador e deu origem à democracia, mas, nas eleições livres que se seguiram, a Irmandade Muçulmana (não as pessoas que organizaram os protestos, mas seus espectadores passivos) foi levada ao poder. O exército logo organizou um golpe contra a Irmandade, com o semiapoio dos manifestantes. O círculo foi assim fechado. A causa dessas reviravoltas é a lacuna entre a minoria esclarecida de classe média que organizou a revolta e a maioria fundamentalista que tornou sua preferência conhecida nas eleições – uma indicação de que não há sabedoria mais profunda nas mentes das pessoas comuns. Contra essa ideia (que vai de Mao aos populistas do Podemos), deve-se admitir sem medo que a maioria das pessoas comuns não é confiável, que não há nada, nenhum conhecimento autêntico privilegiado, a ser aprendido com elas – não porque sejam estúpidas, mas porque, como Lacan o coloca, não há sede de conhecimento (o que Freud chamou de *Wissenstrieb*, a pulsão de saber), mas apenas o desejo de não saber. O conhecimento não traz felicidade ou poder: o conhecimento dói.

Será que isso significa que devemos esperar pacientemente por uma grande mudança? Não, podemos começar agora mesmo por medidas que parecem modestas, mas ainda assim minam as bases do sistema existente, como a paciente escavação subterrânea de uma toupeira. E quanto à reformulação de todo o nosso sistema financeiro, que afetaria as regras de funcionamento dos créditos e investimentos? E quanto à imposição de novos regulamentos que impeçam a exploração dos países menos desenvolvidos de onde vêm os refugiados?

O velho lema de 1968, *"Soyons réalistes, demandons l'impossible!"* permanece plenamente relevante – desde que tomemos nota da mudança a que tem de ser submetido. Primeiro, há "demandar o impossível" no sentido de bombardear o sistema existente com demandas que ele não pode atender: fronteiras abertas, melhor saúde, salários mais altos etc. Eis-nos aqui hoje, no meio de uma provocação histérica de nossos mestres (especialistas tecnocráticos). Essa provocação tem de ser seguida por um passo adiante fundamental: não demandar o impossível do sistema, mas demandar as mudanças "impossíveis" do próprio sistema. Embora tais mudanças pareçam "impossíveis" (impensáveis dentro das coordenadas do sistema), elas são claramente exigidas por nossa situação ecológica e social, oferecendo a única solução realista.

Nesse ponto, devemos ser muito claros. Para realizar esse passo fundamental, deve ocorrer uma mudança da histérica para o Mestre: é necessário um novo Mestre. Aqui encontramos a limitação fatal da tão elogiada característica dos manifestantes franceses de serem "sem líder", de sua auto-organização caótica: não basta a um líder ouvir o povo e formular o que ele quer, seus interesses, em um programa. O velho Henry Ford estava certo quando observou que, ao oferecer o carro produzido em série, não estava seguindo o que as pessoas queriam. Como ele o colocava sucintamente, se lhe perguntassem o que queriam, as pessoas teriam respondido: "Um cavalo melhor e mais forte para puxar nossa carruagem!" Esse *insight* encontra eco no infame lema de Steve Jobs: "Muitas vezes, as pessoas não sabem o que querem até que você o mostre a elas". A despeito de qualquer crítica que se possa ter em relação às atividades de Jobs, ele estava próximo de um autêntico Mestre na forma como entendia seu lema. Quando lhe perguntaram quanta pesquisa foi necessária para descobrir o que os clientes querem da Apple, ele respondeu: "Nenhuma. Não é trabalho dos clientes saberem o que querem... nós descobrimos o que nós queremos". Observe a virada surpreendente dessa argumentação: depois de negar que os clientes saibam o que querem, Jobs não prossegue com a esperada reversão direta "é nossa tarefa (a tarefa dos capitalistas criativos) descobrir o que os clientes querem e então 'mostrar isso a eles' no mercado". Em vez disso, ele continua "nós descobrimos o que nós queremos" – é assim que um verdadeiro Mestre funciona: ele não tenta adivinhar o que o povo quer; ele simplesmente obedece ao seu próprio desejo, de modo que cabe ao povo decidir se o seguirá ou não. Em outras palavras, seu poder decorre da sua fidelidade à sua visão, de não a comprometer.

E o mesmo vale para um líder político que é necessário hoje. O famoso lema dos três mosqueteiros, "Um por todos e todos por um" pode ser lido de duas maneiras fundamentalmente diferentes. Pode significar simplesmente que cada pessoa deve contribuir para o todo (sempre que houver problemas, cada pessoa deve fazer sua parte para ajudar), de modo a que ninguém seja deixado para trás (quando uma pessoa está com problemas, isso deve ser um problema para toda a comunidade – ou, para simplificar, nós todos dependemos de cada um de nós, e cada um de nós pode contar com nós todos). Mas há uma leitura muito mais sinistra: nem todos os indivíduos estão no mesmo nível; há um que está em uma posição excepcional – um Líder – de modo que todos devem trabalhar para esse que representa o todo e trabalha para todos, para o bem comum de todo mundo. O truque, evidentemente, é que os dois "todos" não coincidem de fato: o primeiro "todos" (em "todos por um") é a coleção de indivíduos que são solicitados a trabalhar para o Líder, enquanto o segundo " todos" (em "um por todos") é o "todos" mítico-ideológico ("o verdadeiro interesse do povo"), encarnado em (e também definido por) aquele, o Líder, que sabe melhor do que nós, gente ordinária, o que é do nosso verdadeiro interesse. O ponto-chave aqui é que a primeira leitura não pode realmente funcionar na realidade política: ela tem de reverter à segunda leitura, onde o "todo" é incorporado em um "único" excepcional.

Os manifestantes na França querem um cavalo melhor (mais forte e mais barato) – nesse caso, ironicamente, combustível mais barato para os seus carros. Deve-se dar a eles a visão de uma sociedade onde o preço do combustível já não importa, da mesma forma que, depois dos carros, o preço da forragem dos cavalos já não importa. Um possível contra-argumento é que a característica "caótica" dos protestos dos coletes amarelos, de serem desprovidos de liderança e descentralizados, é precisamente a sua força: em vez de um agente claro dirigindo demandas ao poder do Estado e, assim, oferecendo-se como parceiro em diálogo, temos uma pressão popular polimorfa, e o que põe em pânico os que estão no poder é precisamente que essa pressão não pode ser localizada em um adversário claro, mas permanece uma versão do que Antonio Negri chamou de multidão. Se tal pressão se expressa em demandas concretas, essas demandas não são o que está realmente em causa no protesto. No entanto, em algum momento, as demandas histéricas têm de se traduzir em um programa político (ou elas desaparecem), e talvez devêssemos ler as demandas dos manifestantes como a expressão de uma insatisfação mais profunda com a própria ordem capitalista liberal democrática, na qual as demandas só podem ser satisfeitas através do processo de representação política parlamentar. Em outras palavras, os protestos contêm uma demanda mais profunda por uma lógica diferente de organização econômico-política, e aqui é necessário um novo líder para operacionalizar essa demanda mais profunda.

14
CATALUNHA E O FIM DA EUROPA

Um dos sinais confiáveis do oportunismo político é o que, paralelamente à física de partículas, pode-se chamar de correlacionismo político. Imaginemos que eu e meu inimigo tenhamos ambos em nossas mãos uma bola, que pode ser branca ou preta, e nenhum de nós conhece sua cor (tampouco tenho permissão para olhar para a que está na minha mão fechada). Temos aqui quatro possibilidades: branco-branco, preto-preto, preto-branco e branco-preto. Agora suponhamos que, por algum motivo, ambos saibamos que as duas bolas (a que está na minha mão e a que está na mão do meu inimigo) são de cores opostas. Neste caso, existem apenas duas possibilidades (preto-branco e branco-preto), e se por alguma sorte eu souber a cor da bola na mão do meu inimigo, automaticamente saberei a cor da minha bola – as duas estão correlacionadas. (Isso acontece quando partículas são divididas e seus spins permanecem correlacionados – se eu medir o spin de uma partícula, eu sei automaticamente o spin da outra.) Algo semelhante frequentemente acontece (e aconteceu) na política (principalmente esquerdista). Não tenho certeza de qual posição devemos tomar em uma determinada luta política, mas quando aprendemos a posição do nosso inimigo, automaticamente assumimos que a nossa posição deva ser a oposta. Deve-se acrescentar que Lenin fez uma crítica contundente a essa postura (ironicamente, seu alvo era Rosa Luxemburgo). Tal foi o caso na Guerra

Fria cultural: quando, no final dos anos 1940, a cultura ocidental foi percebida como promovendo um cosmopolitismo universalista (sob influência judaica), comunistas pró-soviéticos (da URSS à França) decidiram tornar-se patrióticos, promovendo a sua própria tradição cultural e atacando o imperialismo por destruí-la.

Não estava acontecendo algo semelhante na reação ao referendo da Catalunha? Lembre-se de como Putin proclamou a desintegração da União Soviética como uma megacatástrofe – mas agora ele apoia a independência da Catalunha. O mesmo vale para todos os esquerdistas europeus que se opuseram à desintegração da Iugoslávia como resultado de uma tenebrosa conspiração germano-vaticana; agora, no entanto (tal como acontece com a Escócia), a separação é OK. E os liberais centristas ocidentais não são melhores: sempre dispostos a apoiar qualquer movimento separatista que ameace o poder geopolítico da Rússia, eles agora advertem contra a ameaça à unidade da Espanha (deplorando hipocritamente a violência policial contra os eleitores catalães, é claro). Na Eslovênia, meu país, essa confusão atingiu o auge: a velha esquerda, que foi até o fim principalmente contra a independência eslovena, defendendo uma Iugoslávia renovada e mais aberta, não está organizando petições e manifestações pela Catalunha, ao passo que a direita nacionalista, que lutou pela plena independência eslovena, agora defende discretamente a unidade da Espanha (já que seu colega conservador Mariano Rajoy é o primeiro-ministro espanhol). Só podemos dizer: que vergonha, *establishment* europeu! – obviamente, alguns têm direito à soberania e outros não, dependendo de interesses geopolíticos.

Um argumento contra a independência da Catalunha, no entanto, parece racional: Será que o apoio de Putin à independência da Catalunha não é obviamente parte de sua estratégia para fortalecer a Rússia trabalhando pela desintegração da unidade europeia? Será que os partidários de uma Europa forte e unida não deveriam então defender a unidade da Espanha? Deve-se aqui ousar inverter esse argumento. O apoio à unidade da Espanha também faz parte da luta em curso para afirmar o poder dos Estados-nações contra a unidade europeia. O que precisamos a fim de acomodar novas soberanias locais (da Catalunha, da Escócia, talvez etc.) é, portanto, simplesmente uma União Europeia mais forte: os Estados-nações devem acostumar-se a um papel mais modesto como intermediadores entre autonomias regionais e a Europa unida. Dessa forma, a Europa pode evitar os conflitos debilitantes entre Estados e emergir como um agente internacional muito mais forte, em pé de igualdade com outros grandes blocos geopolíticos.

O fracasso da União Europeia em assumir uma posição clara sobre o referendo catalão é apenas o mais recente de uma série de erros, sendo o maior a total falta de políticas coerentes em relação ao fluxo de refugiados do Oriente Médio e do Norte da África para a Europa. A reação confusa ao fluxo de refugiados não levou em conta a diferença básica entre imigrantes (econômicos) e refugiados: os imigrantes vêm para a Europa em busca de trabalho, para atender às demandas de mão de obra nos países europeus desenvolvidos; os refugiados não vêm principalmente para trabalhar, mas simplesmente para procurar um lugar seguro para sobreviver – muitas vezes nem gostam do novo país em que se encontram. Os refugiados que costumavam se reunir em Calais são paradigmáticos aqui: eles não queriam ficar na França, mas prosseguir para o Reino Unido. O mesmo vale para os países que mais resistem a aceitar refugiados (o novo "eixo do mal" Croácia/Eslovênia/Hungria/República Tcheca/Polônia/Países bálticos) – definitivamente não são os lugares onde os refugiados querem se estabelecer. Mas talvez o efeito mais absurdo dessa confusão seja que a Alemanha, o único país que se comportou de forma meio decente para com os refugiados, tornou-se alvo de muitos críticos, não só dos direitistas defensores da Europa, mas também dos esquerdistas, que, numa típica guinada de superego, focaram no melhor elemento da cadeia, atacando-o por não ser ainda melhor.

O aspecto mais preocupante da crise catalã é, portanto, a incapacidade da Europa de assumir uma posição clara: permitir a seus Estados membros adotarem a sua própria política em relação ao separatismo ou aos refugiados, ou adotarem medidas eficazes contra aqueles que não querem aplicar as decisões comuns. Por que isso é tão importante? A Europa deve funcionar como uma unidade mínima, apoiando Estados isolados, fornecendo uma estrutura, uma rede de segurança para suas tensões. Somente essa Europa pode ser uma agente importante na Nova Ordem Mundial emergente, onde os agentes poderosos são cada vez menos Estados isolados. É claramente do interesse dos Estados Unidos e da Rússia enfraquecer a União Europeia ou mesmo desencadear sua desintegração: tal desintegração criará um vácuo de poder que será preenchido por novas alianças de Estados europeus isolados com a Rússia ou com os Estados Unidos. Quem na Europa gostaria de ver isso?

15
QUE IDEIA DE EUROPA VALE A PENA DEFENDER?

Em janeiro de 2019, um grupo de 30 escritores, historiadores e ganhadores do Prêmio Nobel – incluindo Bernard-Henri Lévy, Milan Kundera, Salman Rushdie, Orhan Pamuk, Mario Vargas Llosa, Adam Michnik – publicou um manifesto em vários jornais da Europa, inclusive no *Guardian* do Reino Unido. Eles afirmam que a Europa como uma ideia está "desmoronando diante dos nossos olhos". "Devemos agora querer a Europa ou perecer sob as ondas do populismo", escreveram eles. "Devemos redescobrir o voluntarismo político ou aceitar que o ressentimento, o ódio e seu cortejo de paixões tristes nos cercarão e submergirão[40]."

Esse manifesto é profundamente falho: basta lê-lo com atenção para ter claro por que os populistas estão prosperando. Seus signatários – a flor da inteligência liberal europeia – ignoram o desagradável fato de que os populistas também se apresentam como os salvadores da Europa.

Em uma entrevista em 15 de julho de 2018, logo após participar de uma reunião tempestuosa com líderes da União Europeia, Trump mencionou a União Europeia como a primeira da fila de "adversários" dos Estados Unidos, à frente

---

40. https://www.theguardian.com/commentisfree/2019/jan/25/fight--europe-wreckers-patriots-nationalist

da Rússia e da China. Em vez de condenar essa afirmação como irracional ("Trump está tratando os aliados dos Estados Unidos pior do que seus inimigos" etc.), devemos fazer uma pergunta simples: O que há na União Europeia que incomoda tanto Trump? De qual Europa Trump está falando? Quando questionado por jornalistas sobre o fluxo de imigrantes para a Europa, ele respondeu como convém ao populista anti-imigrantista que é: os imigrantes estão rasgando o tecido dos costumes e modos de vida europeus, eles representam um perigo para a identidade espiritual europeia – em suma, eram pessoas como Orbán ou Salvini que falavam através dele. Nunca se deve esquecer que eles também querem defender a Europa.

Então, qual Europa incomoda tanto o Trump quanto os populistas europeus? Será que é a Europa da unidade transnacional, a Europa com uma vaga consciência de que, a fim de fazer face aos desafios do nosso momento, devemos ultrapassar os constrangimentos dos Estados-nações? Será que é a Europa que também se esforça desesperadamente por, de alguma forma, permanecer fiel ao velho lema iluminista da solidariedade para com as vítimas, a Europa consciente do fato de que a humanidade é hoje Una, de que estamos todos no mesmo barco (ou, como dizemos, na mesma Nave Terra), de modo que a miséria dos outros também é nosso problema?

Esta ideia que subjaz a uma Europa unida foi corrompida, meio esquecida, e é apenas num momento de perigo que somos obrigados a regressar a essa dimensão essencial da Europa, ao seu potencial oculto. A Europa está dentro dos vastos alicates da América, de um lado, e da Rússia, do outro, que querem desmembrá-la: Trump e Putin apoiam o Brexit; eles apoiam os eurocéticos em todos os cantos, da Polônia à Itália. O que será que os incomoda na Europa, já que todos conhecemos a miséria da União Europeia, que falha repetidamente em todos os testes: desde sua incapacidade de adotar uma política consistente sobre imigrantes até sua reação miserável à guerra tarifária de Trump? Obviamente não é essa Europa que de fato existe, mas a ideia de uma Europa que se inflama contra todas as adversidades e em momentos de perigo. Será que o problema da Europa é como permanecer fiel ao seu legado emancipatório, ameaçado pela investida populista conservadora?

Em suas *Notas para a Definição de Cultura*, o grande conservador T.S. Eliot observou que há momentos em que a única escolha é aquela entre a heresia e a descrença, quando a única maneira de manter uma religião viva é realizar uma separação sectária de seu cadáver principal. É isso que tem de ser feito hoje: a única maneira de realmente derrotar os populistas e resgatar o que vale a pena salvar na democracia liberal é realizar uma cisão sectária do principal cadáver da democracia liberal. Às vezes, a única forma de resolver um conflito não é buscar um acordo, mas radicalizar a própria posição.

Voltando à carta dos 30 luminares liberais: o que eles se recusam a admitir é que a Europa cujo desaparecimento eles deploram já está irremediavelmente perdida. A ameaça não vem do populismo: o populismo é meramente uma reação ao fracasso do *establishment* liberal da Europa em permanecer fiel ao potencial emancipatório da Europa, oferecendo uma saída falsa para os problemas das pessoas comuns. Portanto, a única maneira de realmente derrotar o populismo é submeter o próprio *establishment* liberal, sua política real, a uma crítica implacável que às vezes também pode tomar um rumo inesperado. Por exemplo: Será que a Europa precisa do seu próprio exército? Sim, ela precisa mais do que nunca. Mas por que, quando todos sabemos que a desculpa mais doentia para entrar na corrida armamentista é essa, quando nossos possíveis inimigos estão se armando, a única maneira de impedir a guerra e proteger a paz é nos prepararmos também para a guerra?

Já faz mais ou menos uma década que a corrida armamentista entre três superpotências (Estados Unidos, Rússia e China) vem explodindo em um ritmo frenético. Toda a área ártica está se tornando militarizada; bilhões estão sendo investidos em supercomputadores militares e biogenética. Em outubro de 2018, Trump anunciou que os Estados Unidos deixariam o tratado de armas nucleares com a Rússia. Os jornais militares chineses debatem abertamente a necessidade de a China se envolver em uma guerra real (enquanto os militares dos Estados Unidos e da Rússia foram recentemente testados por conflitos no Iraque, na Síria etc., o exército chinês tem evitado uma luta real por décadas). E a Rússia? Dirigindo-se aos membros do Parlamento russo, Vladimir Putin disse em 1º de março de 2018: "Os testes de lançamento e aterrisagem de mísseis possibilitam a criação de uma arma totalmente nova, um míssil nuclear estratégico movido por um motor nuclear. O alcance é ilimitado. Ele pode manobrar por um período de tempo ilimitado. Ninguém no mundo tem nada parecido", disse sob aplausos e concluiu: "A Rússia ainda tem o maior potencial nuclear do mundo, mas ninguém nos ouviu. Ouçam-nos agora".

Sim, devemos ouvir essas palavras, mas devemos ouvi-las como as palavras de um louco que se junta ao dueto dos outros dois loucos, Trump e Xi. Cada lado pode, é claro, alegar que tudo o que quer é paz e está apenas reagindo à ameaça representada por outros (por exemplo, Putin imediatamente acrescentou que está simplesmente reagindo às alegações de Trump de que, devido a seus escudos protetores, os Estados Unidos podem ganhar uma guerra nuclear contra a Rússia) – verdade, mas o que isso significa é que a loucura está no próprio sistema em sua integralidade, no ciclo vicioso no qual fomos presos ao participarmos do sistema. A estrutura aqui é semelhante àquela da suposta crença segundo a qual também todos os participantes individuais agem racionalmente, atribuindo irracionalidade ao outro que raciocina exatamente da mesma maneira. Desde a minha juventude na Iugoslávia socialista, lembro-me de um estranho incidente com papel higiênico. De repente, começou a circular um boato de que não havia papel higiênico suficiente nas lojas. As autoridades prontamente emitiram garantias de que havia papel higiênico suficiente para o consumo normal, e, surpreendentemente, isso não apenas era verdade como a maioria das pessoas acreditou mesmo que fosse verdade. No entanto, um consumidor médio raciocinou da seguinte maneira: Eu sei que há papel higiênico suficiente e que o boato é falso, mas e se algumas pessoas levarem esse boato a sério e, em pânico, começarem a comprar e estocar papel higiênico, causando assim uma falta real de papel higiênico? Então é melhor eu mesmo comprar reservas dele. Sequer é preciso acreditar que alguns outros levem o boato a sério; basta pressupor que alguns outros acreditem que haja quem leve o boato a sério – o efeito é o mesmo, ou seja, uma verdadeira falta de papel higiênico nas lojas.

Já em dezembro de 2016, essa loucura atingiu um pico quase inimaginavelmente ridículo: tanto Trump quanto Putin enfatizaram a chance de relações novas e mais amigáveis entre a Rússia e os Estados Unidos, e, simultaneamente, afirmaram seu total compromisso com a corrida armamentista – como se a paz entre as superpotências só pudesse ser proporcionada por uma nova Guerra Fria. Alain Badiou escreveu que os contornos da futura guerra já estão traçados:

> Os Estados Unidos e sua camarilha "ocidental--japonesa" de um lado, e a China e a Rússia do outro lado, com armas nucleares por toda parte. Portanto, tudo o que podemos fazer é lembrar o que Lenin disse: "Ou a revolução impedirá a guerra ou a guerra desencadeará a

revolução". Portanto, a mais alta aspiração do trabalho político futuro poderia ser definida da seguinte forma: pela primeira vez na história talvez a primeira possibilidade – a revolução impedirá a guerra – se torne realidade, e não a última – a guerra levará à revolução. Com efeito, foi essa última possibilidade que se materializou na Rússia no contexto da Primeira Guerra Mundial e na China no contexto da Segunda. Mas a que preço! E com que consequências a longo prazo![41]

Por que, então, a Europa deveria participar dessa dança maluca? Porque ela é claramente uma exceção: não se encaixa no mundo da luta pela dominação entre a América em primeiro lugar, a Rússia em primeiro lugar e a China em primeiro lugar. Não construir um exército apenas tornaria a Europa o *playground* da batalha por dominação entre as três potências (o que a Europa já está se tornando). Os Estados Unidos e a Rússia trabalham ambos arduamente para destruir a unidade europeia, enquanto a China mantém uma distância ambígua. A Europa é cada vez mais uma anomalia, isolada e sem aliados. A única maneira de a Europa manter a autonomia é tornar-se ainda mais unida e sinalizar essa unidade por meio de forças armadas unidas.

---

41. Alain Badiou, *I Know There Are So Many of You*, trad. Susan Spitzer (Cambridge: Polity, 2019), p. 61.

16
O DIREITO DE CONTAR MÁS NOTÍCIAS AO PÚBLICO

Hoje, em nossa era de controle crescente da mídia digital, devemos lembrar a origem da internet: no exército dos Estados Unidos, perguntava-se como manter a comunicação entre as unidades sobreviventes num cenário no qual uma guerra nuclear global destruísse o comando central, e surgiu a ideia de conectar lateralmente essas unidades dispersas e contornar o centro (destruído). Desde o início, a internet continha um potencial democrático, uma vez que defendia uma troca direta múltipla entre unidades individuais, contornando o controle central e a coordenação – e esse potencial democrático representava uma ameaça para aqueles que estavam no poder. Sua principal reação a essa ameaça foi controlar as "nuvens" digitais que mediam a comunicação entre os indivíduos. "Nuvens" em todas as suas formas são, obviamente, apresentadas a nós como facilitadoras da nossa liberdade: nuvens tornam possível que eu me sente em frente ao meu PC e navegue livremente; tudo está aí a nossa disposição – no entanto, quem controla as nuvens também controla os limites da nossa liberdade.

A forma mais direta desse controle é, obviamente, a exclusão direta: indivíduos, bem como organizações inteiras de notícias (teleSUR, RT, Al Jazeera) desaparecem das mídias sociais (ou sua acessibilidade é limitada – tente colocar a Al Jazeera na tela da TV em um hotel dos Estados Unidos!) sem que qualquer explicação razoável seja dada – geralmente puras tecnicalidades são evocadas. Embora em alguns casos (como excessos racistas diretos) a censura seja justificada, o que é perigoso é que ela simplesmente aconteça de forma não transparente. A demanda democrática mínima deve ser que tais limitações de acesso sejam feitas de forma transparente e com justificação pública. Essas justificações também podem ser enganosas e ambíguas, ocultando a sua verdadeira razão. Em uma distorção perversa adicional, controle e censura podem ser justificados como um modo de proteger os indivíduos de experiências traumáticas que ameacem perturbar sua felicidade.

Em uma conferência, descrevi o estranho caso de Bradley Barton, de Ontário, Canadá, que, em março de 2016, foi considerado inocente do homicídio qualificado de Cindy Gladue, uma indígena profissional do sexo que sangrou até a morte no Yellowhead Inn em Edmonto, tendo sofrido um ferimento de 11 centímetros na parede vaginal. A defesa argumentou que Barton acidentalmente causou a morte de Gladue durante sexo violento, mas consensual, e o tribunal concordou. Esse caso não apenas contraria nossas intuições morais básicas – um homem assassina brutalmente uma mulher durante a atividade sexual, mas sai em liberdade porque "ele não teve a intenção..." O aspecto mais perturbador do caso é que, cedendo às exigências da defesa, o juiz permitiu que a pelve preservada de Gladue fosse admitida como prova: levada ao tribunal, a parte inferior de seu torso foi exposta aos jurados (aliás, essa é a primeira vez que uma parte de um corpo foi apresentada em um julgamento no Canadá). Por que as fotos impressas da ferida não seriam suficientes? Mas o que quero dizer aqui é que fui repetidamente atacado por relatar esse caso: a crítica foi que, ao descrever o caso, eu o reproduzi e, portanto, o repeti simbolicamente – embora o tenha descrito com forte desaprovação, secretamente permiti aos meus ouvintes encontrar prazer perverso nisso. Esses ataques a mim exemplificam suficientemente a necessidade politicamente correta de proteger as pessoas de notícias e imagens traumáticas ou perturbadoras. Meu contraponto a isso é que, a fim de combater tais crimes, é preciso apresentá-los em todo o seu horror, é preciso ficar chocado com eles. Em seu prefácio a *Animal Farm* [*A Fazenda dos Animais/A revolução dos bichos*], George Orwell escreveu que se liberdade significa alguma coisa, significa "o direito de dizer às pessoas o que elas não querem ouvir" – *essa* é a liberdade da qual somos privados quando nossa mídia é censurada e regulada.

Somos apanhados na progressiva digitalização de nossas vidas: a maior parte das nossas atividades (e passividades) está agora registrada em alguma nuvem digital que também nos avalia permanentemente, rastreando não apenas nossos atos, mas também nossos estados emocionais. Quando nos experimentamos como livres ao máximo (navegando na web onde tudo está disponível), somos totalmente "externalizados" e sutilmente manipulados. A rede digital confere um novo significado ao velho *slogan* "o pessoal é político". E não se trata apenas do controle das nossas vidas íntimas que está em jogo: tudo é hoje regulado por alguma rede digital, dos transportes à saúde, da eletricidade à água. É por isso que a web é o nosso comum mais importante hoje, e a luta pelo seu controle é *a* luta hoje. O inimigo é a combinação de comuns privatizados e controlados pelo Estado, corporações (Google, Facebook) e agências de segurança do Estado (NSA).

A rede digital que sustenta o funcionamento de nossas sociedades e seus mecanismos de controle é a figura última da grade técnica que sustenta o poder, e é por isso que retomar o controle sobre ela é nossa primeira tarefa. O Wikileaks foi aqui apenas o começo, e nosso lema aqui deve ser maoísta: "Que cem Wikileaks floresçam".

...E O RESTO

17
É A MESMA LUTA, ESTÚPIDO!

Os contínuos ataques contra o Partido Trabalhista do Reino Unido pelo suposto antissemitismo de alguns de seus membros proeminentes não são apenas extremamente tendenciosos; a longo prazo, também ofuscam o verdadeiro perigo do antissemitismo hoje, perigo perfeitamente ilustrado por uma caricatura publicada em julho de 2008 no diário vienense *Die Presse*: dois austríacos atarracados com aparência nazista estão sentados à mesa, um deles segurando nas mãos um jornal e comentando com o amigo: "Aqui você pode ver novamente como um antissemitismo totalmente justificado está sendo mal utilizado para uma crítica barata de Israel!" Essa piada gira em torno do argumento padrão contra os críticos das políticas do Estado de Israel: como qualquer outro Estado, o Estado de Israel pode e deve ser julgado e eventualmente criticado, mas os críticos usam mal a crítica justificada da política israelense para fins antissemitas. Quando os fundamentalistas cristãos de hoje defensores da política israelense rejeitam as críticas esquerdistas à política israelense, será que sua linha de argumentação implícita não está estranhamente próxima da caricatura do *Die Presse*?

O que isso significa é que, ao abordar o conflito israelo-palestino, deve-se ater-se a padrões impiedosos e frios, suspendendo o impulso de tentar "entender" a situação: deve-se resistir incondicionalmente à tentação de "entender" o antissemitismo árabe (onde realmente o encontramos) como uma reação "natural" à triste situação dos palestinos, ou "entender" as medidas israelenses como uma reação "natural" no contexto da memória do Holocausto. Não deveria haver "compreensão" do fato de que, em muitos, se não na maioria, dos países árabes, da Arábia Saudita ao Egito, Hitler ainda é considerado um herói, do fato de que, nos manuais escolares primários, todos os mitos antissemitas tradicionais, desde os notoriamente forjados *Protocolos dos Sábios de Sião* até as alegações de que os judeus usam o sangue de crianças cristãs (ou árabes) para fins sacrificiais, são-lhes atribuídos. Afirmar que esse antissemitismo articula de modo deslocado a resistência contra o capitalismo não o justifica de forma alguma (o mesmo vale para o antissemitismo nazista: ele também extraiu sua energia da resistência anticapitalista): o deslocamento não é aqui uma operação secundária, mas o gesto fundamental de mistificação ideológica.

Portanto, não devemos interpretar ou julgar atos singulares "juntos"; devemos extirpá-los de sua textura histórica. As atuais ações das Forças de Defesa de Israel na Cisjordânia *não* devem ser julgadas "no contexto do Holocausto"; o fato de que muitos árabes celebram Hitler ou que sinagogas são profanadas na França e em outros lugares da Europa *não* deve ser julgado como uma "reação inadequada, mas compreensível, ao que os israelenses estão fazendo na Cisjordânia". Quando qualquer protesto público contra as atividades das Forças de Defesa de Israel na Cisjordânia é categoricamente denunciado como uma expressão de antissemitismo, e – implicitamente, pelo menos – colocado na mesma fileira dos defensores do Holocausto, isto é, quando a sombra do Holocausto é permanentemente evocada a fim de neutralizar qualquer crítica às operações militares e políticas israelenses, não basta insistir na diferença entre o antissemitismo e a crítica a medidas particulares do Estado de Israel. Deve-se dar um passo além e afirmar que é o Estado de Israel que, nesse caso, está profanando a memória das vítimas do Holocausto, manipulando-as impiedosamente, instrumentalizando-as como meio de legitimar as atuais medidas políticas.

O que isso significa é que se deve rejeitar categoricamente a própria noção de qualquer ligação lógica ou política entre o Holocausto e as atuais tensões entre israelenses e palestinos; trata-se de dois fenômenos completamente diferentes: um faz parte da história europeia da resistência da direita à dinâmica de modernização, o outro é um dos últimos capítulos da história da colonização. Por outro lado, a difícil tarefa dos palestinos é aceitar que os seus verdadeiros inimigos não são os judeus, mas os próprios regimes árabes, que manipulam seu sofrimento precisamente para impedir essa mudança – ou seja, a radicalização política em seu próprio meio. Parte da situação atual na Europa é efetivamente o crescimento do antissemitismo – digamos, em Malmö, na Suécia, onde a minoria muçulmana agressiva assedia judeus de modo que eles têm medo de andar nas ruas em suas roupas tradicionais[42]. Tais fenômenos devem ser clara e inequivocamente condenados. A luta contra o antissemitismo e a luta contra a islamofobia devem ser vistas como dois aspectos da *mesma* luta. Longe de representar uma posição utópica, essa necessidade de uma luta comum é fundamentada no próprio fato das consequências de longo alcance do sofrimento extremo. Em uma passagem memorável de *Still Alive: A Holocaust Girlhood Remembered* [Ainda viva: memórias de uma infância do Holocausto], Ruth Klüger descreve uma conversa com "alguns candidatos avançados ao doutorado" na Alemanha:

> Um relata como em Jerusalém ele conheceu um velho judeu húngaro que era um sobrevivente de

---

42. Comunicação pessoal de meus amigos esquerdistas suecos.

> Auschwitz, e ainda assim esse homem amaldiçoou os árabes e nutria desprezo por todos eles. Como pode alguém que vem de Auschwitz falar assim? O alemão pergunta. Eu entro em ação e discuto, talvez mais acaloradamente do que o necessário. O que ele esperava? Auschwitz não era uma instituição instrucional.... Não se aprendia nada lá, muito menos humanidade e tolerância. Absolutamente nada de bom saiu dos campos de concentração, ouço-me dizer, elevando a voz, e ele espera catarse, purgação, o tipo de coisa que se vai ao teatro buscar? Eles foram os estabelecimentos mais inúteis e sem sentido que se possa imaginar[43].

Em suma, o extremo horror de Auschwitz não o transformou em um lugar que purifica suas vítimas sobreviventes em sujeitos eticamente sensíveis que se livraram de todos os interesses egoístas mesquinhos; pelo contrário, parte do horror de Auschwitz foi que ele também desumanizou muitas de suas vítimas, transformando-as em sobreviventes brutais e insensíveis, impossibilitando-as de praticar a arte do julgamento ético equilibrado. A lição a ser tirada aqui é muito deprimente e triste: temos de abandonar a ideia de que há algo emancipatório nas experiências extremas, que elas nos permitem limpar a bagunça e abrir nossos olhos para a verdade última de uma situação. Ou, como Arthur Koestler, o grande convertido anticomunista, colocou concisamente: "Se o poder corrompe, o reverso também é verdadeiro; a perseguição corrompe as vítimas, embora talvez de maneiras mais sutis e trágicas".

---

43. Ruth Klüger, *Still Alive: A Holocaust Girlhood Remembered* (New York: Feminist Press, 2001), p. 64.

18
OS VERDADEIROS ANTISSEMITAS E SEUS AMIGOS SIONISTAS

Um evento muito importante ocorrido recentemente foi amplamente ignorado pela grande mídia, embora nos permita entender sob uma nova luz a campanha em curso contra Jeremy Corbyn, no Reino Unido, e os "socialistas democráticos", nos Estados Unidos, acusando-os de antissemitismo.

Em janeiro de 2019, nossa mídia noticiou abundantemente que o Sejm (a câmara baixa do parlamento) polonês, dominado pelo partido populista PiS (Lei e Justiça), havia endossado uma emenda segundo a qual atribuir culpa à Polônia por crimes nazistas na Segunda Guerra Mundial (o Holocausto) é punível com três anos de prisão. Esta emenda causou grande clamor em todo o mundo e deu origem a tensões entre a Polônia e Israel, uma vez que foi percebida como estando de acordo com a forte tradição antissemita na Polônia. Portanto, parecia apenas mais um capítulo na longa rixa entre os nacionalistas cristãos e seus oponentes judeus "cosmopolitas".

Mas então se seguiu o (amplamente ignorado) segundo ato desse caso, observado apenas por alguns comentaristas, dentre os quais o meu honorável amigo polonês Slawomir Sierakowski[44]. Em uma sessão convocada abruptamente no

---

44. Cf. https://www.project-syndicate.org/commentary/poland-memo ry-law-amendment-by-slawomir-sierakowski-2018-08.

final de junho, o Sejm apressou-se a aprovar outra emenda, com efeito imediato, revertendo a primeira emenda – escrever sobre a responsabilidade do povo polonês pelo Holocausto já não é punível. Em linha com a ideologia do PiS, essa emenda, no entanto, enfatiza o grande número de poloneses que heroicamente ajudaram os judeus, de modo que, como dizem, o PiS guardou o bolo e o comeu; a mensagem era, basicamente, "você pode escrever sobre isso porque não há nada a escrever".

O primeiro quebra-cabeça aqui é a maneira misteriosa como essa reconciliação entre os populistas poloneses e Israel foi realizada. Todo o processo foi realizado em segredo, a ponto de as relações israelo-polonesas serem mediadas pelas respectivas agências de inteligência dos países. Netanyahu, ele próprio um populista, estava ansioso para resolver o conflito com o governo populista do PiS porque não queria alienar o mais leal aliado de Israel dentro da União Europeia.

Mas como pode a Polônia, com sua tradição de antissemitismo, ser o aliado mais leal de Israel? Devemos lembrar que a Polônia não é exceção aqui: as relações entre Netanyahu e Viktor Orbán (seu partido Fidesz e seus aliados também são permeados pelo antissemitismo nacionalista cristão) também são mais do que cordiais, sem falar no próprio Donald Trump que, nos Estados Unidos, é apoiado pela direita alternativa antissemita, enquanto internacionalmente ele é um firme defensor do expansionismo sionista (mudança da embaixada dos Estados Unidos para Jerusalém, por exemplo). A versão extrema desse antissemitismo sionista foi propagada por Anders Breivik, o assassino em massa anti-imigrantista norueguês: ele era antissemita, mas pró-Israel, já que o Estado de Israel era, a seu ver, a primeira linha de defesa contra a expansão muçulmana – ele até queria ver o Templo de Jerusalém reconstruído. Em suma, os judeus são OK, desde que não haja muitos deles – ou, como Breivik escreveu em seu "Manifesto": "Não há problema judaico na Europa Ocidental (com exceção do Reino Unido e da França) uma vez que temos apenas 1 milhão na Europa Ocidental, ao passo que 800.000 desses 1 milhão vivem na França e no Reino Unido. Os Estados Unidos, por outro lado, com mais de 6 milhões de judeus (600% a mais do que a Europa), na verdade têm um problema judaico considerável". Essa figura, portanto, encapsula o paradoxo último de um sionista antissemita.

E o fato realmente deprimente é que Netanyahu e seus seguidores agem como aliados dessa tendência – um dentre os sinais claros (sendo o outro a nova lei israelense de cidadania, que instala o apartheid direto, transformando não judeus em cidadãos secundários) de que Israel está simplesmente se tornando mais um país fundamentalista do Oriente Médio, aliado do Egito e da Arábia Saudita. Essa ascensão da estranha figura do sionismo antissemita, um dos sinais mais preocupantes de nossa decadência, está cada vez mais ligada ao pânico crescente em nosso *establishment* político com o crescimento da nova esquerda: a acusação de antissemitismo é agora endereçada a qualquer um que se desvie para a esquerda do aceitável *establishment* liberal de esquerda.

Não devemos nos surpreender ao saber que a pressão dentro de Israel para condenar a lei da memória da Polônia não veio de fundamentalistas sionistas – foi lançada pela oposição antifundamentalista israelense, e Netanyahu só concordou com ela porque não tinha outra escolha. Uma nova linha política de divisão está, portanto, surgindo entre os próprios judeus: sionistas antissemitas contra aqueles que lutam contra o sionismo agressivo *e* o antissemitismo em nome do próprio legado emancipatório judaico. Eles devem ser nossos aliados; eles são um dos poucos vislumbres de esperança nos tempos confusos de falsas divisões de hoje.

O papel privilegiado dos judeus no estabelecimento da esfera do "uso público da razão" depende de que sejam subtraídos de todo poder estatal – é essa posição de "parte de nenhuma parte" de toda comunidade orgânica Estado-nacional, e não a natureza universal abstrata do seu monoteísmo, que os torna a encarnação imediata da universalidade. Não é de admirar, então, que, com o estabelecimento do Estado-nação judaico, tenha surgido uma nova figura do judeu: um judeu que resiste à identificação com o Estado de Israel, recusando-se a aceitar o Estado de Israel como o seu verdadeiro lar, um judeu que "se subtrai" desse Estado, e que inclui o Estado de Israel entre os Estados dos quais insiste em manter distância, para viver em seus interstícios – e é esse estranho judeu que é objeto do que não se pode deixar de designar como "antissemitismo sionista", o excesso estrangeiro que perturba a comunidade Estado-nacional. Esses judeus, os "judeus dos próprios judeus", dignos sucessores de Espinosa, são hoje os que continuam a insistir no "uso público da razão", recusando-se a submeter seu raciocínio ao domínio "privado" do Estado-nação.

Admito que sempre tive problemas com o BDS, o movimento Boicote, Desinvestimento e Sanções que promove várias formas de boicote contra Israel até que cumpra suas obrigações sob o direito internacional (retirada dos territórios ocupados, remoção da barreira de separação na Cisjordânia, igualdade total para os cidadãos árabes-palestinos de Israel). Embora eu apoie totalmente esses objetivos, minha relutância se baseava em dois motivos principais. Primeiro, na situação atual, em que o antissemitismo está realmente vivo na Europa, é perigoso brincar com a ideia de um boicote. Em segundo lugar, por que não deveríamos também boicotar a China pelo que o Estado chinês está fazendo com os uigures? Ou, mais perto de Israel, por que não boicotar a Arábia

Saudita (em vez do Irã)? A resposta cínica dos meus amigos do BDS é: porque no caso da China não daria certo e aqui pode dar certo. Sério? Além disso, tal raciocínio implica uma ética esquisita: punir os ruinzinhos, não os realmente maus.

Eis um exemplo do excesso do BDS. Quando, alguns anos atrás, visitei o festival de cinema de Jerusalém para promover o filme pró-palestino do meu amigo Udi Aloni, fui atacado por participar de um evento patrocinado pelo Estado. Um fanático do BDS me perguntou se eu sabia que a minha visita a Jerusalém equivalia a uma visita a Berlim em 1938. Teve até mesmo uma "carta aberta" circulando na web que me criticava por ter aceitado o convite. Minha resposta foi: a visita foi paga por mim e Udi; fui apresentado por Udi como seu convidado pessoal, não como convidado do Festival. Além disso, se deixarmos de lado a natureza problemática do paralelo entre Jerusalém e a Berlim nazista, então sim, se eu tivesse sido convidado a ir a Berlim em 1938 para promover um filme celebrando a resistência judaica aos nazistas, eu teria aceitado com prazer...

No entanto, quando, em maio de 2019, o Bundestag alemão aprovou uma resolução não vinculativa declarando o BDS antissemita, meu alarme começou a soar. BDS antissemita? Todos os meus contatos com o BDS são através dos meus amigos judeus que fazem parte dele, e essa foi a ideia desde o início: uma ação conjunta de palestinos da Cisjordânia com judeus israelenses que se opõem à ocupação da Cisjordânia. Obviamente, algo mais está acontecendo aqui: um pacto diabólico obsceno entre sionistas e verdadeiros racistas europeus. A memória sagrada do Holocausto é mobilizada para legitimar a política corrompida de hoje, o apartheid praticado contra os palestinos. Aqueles que o fazem são os verdadeiros profanadores do Holocausto. Quando, em março de 2019, (a banda alemã) Rammstein publicou uma versão em vídeo de sua nova música "Deutschland", na qual os membros do grupo aparecem vestidos como prisioneiros de Auschwitz, o Ministério das Relações Exteriores de Israel protestou contra o uso indevido de imagens do Holocausto para fins comerciais. A resposta deveria ser não apenas uma defesa incondicional de Rammstein como uma autêntica banda de esquerda refletindo sobre as dificuldades de sua identidade alemã; como deveríamos acrescentar ainda que o uso indevido da memória do Holocausto para a legitimação do que o Estado de Israel está fazendo na Cisjordânia é um ato infinitamente mais repulsivo.

Em 26 de maio de 2019, o comissário do governo da Alemanha para o antissemitismo sugeriu que os judeus nem sempre deveriam usar o tradicional boné quipá em público, após um aumento no número de ataques antijudaicos[45]. Quão a sério devemos levar essa recomendação? Embora o antissemitismo esteja em ascensão em toda a Europa, esse alerta também está a serviço da estratégia do *establishment* de proibir a crítica da política israelense como antissemita.

Além disso, a alegação de que o ataque ao Estado de Israel, concebido como uma coletividade judaica, também é antissemita suscita muitos problemas. Se aceitarmos essa alegação, podemos facilmente ver como, precisamente, uma crítica legítima à política do Estado de Israel pode ser descartada como antissemita. Até recentemente, a solução de dois Estados era oficialmente endossada pela ONU, pelos Estados Unidos e por Israel. O que a está substituindo é cada vez mais abertamente sinalizado pela grande mídia. Caroline B. Glick (autora de *The Israel Solution: A One-State Plan for Peace in the Middle East* [A solução de Israel: Um plano de Estado úni-

---

45. Cf. https://www.theguardian.com/world/2019/may/26/jews-in-germany-warned-of-risks-of-wearing-kippah-cap-in-public

co para a paz no Oriente Médio]) afirmou em 2014, em um artigo no *New York Times*, que "Não deveria haver nenhum Estado palestino", que aqueles que propõem reconhecer a Palestina como um Estado

> sabem que ao reconhecer a "Palestina" não estão ajudando a causa da paz. Estão promovendo a ruína de Israel. Se estivessem minimamente interessados em liberdade e paz, os europeus estariam fazendo o oposto. Estariam trabalhando para fortalecer e expandir Israel, a única zona estável de liberdade e paz na região. Eles abandonariam a falsa solução de dois Estados, que... é meramente um discurso duplo para buscar a destruição de Israel e sua substituição por um Estado terrorista.
>
> Com a cegueira estratégica e a depravação moral servindo agora como guias gêmeos para a política europeia em relação a Israel, Israel e seus apoiadores devem dizer a verdade sobre o esforço para reconhecer a "Palestina". Não se trata de paz ou justiça. Trata-se de odiar Israel e ajudar aqueles que mais ativamente buscam sua obliteração[46].

O que era (e ainda é) política internacional oficial é assim abertamente denunciado como uma receita para a ruína de Israel, e como uma expressão de antissemitismo brutal. E é claro que, longe de ser uma visão minoritária extremista, essa postura apenas torna explícita a orientação estratégica da colonização gradual da Cisjordânia nas últimas décadas: a disposição de novos assentamentos (muitos deles no Leste, perto da fronteira com a Jordânia) deixa claro que um Estado palestino na Cisjordânia está fora de questão. Além disso, se aceitarmos que "o ataque ao Estado de Israel, concebido

---

46. http://www.nytimes.com/roomfordebate/2014/10/16/should-nations-recognize-a-palestinian-state/there-should-be-no-palestinian-state-23

como uma coletividade judaica" é per se antissemita, será que não deveríamos também renunciar a todas as críticas às novas medidas legais que introduzem uma espécie de apartheid, tratando claramente apenas os judeus como cidadãos com plenos direitos, uma vez que tal crítica, em certo sentido, visa efetivamente "o Estado de Israel, concebido como uma coletividade judaica"?

Quanto ao chamado "princípio de Macpherson" ("um incidente racista é aquele percebido como racista pela vítima"), deveríamos simplesmente perguntar: Se ele sustenta que os incidentes antissemitas são aqueles percebidos pelos judeus como antissemitas, será que o mesmo não vale para os palestinos e seus protestos? Não deveríamos também dizer que as medidas racistas contra os palestinos são aquelas percebidas por eles como tais? E quanto à negação da nacionalidade palestina como procedimento padrão dos sionistas? E mais, o argumento final óbvio contra o princípio "um incidente racista é aquele percebido como racista pela vítima": os antissemitas se percebem como vítimas da dominação judaica (os judeus controlam secretamente o mundo etc.) – nesse caso, evidentemente, a "percepção da vítima" é falsa!

19
SIM, O RACISMO ESTÁ VIVO E PASSA BEM!

Nossa mídia noticiou amplamente os resultados de uma sondagem recente da CNN: o antissemitismo está vivo e bem na Europa, um terço das pessoas acha que os judeus têm demasiada influência, as gerações mais jovens estão cada vez menos cientes do Holocausto etc. Embora devamos condenar e combater sem quaisquer restrições todas as formas de antissemitismo, devemos, no entanto, acrescentar algumas observações sobre os resultados dessa sondagem. Primeiro, seria interessante saber como a porcentagem daqueles com uma postura negativa em relação aos judeus se compara à porcentagem daqueles com uma postura negativa em relação aos muçulmanos e negros – apenas para ter certeza de que não consideramos algumas formas de racismo inaceitáveis e outras formas normais. Em segundo lugar, deve-se levantar aqui o paradoxo do antissemitismo sionista: alguns antissemitas europeus (e americanos) simplesmente não querem judeus demais em seu próprio país, apesar de apoiarem totalmente a expansão de Israel para a Cisjordânia – Como os contamos? Isso nos leva à questão-chave: Como medimos o antissemitismo? Onde termina a crítica legítima à política israelense na Cisjordânia e começa o antissemitismo?

Para esclarecer esse ponto, um breve excurso pela filosofia é necessário. Após citar uma passagem-chave de Hegel sobre como o Universal "determina a si mesmo, e, portanto, é ele mesmo o particular; a determinação é sua diferença; é apenas diferenciado de si mesmo. Suas espécies são, portanto, apenas (a) o próprio universal e (b) o particular", Todd MacGowan fornece sua interpretação:

> O conceito particular depende da determinação do universal através da forma de um particular oposto. O caso do nazismo ilustra perfeitamente o ponto de Hegel aqui. A tentativa de afirmar a particularidade alemã estabelece uma oposição entre dois particulares (o alemão e o judeu), mas um desses particulares deve assumir a forma do universal a fim de definir o outro. Entretanto, numa guinada irônica, não é o alemão que assume esse papel. As duas espécies particulares do universal são o judeu e o alemão, mas o particular oposto, o judeu, é aquele que vem a atuar como universal porque fornece a base através da qual alguém pode se identificar como alemão. O grupo oprimido em uma luta de particulares concorrentes sempre representará o universal, mesmo que seja degradado pelo opressor[47].

Em suma, se cada oposição de particulares é a autodeterminação do universal, isso significa que, na oposição de dois particulares, um sempre representa o Universal. MacGowan imediatamente aplica essa proposição lógica ao *status* dos judeus: "Rosenberg rotula a judaicidade como uma 'antirraça' sem nenhuma particularidade própria. A identidade nazista depende da universalidade do judeu, mas essa dependência apenas aumenta o ódio nazista"[48]. Efetivamente, no imaginário nazista, os judeus são não apenas mais uma raça que deveria ser colocada em seu devido lugar (subordinado) na hierarquia das raças; eles são "antirraça" no sentido de ca-

---

47. Todd MacGowan, *Emancipation After Hegel: Achieving a Contradictory Revolution* (New York: Columbia University Press, 2019), p. 194.

48. MacGowan, *Emancipation After Hegel*, p. 195.

recerem de uma forma interior étnica firme, e é por isso que eles tendem a corroer todas as (outras) raças (particulares) com as quais entram em contato.

O que o fato de os judeus funcionarem como uma antirraça implica não é apenas que eles – precisamente na medida em que são o corpo estranho que resiste a ser transformado em uma raça particular – representam a universalidade não racial da humanidade. Também implica que, em todo conflito entre duas raças particulares, uma das duas representa implicitamente o universal e a outra o particular. É aqui que se deve aplicar a ideia de Hegel de que todo gênero, em última análise, tem apenas duas espécies, ele mesmo e as (espécies) particulares. Em suma, um conflito racial nunca é apenas um conflito entre duas entidades particulares: é, obviamente, a raça oprimida que representa o universal.

Por algum tempo, em meados da década de 1930, os nazistas pensaram que eventualmente seria possível reduzir os judeus a um determinado grupo com seu próprio território e Estado, razão pela qual apoiaram sua imigração para a Palestina. Não só os antissemitas europeus de hoje seguem a mesma linha (os judeus são ruins aqui, em nosso meio, mas são bons lá, nos defendendo dos muçulmanos), como até mesmo o sionismo do Estado de Israel de hoje parece estar tentando realizar esse programa de criação de um Estado-nação judeu forte em sua própria terra, transformando assim os judeus de antirraça em uma verdadeira raça.

Isso nos traz de volta ao nosso problema. Um dos melhores indícios do gradual desaparecimento do senso de ironia em nosso espaço público foi a repetição de certa metáfora sobre as negociações entre o Estado de Israel e os palestinos no espaço de mais ou menos uma década. Cerca de uma década atrás, quando algum tipo de negociação ainda estava em andamento, o negociador palestino comparou as negociações com os israelenses – o fato de que, mesmo enquanto Israel negociava como dividir a Cisjordânia, estava gradualmente construindo mais e mais assentamentos aí – com dois caras a uma mesa negociando como dividir uma pizza entre eles: à medida que o debate avança, um dos caras fica o tempo todo comendo pedaços da pizza. Em um recente documentário sobre a Cisjordânia, um colono menciona a mesma anedota, mas sem triste ironia, apenas uma satisfação brutal: "Nossas negociações com os palestinos são como debater sobre como cortar uma pizza enquanto estamos o tempo todo comendo fatias dela", acompanhada de um sorriso malicioso.

Há algo verdadeiramente perturbador na maneira como o documentário televisivo do qual citamos a observação sobre comer pizza apresenta os assentamentos na Cisjordânia. Aprendemos que, para a maioria dos novos colonos, o que os levou a se mudar para lá não foi um sonho sionista, mas um simples desejo de viver em um *habitat* limpo e agradável perto de uma grande cidade (Jerusalém, neste caso). Eles descrevem sua vida lá como muito melhor do que viver em um subúrbio de Los Angeles: ambiente verde, ar puro, água e eletricidade baratas, cidade grande facilmente acessível por rodovias especiais, toda a infraestrutura local (escolas, shopping centers etc.), mas mais barata do que nos Estados Unidos, construída e mantida pelo Estado de Israel. E as cidades e aldeias palestinas que os cercam? Elas são basicamente invisíveis, presentes de duas formas principais: mão de obra barata para a construção dos assentamentos, atos de violência ocasionais tratados como incômodo. Em suma, a maioria dos colonos vive em cúpulas invisíveis, isolados do seu entorno, comportando-se como se o que se passa fora das suas cúpulas pertencesse a outro mundo que não lhes diz respeito.

O sonho subjacente a essa política é mais bem-representado pelo muro que separa uma cidade de colonos da cidade palestina numa colina próxima em algum lugar da Cisjordânia. O lado israelense do muro é pintado com a imagem do campo além do muro – mas sem a cidade palestina, retratando apenas natureza, grama, árvores – Será que isso não é limpeza étnica em sua forma mais pura, imaginando o lado de fora além do muro como deveria ser, vazio, virginal, esperando para ser colonizado?

Será então que devemos duvidar de que Israel deseje sinceramente a paz no Oriente Médio? Claro que sim – os colonizadores e ocupantes em geral sempre querem a paz, depois de terem conseguido o que querem, porque a paz significa que podem usufruir, em paz, aquilo que apanharam. Não há dúvida de que, depois de a Alemanha ocupar a maior parte da Europa em 1941, ela também desejou sinceramente a paz (e lutou impiedosamente contra toda resistência como terroristas...). (Quanto ao uso do termo "colonização", deve-se lembrar de que os próprios pioneiros sionistas o usaram para designar seu esforço há um século.)

E, para concluir, se alguém que acabou de ler estas linhas as considera antissemitas, então, penso que ele (ou ela) esteja não apenas totalmente errado, mas também represente uma ameaça ao que há de mais valioso na tradição judaica.

20
O QUE FAZER QUANDO NOSSA CÚPULA ESTÁ VAZANDO?

Colunas de refugiados de Honduras se aproximam da fronteira dos Estados Unidos pelo México; refugiados africanos rompem as barreiras e entram no pequeno território espanhol de Ceuta, no extremo norte da África... Embora os números sejam comparativamente pequenos, eles sinalizam um fato geopolítico básico: a rede de fronteiras da qual depende o frágil equilíbrio do nosso mundo está seriamente perturbada.

Em *In the World Interior of Capital* [*No mundo interior do capital*], Peter Sloterdijk demonstra como, na globalização de hoje, o sistema capitalista passou a determinar todas as condições de vida. O primeiro sinal desse desenvolvimento foi o Crystal Palace em Londres, o local da primeira exposição mundial em 1851. Sua estrutura tornou palpável a exclusividade da globalização como a construção e expansão de um mundo interior cujas fronteiras são invisíveis, mas virtualmente intransponíveis de fora, e que agora é habitado por um bilhão e meio de vencedores da globalização; três vezes esse número são deixados do lado de fora da porta. Consequentemente, "o mundo interior do capital não é uma ágora ou uma feira a céu aberto, mas uma estufa que atraiu para dentro tudo o que antes estava do lado de fora"[49]. Esse interior, construído

---

49. Peter Sloterdijk, *In the World Interior of Capital*, trad. Wieland Hoban (Cambridge: Polity, 2013), p. 12.

sobre os excessos do capitalismo, determina tudo: "O fato primordial da Idade Moderna não era que a Terra gira em torno do Sol, mas que o dinheiro gira em torno da Terra"[50]. Depois do processo que transformou o mundo em um globo, "a vida social só podia acontecer em um interior expandido, espaço interno doméstico e artificialmente climatizado"[51].

O que Sloterdijk apontou corretamente é que a globalização capitalista não significa apenas abertura, conquista, mas também um globo encerrado em si mesmo separando o Interior do Exterior. Os dois aspectos são inseparáveis: o alcance global do capitalismo está fundamentado na forma como ele introduz uma divisão de classes radical em todo o globo, separando os protegidos pela esfera daqueles fora da sua cobertura. O fluxo de refugiados é uma lembrança momentânea do mundo violento fora da nossa cúpula, um mundo que, para nós, os de dentro, aparece principalmente em reportagens de TV sobre países violentos distantes, não como parte da nossa realidade, mas invadindo-a. Nosso dever ético-político não é apenas tomar consciência da realidade fora da nossa cúpula, mas assumir plenamente nossa corresponsabilidade pelos horrores que ali ocorrem. A hipocrisia das reações ao brutal assassinato de Jamal Khashoggi fornece um bom exemplo de como essa cúpula funciona. Num sentido mais amplo, ele era um de nós, bem-localizado dentro da cúpula, de modo que estamos chocados e indignados. Mas nosso cuidado é ridiculamente deslocado: o verdadeiro escândalo é que o assassinato em Istambul criou um escândalo muito maior do que no Iêmen, onde a Arábia Saudita está destruindo um país inteiro. Ao (provavelmente) ordenar o assassinato, Mohammad Bin Salman esqueceu a lição de Stalin: se você matar uma

---

50. Sloterdijk, *In the World Interior of Capital*, p. 46.
51. Sloterdijk, *In the World Interior of Capital*, p. 171.

pessoa, você é um criminoso; se você matar milhares, você é um herói. Então Mohammad Bin Salman deveria ter continuado matando milhares no Iêmen...

Então, voltemos à nossa pergunta leninista: O que fazer? A primeira e (infelizmente) predominante reação é de autofechamento protetivo: o mundo lá fora está uma bagunça, vamos nos proteger com todos os tipos de muros. Está surgindo uma Nova Ordem Mundial na qual a única alternativa ao "choque de civilizações" continua sendo a coexistência pacífica de civilizações (ou "modos de vida", um termo mais popular hoje): casamentos forçados e homofobia (ou a ideia de que uma mulher ir sozinha a um lugar público convida ao estupro) são OK, desde que estejam confinados a outro país que, fora isso, esteja totalmente incluído no mercado mundial.

A Nova Ordem Mundial que está surgindo já não é, portanto, a de Fukuyama, da democracia liberal global, mas uma nova ordem mundial da coexistência pacífica de diferentes modos de vida político-teológicos – coexistência, é claro, no contexto do bom funcionamento do capitalismo global. A obscenidade desse processo é que ele pode se apresentar como um progresso na luta anticolonial: o Ocidente liberal já não poderá impor padrões aos outros, todos os modos de vida serão tratados como iguais... Não é de admirar que Robert Mugabe tenha exibido simpatia pelo *slogan* de Trump "América primeiro!" – "América primeiro!" para você, "Zimbábue primeiro!" para mim, "Índia primeiro!" ou "Coreia do Norte primeiro!" para eles. Já era assim que o Império Britânico, o primeiro império capitalista global, funcionava: cada comunidade religiosa étnica tinha permissão para seguir o seu próprio modo de vida, os hindus na Índia queimavam viúvas em segurança etc., e esses "costumes" locais eram criticados como bárbaros ou elogiados por sua sabedoria pré-moderna, mas eram tolerados, uma vez que o que importava é que eram economicamente parte do Império.

A triste verdade que sustenta essa nova "tolerância" é que o capitalismo global de hoje já não pode permitir uma visão positiva da humanidade emancipada, mesmo como um sonho ideológico. O universalismo democrático liberal de Fukuyama falhou por causa de suas próprias limitações e inconsistências inerentes, e o populismo é o sintoma desse fracasso, sua doença de Huntington. Mas a solução não é o nacionalismo populista, de direita ou de esquerda. A única solução é um novo universalismo – é demandado pelos problemas enfrentados pela humanidade hoje, das ameaças ecológicas às crises de refugiados.

A segunda reação é o capitalismo global com rosto humano, personificado em figuras corporativas socialmente responsáveis como Bill Gates e George Soros. Mas mesmo em sua forma extrema – abrir nossas fronteiras para refugiados, tratá-los como um de nós – o problema com essa solução é que ela fornece apenas o que na medicina é chamado de tratamento sintomático. A terapia deixa intacta a situação global básica; ela afeta apenas seus sintomas, não sua causa. Tal tratamento visa a reduzir os sinais e sintomas para o conforto e bem-estar do paciente – mas, no nosso caso, isso obviamente não é suficiente, uma vez que a solução obviamente não é que todos os miseráveis do mundo se mudem para a segurança da cúpula. Precisamos passar do foco humanitário nos miseráveis da Terra para a própria Terra miserável.

A terceira reação é, portanto, reunir coragem e encarar uma mudança radical que se impõe quando assumimos plenamente as consequências do fato de vivermos em um único mundo. O "Antropoceno" descreve uma nova era na vida do nosso planeta: já não podemos contar com a Terra como receptáculo das consequências de nossa atividade produtiva; já não podemos nos dar ao luxo de ignorar os efeitos secundários (danos colaterais) de nossa produtividade; eles já não podem ser reduzidos ao fundo da figura da humanidade. No exato momento em que nos tornamos poderosos o bastante para afetarmos as condições mais básicas da nossa vida, temos de aceitar que somos apenas mais uma espécie animal em um pequeno planeta. É necessária uma mudança político-econômica radical, o que Sloterdijk chama de "a domesticação da cultura animal selvagem".

Será que essa mudança é uma utopia? Não, a verdadeira utopia é que possamos sobreviver sem essa revolução.

21
A CHINA É COMUNISTA OU CAPITALISTA?

O ideólogo e perpetrador dos ataques terroristas de Christchurch, NZ, em março de 2019, escreveu uma pequena coletânea de textos, "A grande substituição", na qual responde à pergunta "Você era/é fascista?"; após declarar-se "um ecofascista por natureza", ele escreve: "A nação com os valores políticos e sociais mais próximos dos meus é a República Popular da China"[52]. É importante que ele diga isso quando é desafiado a definir sua postura e princípios básicos, de modo que não podemos reduzi-los a sua (provável) admiração de como o governo chinês está lidando com sua minoria muçulmana uigure. Será que se trata apenas de uma referência maluca, injustamente explorada na crítica à China de hoje? O que *é* a China de hoje?

Os teóricos sociais chineses oficiais pintam um quadro do mundo de hoje que, para simplificar, permanece basicamente o mesmo da Guerra Fria: a luta mundial entre capitalismo e socialismo continua inabalável, o fiasco de 1990 foi apenas um revés temporário, de modo que hoje os grandes adversários já não são os Estados Unidos e a URSS, mas os Estados Unidos e a China, que continua sendo um país socialista. A explosão do capitalismo na China é lida como um caso gigantesco do que nos primórdios da União Soviética chamavam de Nova

---

52. Citado de https://www.documentcloud.org/documents/5770516-The-Great-Replacement-New-Zealand-Shooter.html

Política Econômica, de modo que o que temos na China é um novo "socialismo com características chinesas" – mas é, ainda assim, socialismo: o Partido Comunista permanece no poder, e controla e dirige rigidamente as forças do mercado. Domenico Losurdo, o marxista italiano falecido em 2018, elaborou esse ponto em detalhes, argumentando contra um marxismo "puro" que queira estabelecer uma nova sociedade comunista logo após a revolução, e a favor de uma visão mais "realista" que defenda uma abordagem gradual com reviravoltas e fracassos. Roland Boer evoca a imagem memorável de Losurdo bebendo uma xícara de chá em uma movimentada rua de Xangai em setembro de 2016: "Em meio à agitação, o tráfego, a publicidade, as lojas e o claro impulso econômico do lugar, Domenico disse: 'Estou feliz com isso. Isso é o que o socialismo pode fazer!' Ao meu olhar perplexo, ele respondeu com um sorriso: 'Sou fortemente a favor da reforma e da abertura'"[53].

Boer então prossegue retomando o argumento para essa "abertura": "A maioria dos esforços têm sido direcionados às relações de produção, com foco na igualdade socialista e no esforço coletivo. Está tudo muito bem, mas se todos forem iguais simplesmente porque são pobres, poucos veriam o benefício. Assim, Deng e os que trabalhavam com ele começaram a enfatizar outra dimensão do marxismo: a necessidade de liberar as forças produtivas"[54]. Para o marxismo, no entanto, "liberar as forças produtivas" não é "outra dimensão", mas o próprio objetivo de transformar as relações de produção – eis a formulação clássica de Marx:

> Em um determinado estágio de desenvolvimento, as forças produtivas materiais da sociedade

---

53. https://stalinsmoustache.org/2018/07/01/the-passing-of-domeni co-losurdo/
54. https://stalinsmoustache.org/2018/07/01/the-passing-of-domeni co-losurdo/

entram em conflito com as relações de produção existentes ou – isto apenas expressa a mesma coisa em termos legais – com as relações de propriedade dentro do quadro em que elas operaram até então. De formas de desenvolvimento das forças produtivas, essas relações se transformam em seus grilhões. Então começa uma era de revolução social[55].

A ironia é que, enquanto, para Marx, o comunismo surge quando as relações de produção capitalistas se tornam um obstáculo a um maior desenvolvimento dos meios de produção, de modo que esse desenvolvimento só pode ser assegurado por um progresso (súbito ou gradual) de uma economia capitalista de mercado para uma economia socializada, as "reformas" de Deng Xiaoping revertem Marx – em certo ponto, é preciso retornar ao capitalismo para possibilitar o desenvolvimento econômico do socialismo. Há outra ironia aqui que é difícil superar. A esquerda do século XX foi definida pela sua oposição a duas tendências fundamentais da modernidade: o reinado do capital com seu individualismo agressivo e dinâmica alienante, e o poder estatal burocrático autoritário. O que obtemos na China de hoje é exatamente uma combinação dessas duas características em sua forma extrema: um forte Estado autoritário, e uma dinâmica capitalista selvagem – e essa deveria ser a forma mais eficiente de socialismo hoje. Os marxistas ortodoxos gostavam de usar o termo "síntese dialética dos opostos": um verdadeiro progresso ocorre quando reunimos o melhor de ambas as tendências opostas. É como se a China tivesse alcançado sucesso reunindo o que considerávamos o pior em ambas as tendências opostas (o capitalismo liberal e o autoritarismo comunista).

---

55. Citado de https://www.marxists.org/archive/marx/works/1859/critique-pol-economy/preface.htm

Desse ponto de vista, o sucesso econômico da China nas últimas décadas não é interpretado como prova do potencial produtivo do capitalismo, mas como prova da superioridade do socialismo sobre o capitalismo. Para sustentar essa visão, que também considera o Vietnã, a Venezuela, Cuba e até a Rússia como países socialistas, é preciso dar a esse novo socialismo um forte toque socialmente conservador – e essa não é a única razão pela qual essa reabilitação do socialismo é flagrantemente não marxista, ignorando totalmente o ponto marxista básico de que o capitalismo é definido pelas relações capitalistas de produção, não pelo tipo de poder estatal[56]. (Aliás, todos aqueles que têm alguma ilusão sobre Putin devem notar o fato de que ele elevou ao *status* de seu filósofo oficial Ivan Ilyin, um teólogo político russo que, depois de ser expulso da União Soviética no início da década de 1920 no famoso "barco a vapor dos filósofos", defendeu contra o bolchevismo e o liberalismo ocidental a sua própria versão do fascismo russo: o Estado como uma comunidade orgânica liderada por um monarca paternal.)

É preciso, no entanto, admitir uma verdade parcial nessa posição chinesa: mesmo nas versões mais selvagens do capitalismo, importa quem controla os aparatos do Estado. Tanto o marxismo clássico quanto a ideologia do neoliberalismo tendem a reduzir o Estado a um mecanismo secundário que obedece às necessidades de reprodução do capital; ambos, portanto, subestimam o papel ativo desempenhado pelos aparelhos estatais nos processos econômicos. Até que ponto podemos então imaginar um Estado não capitalista com capitalistas desempenhando um papel importante na economia? Embora o modelo chinês, com certeza, não possa servir de

---

56. Sobre esta visão, cf., dentre outros, *International Critical Thought*, vol. 7, n. 1 (March 2017), especialmente os artigos de Domenico Losurdo, William Jefferies, Peggy Raphaelle e Cantave Fuyet.

modelo para a luta emancipatória – combina imensas desigualdades sociais com um Estado autoritário forte – não se deve, no entanto, excluir *a priori* a possibilidade de um Estado não capitalista forte que recorra a elementos do capitalismo em alguns dos domínios da vida social: é possível tolerar elementos e domínios limitados do capitalismo sem permitir que a lógica do capital se torne o princípio sobredeterminante da totalidade social.

Anos atrás, um teórico social chinês com ligações com a filha de Deng Xiaoping me contou uma anedota interessante. Quando Deng estava morrendo, um acólito perguntou-lhe qual tinha sido seu maior ato, esperando a resposta usual: que ele mencionasse suas reformas econômicas, que trouxeram tanto desenvolvimento para a China. Para surpresa do indagador, Deng respondeu: "Não, foi que, quando a liderança decidiu abrir a economia, resisti à tentação de ir até o fim e abrir também a vida política à democracia multipartidária". (De acordo com algumas fontes, essa tendência a ir até o fim era bastante forte em alguns círculos do Partido e a decisão de manter o controle do Partido não foi de forma alguma predeterminada.) Devemos resistir aqui à tentação liberal de sonhar sobre como, se a China também tivesse se aberto à democracia política, seu progresso econômico teria sido ainda mais rápido: e se a democracia política tivesse gerado novas instabilidades e tensões que dificultassem o progresso econômico? E se esse progresso (capitalista) fosse viável apenas em uma sociedade dominada por um forte poder autoritário? Lembre-se da clássica tese marxista sobre os primórdios da Inglaterra moderna: era do interesse da própria burguesia deixar o poder político nas mãos da aristocracia e manter para si o poder econômico. Talvez algo homólogo esteja acontecendo na China de hoje: era do interesse dos novos capitalistas deixar o poder político para o Partido Comunista.

Os teóricos políticos chineses, é claro, afirmam que o seu sistema também é democrático, mas de uma maneira diferente das democracias parlamentares ocidentais: eles caracterizam o seu próprio sistema como "democracia deliberativa". Deve-se tomar essa autodesignação e apenas ver o que ela realmente implica. Quando imensas decisões são tomadas, o Partido não as decreta simplesmente: as pessoas são convidadas a deliberar, expressar suas opiniões..., mas o Partido então decide.

Peter Sloterdijk observou que se há uma pessoa para quem vão construir monumentos daqui a cem anos, é Lee Quan Yew, o líder de Cingapura que inventou e realizou o chamado "capitalismo com valores asiáticos" (o qual, evidentemente, nada tem a ver com a Ásia e tudo a ver com o capitalismo autoritário). O vírus desse capitalismo autoritário está lento, mas seguramente se espalhando pelo mundo. Antes de iniciar suas reformas, Deng Xiaoping visitou Cingapura e a elogiou expressamente como um modelo que toda a China deveria seguir. Essa mudança tem uma significância histórica mundial: até agora, o capitalismo parece inextricavelmente vinculado à democracia – houve, é claro, de tempos em tempos, recursos à ditadura direta, mas, depois de uma ou duas décadas, a democracia voltou a se impor (lembre-se dos casos da Coreia do Sul e do Chile). Agora, no entanto, a ligação entre democracia e capitalismo está rompida. Portanto, é bem possível que o nosso futuro seja modelado pelo socialismo capitalista chinês – definitivamente não o socialismo com o qual estávamos sonhando.

Mas rachaduras já estão aparecendo nesse modelo. O Camboja de hoje é o emblema dos antagonismos da parte "em desenvolvimento" do nosso mundo. Há pouco tempo, eles condenaram os últimos líderes sobreviventes do Khmer Vermelho por seus crimes – mas onde está o Camboja agora, após (pelo menos oficialmente) ter acertado contas com os horrores do Khmer Vermelho? Cheio de fábricas clandestinas, com prostituição infantil por toda parte e estrangeiros donos da maioria dos restaurantes e hotéis – uma forma de miséria substituída por outra, que talvez seja apenas um pouco melhor. Mas a China não está presa em uma situação semelhante, embora menos extrema? Lembre-se do que se pode chamar de o estranho caso do desaparecimento dos estudantes marxistas.

Ao lidar com vozes críticas, as autoridades chinesas parecem cada vez mais recorrer a um procedimento particular: alguém (um ativista ecológico, um estudante marxista, o chefe da Interpol, um pregador religioso, um editor de Hong Kong, até mesmo uma atriz de cinema popular) simplesmente desaparece por algumas semanas (antes de reaparecer em público com acusações específicas levantadas contra eles), e esse prolongado período de silêncio transmite a mensagem-chave: o poder é exercido de maneira impenetrável, onde nada tem de ser provado, o raciocínio jurídico vem depois, quando essa mensagem básica foi assimilada. Mas o caso do desaparecimento dos estudantes marxistas não deixa de ser específico: embora todos os desaparecimentos digam respeito a indivíduos cujas atividades podem ser de alguma forma caracterizadas como uma ameaça ao Estado, os estudantes desaparecidos legitimam sua atividade crítica por referência à própria ideologia oficial.

Nos últimos anos, a liderança chinesa decidiu reafirmar a ortodoxia ideológica: há menos tolerância com a religião; textos de Marx, Lenin e Mao são reimpressos extensivamente etc. No entanto, a mensagem que acompanha tudo isso é: não leve isso a sério! Os estudantes desaparecidos estavam fazendo exatamente isso: ação sobre a ideologia oficial, solidariedade com os trabalhadores superexplorados (mais ecologia, mais direitos das mulheres...). Dois dos exemplos mais conhecidos (pelo menos nos nossos relatos de imprensa) são os de Zhang Shengye e Yue Xin. Enquanto passeava pelo campus Beida na Universidade de Pequim, Zhang, um estudante de pós-graduação, foi subitamente cercado por um grupo de homens de jaqueta preta saídos de um carro preto, que, após espancá-lo fortemente, o empurraram para dentro de um carro e partiram. (Outros estudantes que filmaram o evento com seus celulares também foram espancados e obrigados a apagar as gravações.) A partir daquele momento, ninguém ouviu mais nada sobre Zhang. Yue Xin, uma estudante de 22 anos da mesma universidade, que liderou a campanha para esclarecer o suicídio de uma estudante estuprada por um alto funcionário do Partido, também desapareceu, e quando sua mãe tentou descobrir o que aconteceu com ela, ela também desapareceu. Yue era membro de um círculo marxista que combinava a luta pelos direitos dos trabalhadores com preocupações ecológicas e uma versão chinesa do MeToo. Ela se juntou a dezenas de outros estudantes de diferentes universidades que foram a Shenzhen para apoiar os trabalhadores de uma fábrica local de robôs em sua demanda por um sindicato independente; em uma repressão policial brutal, 50 estudantes e trabalhadores desapareceram.

O que desencadeou essa reação de pânico na liderança do Partido foi, claro, o espectro de uma rede de auto-organização emergindo através de vínculos horizontais diretos entre grupos de estudantes e trabalhadores, e baseada no marxismo, com simpatia em alguns quadros antigos do Partido e até mesmo partes do exército. Tal rede mina diretamente a legitimidade do governo do partido e o denuncia como uma impostura. Não admira, então, que, nos últimos anos, muitos sites "maoístas" tenham sido fechados e muitos grupos de debate marxistas nas universidades tenham sido proibidos – a coisa mais perigosa a se fazer hoje na China é acreditar e levar a sério a própria ideologia oficial.

Mesmo quando, hoje, a China parece repetir algumas velhas medidas maoístas, deve-se ler atentamente a justificativa:

> A China está planejando enviar milhões de jovens "voluntários" de volta às aldeias, suscitando temores de um retorno aos métodos da brutal Revolução Cultural do Presidente Mao de 50 anos atrás. A Liga da Juventude Comunista prometeu enviar mais de 10 milhões de estudantes para "zonas rurais" até 2022 a fim de "aumentar suas habilidades, espalhar civilização e promover ciência e tecnologia", de acordo com um documento do Partido Comunista[57].

Não se pode deixar de notar que a justificativa aqui é diametralmente oposta à antiga justificativa maoísta: os estudantes não são enviados para zonas rurais para aprender com a sabedoria do povo, mas para ensiná-lo, para espalhar a "civilização" moderna entre eles.

No entanto, a armadilha a evitar aqui é lançar toda a nossa simpatia aos estudantes marxistas, esperando que eles de alguma forma ganhem, ou pelo menos obriguem o Partido a mudar sua linha para levar as preocupações dos trabalhadores mais a sério. Nós (e eles) devemos suscitar uma questão mais básica e perturbadora: Como é que os Estados onde o marxismo foi elevado à ideologia oficial são precisamente aqueles Estados onde qualquer movimento operário independente é mais brutalmente esmagado e à exploração dos trabalhadores é dada rédea solta? Não basta apenas la-

---

57. Citado a partir de https://www.theguardian.com/world/2019/apr/12/millions-of-chinese-youth-volunteers-to-be-sent-to-villages--in-echo-of-mao-policy

mentar que o partido chinês não seja efetivamente fiel à sua ideologia marxista. E se houver algo errado com essa ideologia mesma, pelo menos em sua forma tradicional?

22
A VENEZUELA E A NECESSIDADE DE NOVOS CLICHÊS

No início da década de 1970, em uma nota à CIA aconselhando-a acerca de como minar o governo chileno democraticamente eleito de Salvador Allende, Henry Kissinger escreveu sucintamente: "Faça a economia gritar". Altos representantes dos Estados Unidos admitem abertamente que hoje a mesma estratégia está sendo aplicada na Venezuela. O ex-secretário de Estado americano, Lawrence Eagleburger, disse na Fox News:

> A capacidade [de Chávez] de atrair o povo venezuelano só funciona enquanto a população da Venezuela vir alguma capacidade para um melhor padrão de vida. Se em algum momento a economia realmente piorar, a popularidade de Chávez dentro do país certamente diminuirá, e, para começar, é a única arma que temos contra ele, e que deveríamos estar usando, quais sejam as ferramentas econômicas para tentar piorar ainda mais a economia de modo a que a sua atratividade no país e na região diminua... Qualquer coisa que possamos fazer para tornar sua economia mais difícil para eles neste momento é uma coisa boa, mas façamos isso de maneira que não nos coloque em conflito direto com a Venezuela se pudermos nos safar.

O mínimo que se pode dizer é que tais declarações dão credibilidade à teoria de que as dificuldades econômicas enfrentadas pelo governo de Chávez (grandes desabastecimentos de produtos e energia elétrica em todo o país etc.) não são apenas resultado da inépcia da sua própria política econômica. Aqui chegamos ao ponto político fundamental, difícil de engolir para alguns liberais: claramente não estamos lidando com processos e reações cegas do mercado (digamos, lojistas tentando lucrar mais mantendo alguns produtos fora das prateleiras), mas com uma estratégia elaborada e totalmente planejada.

No entanto, ainda que seja verdade que a catástrofe econômica na Venezuela seja, em grande medida, resultado da ação conjunta do grande capital venezuelano e das intervenções dos Estados Unidos, e que o núcleo da oposição ao regime de Maduro consista em corporações de extrema-direita e não nas forças democráticas populares, essa percepção apenas suscita outras questões ainda mais problemáticas. Diante dessas críticas, por que não houve nenhuma esquerda venezuelana para oferecer uma autêntica alternativa radical a Chávez e Maduro? Por que a iniciativa na oposição a Chávez foi tomada pela extrema direita, que hegemonizou triunfantemente a luta oposicionista, impondo-se como a voz (até mesmo) das pessoas comuns que sofrem as consequências da má gestão chavista da economia?

Então, quando a esquerda culpa o boicote dos Estados Unidos e seu apoio à oposição interna pelos problemas econômicos da Venezuela, deve-se apontar que essa não é toda a história: a causa última desses problemas não é a conspiração imperialista externa, mas os antagonismos internos e a insuficiência do próprio projeto chavista. Se culparmos apenas o inimigo externo, cometemos o mesmo erro dos fascistas que ignoram os antagonismos inerentes à sua sociedade e colocam a culpa pela crise em inimigos externos que não fazem parte do corpo social orgânico – judeus, comunistas... Não admira que até o próprio Chávez tenha cometido alguns deslizes antissemitas (pelos quais teve de se desculpar mais tarde sob a instigação de Fidel Castro).

Chávez não era simplesmente um populista esbanjando dinheiro do petróleo. O que é amplamente ignorado na mídia internacional são os complexos e muitas vezes inconsistentes esforços empreendidos para superar a economia capitalista, por meio da experimentação de novas formas de organização da produção, formas que buscam ir além das alternativas entre propriedade privada e estatal: cooperativas de agricultores e trabalhadores, participação dos trabalhadores, controle e organização da produção, diferentes formas híbridas entre propriedade privada e controle e organização social etc. (Digamos, fábricas não usadas pelos seus proprietários são dadas para os trabalhadores as gerirem.) Há muitos revezes nesse caminho – por exemplo, após algumas tentativas, a concessão da propriedade das fábricas nacionalizadas aos trabalhadores e a distribuição de ações entre eles foram abandonadas. Embora se trate aqui de tentativas genuínas, nas quais as iniciativas de base interagem com as propostas do Estado, também devemos notar muitos fracassos econômicos, ineficiências, corrupção generalizada etc. A história habitual é que após um ano (ou meio) de trabalho entusiasmado, as coisas vão ladeira abaixo.

Nos primeiros anos do chavismo, assistimos claramente a uma ampla mobilização popular. No entanto, a grande questão permanece: Como essa confiança na auto-organização popular afeta ou deveria afetar o funcionamento de um governo? Será que podemos sequer imaginar hoje uma autêntica potência comunista? O que obtemos é desastre (Venezuela), capitulação (Grécia) ou um completo retorno ao capitalismo (China, Vietnã). Como Julia Buxton o coloca, a Revolução

Bolivariana "transformou as relações sociais na Venezuela e teve um enorme impacto no continente como um todo. Mas a tragédia é que ela nunca foi devidamente institucionalizada e, portanto, provou ser insustentável"[58]. É muito fácil dizer que a autêntica política emancipatória deve permanecer distante do Estado: o grande problema que espreita por detrás é o que fazer com o Estado. Será que podemos sequer imaginar uma sociedade fora do Estado? Deve-se lidar com esses problemas aqui e agora; não há tempo para esperar alguma situação futura e, enquanto isso, manter uma distância segura do Estado.

Para realmente mudar as coisas, deve-se aceitar que nada pode realmente ser mudado (dentro do sistema existente). Jean-Luc Godard propôs o lema *"Ne change rien pour que tout soit différent"* ("não mude nada para que tudo seja diferente"), uma inversão de "algumas coisas devem mudar de modo que tudo permaneça o mesmo". Em nossa dinâmica consumista do capitalismo tardio, somos o tempo todo bombardeados por novos produtos, mas essa mudança constante mesma é cada vez mais monótona. Quando apenas a autorrevolução constante pode manter o sistema, aqueles que se recusam a mudar qualquer coisa são efetivamente os agentes da verdadeira mudança: a mudança do próprio princípio da mudança.

Ou, em outras palavras, a verdadeira mudança não é apenas a superação da velha ordem, mas, acima de tudo, o estabelecimento de uma nova ordem. Louis Althusser uma vez apresentou uma tipologia de líderes revolucionários digna da classificação de Kierkegaard dos humanos em funcionários, empregados domésticos e limpadores de chaminés: aqueles que citam provérbios, aqueles que não citam provérbios e aqueles que inventam (novos) provérbios. Os primeiros são canalhas (Althusser pensou em Stalin); os segundos são

---

58. Julia Buxton, "Chavismo's Descent", New Left Review, 99 (2016).

grandes revolucionários fadados ao fracasso (Robespierre); apenas os terceiros entendem a verdadeira natureza de uma revolução e são bem-sucedidos (Lenin, Mao). Esta tríade registra três maneiras diferentes de se relacionar com o grande Outro (a substância simbólica, o domínio dos costumes não escritos e das sabedorias mais bem-expressados na estupidez dos provérbios). Os canalhas simplesmente reinscrevem a revolução na tradição ideológica da sua nação (para Stalin, a União Soviética era o último estágio do desenvolvimento progressivo da Rússia). Revolucionários radicais como Robespierre falham porque apenas decretam uma ruptura com o passado sem obter sucesso em seus esforços para impor um novo conjunto de costumes (lembre-se do completo fracasso da ideia de Robespierre de substituir a religião pelo novo culto de um Ser Supremo). Líderes como Lenin e Mao tiveram sucesso (pelo menos por algum tempo) porque inventaram novos provérbios, o que significa que impuseram novos costumes que regulavam a vida cotidiana. Um dos melhores "Goldwynismos" conta como, após ser informado de que os críticos reclamaram de que há muitos clichês antigos em seus filmes, Sam Goldwyn escreveu um memorando para o seu departamento de roteiro: "Precisamos de mais novos clichês!" Ele estava certo, e essa é a tarefa mais difícil de uma revolução – criar "novos clichês" para a vida cotidiana comum.

Deve-se até mesmo dar um passo adiante aqui. A tarefa da esquerda não é apenas propor uma nova ordem, mas também mudar o próprio horizonte do que parece possível. O paradoxo da nossa situação é, portanto, que, embora as resistências ao capitalismo global pareçam falhar repetidas vezes em minar seu avanço, elas permanecem estranhamente desligadas de muitas tendências que sinalizam claramente a desintegração progressiva do capitalismo – é como se as duas tendências (resistência e autodesintegração) se movessem em níveis diferentes e não pudessem se encontrar, de modo que temos protestos fúteis em paralelo com uma decadência inerente e nenhuma maneira de juntar as duas em um ato coordenado de superação emancipatória do capitalismo. Como se chegou a isso? Enquanto a esquerda (em sua maioria) tenta desesperadamente proteger os velhos direitos dos trabalhadores contra o ataque do capitalismo global, são quase exclusivamente os próprios capitalistas mais "progressistas" (de Elon Musk a Mark Zuckerberg) que falam sobre pós-capitalismo – como se o próprio tópico da passagem do capitalismo como o conhecemos para uma nova ordem pós-capitalista tivesse sido apropriado pelo capitalismo.

No filme *Ninotchka*, de Ernst Lubitch, o herói visita uma cafeteria e pede café sem creme. O garçom responde: "Desculpe, mas acabou o creme. Posso trazer café sem leite?" Em ambos os casos, o cliente recebe café puro, mas esse café é a cada vez acompanhado por uma negação diferente, primeiro café sem creme, depois café sem leite. A diferença entre "café simples" e "café sem leite" é puramente virtual, não há diferença na xícara de café real – a falta mesma funciona como uma característica positiva. Esse paradoxo também é bem-representado por uma velha piada iugoslava sobre os montenegrinos (as pessoas de Montenegro eram estigmatizadas como preguiçosas na ex-Iugoslávia): Por que um montenegrino, ao dormir, coloca dois copos, um cheio e outro vazio, no lado de sua cama? Porque ele é preguiçoso demais para pensar com antecedência se terá sede durante a noite. O sentido dessa piada é que a própria ausência tem que ser registrada positivamente: não basta ter um copo cheio de água, uma vez que, se o montenegrino não estiver com sede, ele simplesmente irá ignorá-la – esse fato negativo mesmo tem que ser registrado, a não necessidade de água tem que ser materializada no vazio do copo vazio. Um equivalente político pode ser encontrado em uma conhecida piada da Polônia da era socialista. Um cliente entra em uma loja e pergunta: "Você provavelmente não tem manteiga, ou tem?" A resposta: "Desculpe, mas somos a loja que não tem papel higiênico; a do outro lado da rua é a que não tem manteiga!" Ou considere o Brasil contemporâneo, onde, durante um carnaval, pessoas de todas as classes dançam juntas na rua, esquecendo-se momentaneamente de suas diferenças de raça e classe – mas obviamente não é a mesma coisa se um trabalhador desempregado entra na dança, esquecendo-se de suas preocupações com o cuidado da família, ou se um banqueiro rico se deixa levar e se sente bem em ser um com o povo, esquecendo-se de que acabou de recusar um empréstimo ao trabalhador pobre. Ambos são iguais na rua, mas o trabalhador dança sem leite, enquanto o banqueiro dança sem creme. De maneira semelhante, os europeus do Leste em 1990 queriam não apenas democracia sem comunismo, mas também democracia sem capitalismo.

E é isso que a esquerda deveria aprender a fazer: a oferecer o mesmo café, com a esperança de que um café sem leite de repente se transforme em um café sem creme. Só então a luta pelo creme pode começar.

23
BEM-VINDO À VERDADEIRA NOVA ORDEM MUNDIAL!

A primeira coisa que chama a atenção no conflito de 2018 entre o Canadá e a Arábia Saudita é a grotesca desproporção entre causa e efeito: um pequeno protesto diplomático desencadeou um conjunto de medidas que quase equivalem a um conflito militar. A Arábia Saudita finalmente permitiu que as mulheres dirigissem, mas ao mesmo tempo prendeu mulheres que faziam campanha pelo direito de dirigir. Entre as ativistas pacíficas presas estava Samar Badawi, que tem família no Canadá. O governo canadense exigiu sua libertação, mas o governo saudita proclamou esse protesto uma interferência repreensível em seus assuntos internos e imediatamente expulsou o embaixador canadense, cancelou voos para o Canadá, congelou novos negócios e investimentos, começou a vender ativos canadenses, anunciou a retirada de estudantes e os pacientes que estavam em tratamento no Canadá foram mandados de volta para casa. Tudo isso sob a orientação do príncipe herdeiro que se apresenta como um grande reformador, sinal claro de que a Arábia Saudita continua sendo o que é: não um verdadeiro Estado, mas uma grande corporação mafiosa comandada por uma família, um país que interfere de forma bastante repreensível nos assuntos internos do Iêmen, arruinando literalmente esse país, e que, aliás, não recebe refugiados das zonas de guerra próximas, embora esteja enredado no conflito até os joelhos.

A mensagem de simultaneamente permitir que as mulheres dirijam e prender aquelas que o demandaram é clara e inequívoca, não há contradição aqui: se pequenas mudanças acontecerem, elas devem vir como um ato de cima; nenhum protesto vindo de baixo é tolerado. Da mesma forma, há uma "reação exagerada absurda" nas contramedidas sauditas à nota de protesto do Canadá – a mensagem é clara: o Canadá errou, agiu como se ainda vivêssemos em uma era de direitos humanos universais. O fato de que o Egito e a Rússia apoiaram a Arábia Saudita em suas medidas, e que mesmo os Estados Unidos e a Grã-Bretanha, de outra forma grandes protetores dos direitos humanos, decidiram ficar de fora da confusão, deixa claro que uma Nova Ordem Mundial está surgindo. A coroa dessa nova tendência é um respeito islamofóbico recém-descoberto pelo Islã: os mesmos políticos que alertam sobre o perigo da islamização do Ocidente cristão, felicitaram respeitosamente Erdogan por sua última vitória eleitoral – o reinado autoritário do Islã é bom para a Turquia, mas não para nós. Israel, com suas novas leis escandalosas de apartheid que privilegiam os cidadãos judeus, seguiu o mesmo caminho. Essa é a verdade do multiculturalismo de hoje: toda imposição de padrões universais é denunciada como colonialista.

Seguindo a fórmula do antissemitismo sionista, não haverá contradição em impor aos nossos países as mais rígidas regras feministas politicamente corretas e, ao mesmo tempo, rejeitar uma crítica ao lado sombrio do Islã como arrogância neocolonialista.

Então bem-vindo à Nova Ordem Mundial na qual a Arábia Saudita lidera a luta anticolonialista! Em algum louco sentido formal, a Arábia Saudita é o Estado menos corrupto do mundo: não há necessidade de (mais) corrupção, uma vez que a ordem existente já é corrupção absoluta – o rei é dono de tudo, ele já roubou o Estado inteiro.

Há algo de hipócrita naqueles liberais que criticam o *slogan* "América primeiro!" – como se não fosse isso o que mais ou menos todos os países estão fazendo, como se a América não desempenhasse um papel global precisamente porque atendia aos seus próprios interesses. Mas a mensagem subjacente a "América primeiro!" não deixa de ser triste: o século americano acabou; a América resignou-se a ser apenas um entre os países (poderosos). A suprema ironia é que os esquerdistas que por muito tempo criticaram a pretensão dos Estados Unidos de serem o policial global podem começar a ter saudades dos velhos tempos em que, com toda a hipocrisia incluída, os Estados Unidos impunham padrões democráticos ao mundo

24
UM VERDADEIRO MILAGRE NA BÓSNIA

Um milagre na Bósnia? A primeira associação que surge é a aparição da Virgem Maria, há algumas décadas, em Medjugorje – ela trouxe milhões de peregrinos para a área. No entanto, no outono de 2018, um milagre muito maior e mais importante ocorreu em Banja Luka, a capital da parte sérvia da Bósnia ("Republika Srpska" [República Sérvia]), e também em outras cidades bósnias além da divisa étnica.

Os milagres não foram as eleições de outubro – como sempre, as eleições bósnias (com todas as irregularidades que as acompanham) foram marcadas por apatia e indiferença, e apenas confirmaram a divisão tripartite do Estado em linhas étnicas. A parte sérvia atua, cada vez mais, como um Estado soberano; na Sarajevo muçulmana, a islamização avança, a ponto de ser cada vez mais difícil conseguir uma cerveja em um restaurante ou bar, por exemplo. Uma forma específica da muito divulgada PPP (parceria público-privada) está florescendo em toda a Bósnia: elites políticas locais entrelaçadas com negócios privados semilegais, seu governo legitimado como protetores de entidades étnicas (bósnios, sérvios...) contra o "inimigo". Em tal situação, em que a pobreza está em toda parte e os jovens estão migrando em massa para a Europa Ocidental em busca de empregos, o nacionalismo prospera e a defesa de nossa própria identidade étnica prevalece facilmente sobre as questões econômicas.

O problema que enfrentamos na Bósnia é mais bem--exemplificado pelo que aconteceu há alguns anos na Croácia. Duas reuniões públicas de protesto foram anunciadas: os sindicatos convocaram um protesto contra os níveis explosivos de desemprego e pobreza (muitíssimo sentidos pelas pessoas comuns); nacionalistas de direita anunciaram uma reunião para protestar contra a reintrodução do *status* oficial da escrita cirílica em Vukovar (por causa da minoria sérvia lá). Algumas centenas de pessoas compareceram à primeira reunião; havia mais de cem mil pessoas no segundo protesto. Para as pessoas comuns, era a pobreza, muito mais do que a ameaça cirílica, que se experimentava no quotidiano, mas os sindicatos não conseguiram mobilizar as pessoas.

Comentaristas sábios gostam de evocar essas histórias para zombar cinicamente das reivindicações esquerdistas de que nosso objetivo deveria ser derrotar os nacionalismos locais e criar uma coalizão transnacional daqueles que são manipulados e explorados pelas elites étnicas dominantes. Eles explicam pacientemente como, especialmente em uma área como os Bálcãs, os ódios étnicos "irracionais" são profundos demais para serem superados por preocupações econômicas "racionais" – a coalizão transnacional dos explorados é um milagre que nunca acontecerá. Bem, esse milagre – comparado ao qual as aparições de Medjugorje são insignificantes – aconteceu no ano passado.

David Dragičević, um jovem hacker sérvio-bósnio, desapareceu na noite de 17 para 18 de março de 2018; seu corpo foi encontrado nas cercanias de Banja Luka em 24 de março. Ficou claro por seu corpo fortemente desfigurado que ele havia sido morto por tortura brutal prolongada. A partir de 26 de março, protestos diários ocorreram na praça principal de Banja Luka, organizados pelo pai de David,

Davor, sob o título "Justiça para David". A polícia primeiro declarou a morte de David um suicídio, e somente após forte pressão pública começou a investigá-la como um caso de assassinato, mas sem resultados ainda. Ficou claro que David havia descoberto vestígios de corrupção e outras atividades criminosas na camarilha governante, então ele teve que desaparecer. Por fim, os protestos contínuos irromperam numa grande reunião popular, com a participação de dezenas de milhares e dezenas de ônibus trazendo pessoas de toda a República Sérvia para Banja Luka. A elite governante reagiu com pânico: milhares de policiais controlavam as ruas e bloqueavam as entradas da cidade.

Agora vem o verdadeiro milagre. Inesperadamente, em uma maravilhosa demonstração de solidariedade transétnica, reuniões semelhantes aconteceram em outras cidades da Bósnia, onde os muçulmanos são maioria. Em Sarajevo, capital da Bósnia, centenas exigiram justiça por um caso semelhante ocorrido em seu meio: a morte de Dženan Memić, que desapareceu na noite de 8 para 9 de fevereiro de 2016 e nunca foi seriamente investigada, embora seu corpo tenha sido também desfigurado por vestígios de tortura. Manifestantes em Banja Luka, Sarajevo e outras cidades bósnias trocaram mensagens e enfatizaram sua solidariedade para com suas divisões étnicas, já que todas compartilham o mesmo destino de serem governadas por elites corruptas das PPP. Finalmente, eles se conscientizaram plenamente de que a verdadeira ameaça não vem de outros grupos étnicos, mas da corrupção dentro de seu próprio grupo, e que só podem se livrar desse tumor maligno agindo em conjunto. O impossível e "inimaginável" (para os realistas cínicos) aconteceu.

Claro, não se deve esperar muito de tais levantes. Um movimento transétnico semelhante contra a pobreza econômica já ocorreu há alguns anos, em um eco da Primavera

Árabe, e gradualmente definhou. No entanto, o fogo continua queimando sob a superfície, e esse fogo é o único farol de esperança na Bósnia. Ele reconfirma a verdade do velho ditado de Abraham Lincoln: você pode enganar algumas pessoas o tempo todo, e todas as pessoas de vez em quando, mas não pode enganar todas as pessoas o tempo todo.

IDEOLOGIA

25
PELA SOLIDARIEDADE ATIVA, CONTRA A CULPA E A AUTOCENSURA

Em um comentário recente, Laura Kipnis expôs as implicações ético-políticas do ocorrido com o crítico de cinema David Edelstein[59]. A propósito da morte de Bernardo Bertolucci, diretor de *Último tango em Paris*, Edelstein fez uma "piada" de mau gosto na sua página privada do Facebook: "Até o luto fica melhor com manteiga", acompanhada de uma fotografia de cena do filme de Maria Schneider e Marlon Brando (a infame cena do estupro anal); ele rapidamente a excluiu (antes que o clamor público irrompesse, não em reação a isso). A atriz Martha Plimpton imediatamente tuitou para seus seguidores: "Demita-o. Imediatamente". Foi o que aconteceu no dia seguinte. A Fresh Air e a NPR anunciaram que estavam cortando relações com Edelstein porque a postagem havia sido "ofensiva e inaceitável, especialmente devido à experiência de Maria Schneider durante as filmagens de *Último tango em Paris*".

Então, quais são as implicações (ou melhor, as regras não declaradas) desse incidente? Primeiro, como escreveu Kipnis, "não há nada de inadvertido na ofensa inadvertida": elas não podem ser desculpadas como erros momentâneos, uma vez que são tratadas como reveladoras do verdadeiro caráter

---

59. Cf. https://www.theguardian.com/commentisfree/2018/dec/22/rape-joke-metoo-movement-career-repercussions

do ofensor. É por isso que uma dessas ofensas é uma marca permanente contra você, por mais que se desculpe: "Um erro e você está fora. Uma postagem impensada nas redes sociais superará um histórico de 16 anos". A única coisa que pode ajudar é um longo processo permanente de autoexame autocrítico: "Falhar em continuar re-provando isso o implica em crimes contra mulheres". Você tem que provar isso de novo e de novo, já que, como homem, você é *a priori* não confiável: "os homens não devem ser acreditados, eles dirão qualquer coisa". A amarga conclusão de Kipnis: "Talvez seja hora de parar de se esconder atrás do mantra 'fale a verdade ao poder', quando as mulheres têm poder em abundância – podemos destruir a carreira de um cara com uma tuitada!" Claro, é preciso introduzir algumas especificações adicionais aqui: *quais* mulheres têm o poder de destruir as carreiras de *quais* caras? Mas o fato é que estamos testemunhando um enorme exercício de poder que não é controlado pelo que de outra forma teria sido considerado (julgamento justo, direito à dúvida razoável...), e se alguém apenas apontar isso, será imediatamente acusado de proteger velhos homens brancos. Além disso, a barreira que separa o espaço público do privado desaparece. Recentemente, vários deputados islandeses foram chamados a renunciar depois de terem sido gravados usando linguagem grosseira para descrever colegas do sexo feminino e um ativista deficiente. Eles o fizeram num bar, e um bisbilhoteiro anônimo enviou a gravação para a mídia islandesa[60].

O único paralelo que vem à mente aqui é a rapidez brutal dos expurgos revolucionários – e, efetivamente, muitos simpatizantes do MeToo evocam esse paralelo e afirmam que tais excessos são compreensíveis nos primeiros momentos de mudança radical. No entanto, é precisamente

---

60. Cf. https://www.bbc.com/news/world-europe-46428380

esse paralelo que devemos rejeitar. Esses expurgos "excessivos" não são indícios de que o zelo revolucionário foi longe demais – pelo contrário, indicam claramente que a revolução foi redirecionada e perdeu seu ímpeto[61]. A forma social predominante do MeToo e dos LGBT+, bem como do antirracismo liberal, é um modelo de como produzir mudanças superficiais espetaculares sem perturbar as relações reais de poder e opressão: você pode ser demitido por usar a palavra n— [62], mesmo que seja de forma claramente irônica; uma pessoa exige ser tratada como "elu" [*ze*] ou "elus" [*they*]; há mais de dois tipos de banheiros em locais públicos de modo que o binarismo de gênero é suspenso. É um paraíso que permite que as grandes corporações mostrem sua solidariedade às vítimas, enquanto continuam a funcionar como sempre fizeram.

Uma mulher negra, Tarana Burke, que criou a campanha MeToo há mais de uma década, observou em uma nota crítica recente que o movimento, desde o início, implementou uma obsessão inabalável pelos perpetradores – um circo cíclico de acusações, culpabilidade, e indiscrições: "Estamos trabalhando diligentemente para que a narrativa popular sobre o MeToo mude do que é. Temos que mudar a narrativa de que é uma guerra de gênero, que é antimasculino, que são homens contra mulheres, que é apenas para um certo tipo de pessoa – que é para mulheres brancas, cisgênero, heterossexuais e famosas"[63]. Em suma, deve-se lutar para reorientar o MeToo para o sofrimento diário de milhões de trabalhadoras e donas de casa comuns. Isso enfaticamente pode ser feito –

---

61. Da mesma forma, a Revolução do Haiti se transformou em massacres de todos os brancos precisamente quando a nova elite negra queria fortalecer seu domínio, também às custas da maioria negra.
62. N.t.: *the n– word*: *"nigger"* [negro].
63. Cf. https://www.thecut.com/2018/10/tarana-burke-me-too-foun der-movement-has-lost-its-way.html

por exemplo, na Coreia do Sul, o MeToo explodiu quando dezenas de milhares de mulheres comuns se manifestaram contra sua exploração sexual. Somente através da ligação entre as duas "contradições", exploração sexual e exploração econômica, podemos mobilizar a maioria: os homens não devem ser retratados apenas como estupradores em potencial; eles devem estar cientes de que sua dominação violenta sobre as mulheres é mediada por sua experiência de impotência econômica. O MeToo verdadeiramente radical não é sobre mulheres contra homens, mas também sobre a perspectiva de sua solidariedade.

O que todas essas complicações deixam claro é que, na nossa crítica da ideologia LGBT+ predominante, não basta proceder da forma usual "marxista" e focar na crítica da economia política – ou seja, o fato de negligenciar as causas socioeconômicas da dominação sexual e da exclusão; deve-se complementar a crítica da economia política com o que se pode chamar de uma crítica da economia libidinal, uma leitura que traz à tona os antagonismos e inconsistências inerentes às nossas vidas libidinais ofuscadas não apenas pela (até agora) hegemônica ideologia heterossexual, mas também pela versões predominantes da emancipação sexual. O antagonismo que atravessa os movimentos MeToo e LGBT+ não deve ser reduzido a uma pressão externa de "luta de classes" e exploração econômica na esfera das relações sexuais.

Embora os defensores do LGBT+ gostem de descartar a psicanálise por estar desatualizada, muitos deles participam plenamente da repressão em curso dos *insights* freudianos básicos. Se a psicanálise nos ensinou alguma coisa, é que a sexualidade humana é imanentemente pervertida, atravessada por giros sadomasoquistas e jogos de poder, que nela o prazer está inextricavelmente interligado com a dor. O que obtemos em muitos ideólogos LGBT+ é o oposto desse *insight*, a visão ingênua de que, se a sexualidade não for distorcida pela pressão patriarcal/binária etc., ela se torna um espaço feliz de expressão autêntica dos nossos verdadeiros eus.

Basta lembrar o filme *Girl* (2018), de Lukas Dhont, um filme belga sobre uma menina de 15 anos, nascida no corpo de um menino, que sonha em ser bailarina[64]. Por que esse filme provocou reações tão ferozes em alguns poderosos círculos pós-modernos e pós-gênero? A doutrina LGBT+ predominante encoraja a rejeição de identidades de gênero biológica e/ou socialmente dadas e defende o autoconhecimento e a politização por parte do indivíduo das suas próprias identidades: "Você é livre para se definir segundo a maneira como você se sente! E todos devem aceitá-lo da maneira como você se define". Isso, exatamente, é o que acontece no filme: a protagonista adolescente é totalmente encorajada a adotar "a maneira como ela se sente", sua identidade; ela é encorajada a melhorar o "ponto" no balé (apesar dos muito rígidos e difíceis padrões de treinamento de balé clássico); seu médico prescreve hormônios; o instrutor de balé lhe dá aulas particulares; o pai continuamente lhe pergunta sobre seus problemas – ela é encorajada a elucidar suas fantasias para ele e para o seu psicólogo. E vemos as coisas piorando. Muitos ativistas LGBT+ atacaram ferozmente o filme por seu foco nos aspectos traumáticos da transição de gênero, por retratar os detalhes dolorosos da mudança de gênero, alegando que ela funciona como um show de horrores pornográfico – embora a bailarina em cuja vida o filme se baseia o tenha defendido firmemente, insistindo que retrata perfeitamente seus problemas. Nessas críticas, obviamente estamos lidando com um conflito entre a dolorosa realidade da transição de gênero e sua versão higienizada oficial, que coloca toda a cul-

---

64. Devo esta leitura a Engin Kurtay, Istambul.

pa na pressão social. Como o coloca uma das pessoas trans[65], é difícil viver se você odeia seu corpo.

É crucial notar como, em todo o seu esforço para historicizar as identidades de gênero e tornar visível sua natureza construída, os ideólogos LGBT+ aceitam as identidades de gênero como fato, a maneira como operam em nossa ideologia cotidiana. Não há esforço em seu trabalho de desconstruir as identidades de gênero, de trazer à tona sua natureza falha/incompleta; tudo o que fazem é acrescentar que o binarismo de gênero não cobre todo o campo nem desempenha um papel central – ou seja, que existem outras identidades que não cabem nessa visão binária.

Eis uma versão mais feliz da transição transgênero: em mais um caso de casamento feliz entre grandes corporações e a política sexual mais "progressista", a empresa de produtos de barbear Gillette foi recentemente bombardeada com elogios por publicar um anúncio no qual um homem transgênero aprende a fazer a barba. O anúncio mostra o artista Samson Bonkeabantu Brown, de Toronto, enquanto faz a barba com a ajuda do seu pai.

> "Sempre soube que era diferente. Eu não sabia que havia um termo para o tipo de pessoa que eu era. Eu entrei na minha transição apenas querendo ser feliz. Estou feliz por estar no ponto em que sou capaz de fazer a barba", diz ele. "Estou no ponto da minha masculinidade em que estou realmente feliz... Fiz este anúncio para a Gillette® e queria incluir meu pai, que tem sido um dos meus maiores apoiadores durante minha transição, encorajando-me a ser confiante e viver autenticamente como o meu melhor eu"[66].

---

65. Em conversa particular comigo.
66. https://www.theguardian.com/world/2019/may/28/gillette-ad-shaving-transgender-son-samson-bonkeabantu-brown

É preciso ouvir com atenção as palavras usadas aqui: não há construcionismo social de gênero mencionado aqui, você simplesmente descobre o seu verdadeiro eu e então tenta viver autenticamente, alcançando a felicidade ao ser fiel a ele – se o termo "essencialismo" tiver algum significado, é esse. Deve-se notar também que, em ambos os casos (*Girl* e o anúncio da Gillette®), assistimos a um estranho giro patriarcal: embora a transição tenha sido feita na direção oposta (homem para mulher no filme, mulher para homem no anúncio), é o pai (um bom pai, dessa vez) que zela por ela de modo benevolente. Não surpreendentemente, chegamos aqui a um pai que serve de apoio à vida autêntica do sujeito, a viver fiel a si mesmo – o que sempre foi a função do "nome do pai". Será que não deveríamos, então, evocar aqui Lacan, que dizia que "qualquer abrigo no qual se possa estabelecer uma relação viável e temperada de um sexo com o outro necessita da intervenção daquele meio conhecido como a metáfora paterna"?[67] Assim, o pai não apenas garante uma relação viável de um sexo com outro, ele também garante uma passagem suave e indolor de um sexo para outro.

Muitos observadores notaram uma tensão na ideologia LGBT+ entre o construtivismo social e (certo tipo de) determinismo (biológico): se um indivíduo biologicamente identificado/percebido como homem experimenta a si mesmo em sua economia psíquica como homem, é considerado um constructo social; mas se um indivíduo biologicamente identificado/percebido como homem experimenta a si mesmo como mulher, isso é lido como uma urgência, não um simples constructo arbitrário, mas uma identidade não negociável mais profunda que, se o indivíduo o exigir, tem de ser

---

67. Jacques Lacan, *The four fundamental concepts of psychoanalysis* (Nova York: Norton, 1998), p. 276.

atendida por uma cirurgia de mudança de sexo[68]. A solução aqui é bastante simples: sim, a identidade sexual psíquica é uma escolha, não um fato biológico, mas não é uma escolha consciente que o sujeito pode repetir e transformar de maneira lúdica. Trata-se de uma escolha inconsciente, que precede a constituição subjetiva e que, como tal, é formativa da subjetividade, denotando que a mudança dessa escolha implica a transformação radical do portador da escolha.

---

68. Na mesma linha, os jardins de infância da Noruega foram informados de que, se um menino for visto brincando com meninas, essa orientação deve ser apoiada: ele deve ser estimulado a brincar com bonecas etc., para que sua eventual identidade psíquica feminina possa se articular.

26
INSTITUTO SHERBSKY, APA

No outono de 1913, Lenin escreveu algumas cartas para Maxim Gorky[69] nas quais, profundamente perturbado pelo apoio de Gorky à ideologia humanista da "construção de Deus", ele insinua que Gorky sucumbiu a esse desvio por causa de seus nervos ruins, e o aconselha a ir para a Suíça e obter lá o melhor tratamento médico. Em uma das cartas, após deixar claro como está chocado com as ideias de Gorky – "Caro Alexei Maximovitch, o que você está fazendo então? Sério, é terrível, simplesmente terrível! Por que você está fazendo isso? É terrivelmente doloroso. Seu, V.I." – Lênin acrescenta um estranho pós-escrito: "P.S. Cuide-se mais seriamente, sério, de modo que você possa viajar no inverno sem pegar um resfriado (no inverno é perigoso)". Obviamente, Lênin está preocupado que, além de pegar um resfriado, Gorky pegue uma doença ideológica muito mais grave, como fica claro na carta subsequente (postada junto com a anterior): "É possível que eu não o entenda bem? É possível que você estivesse brincando quando escreveu 'por enquanto'? No que concerne à 'construção de Deus', é possível que você não o tenha escrito seriamente? Meu Deus, cuide-se um pouco melhor. Seu, Lênin".

---

69. Disponível on-line em http://www.marxists.org/archive/lenin/works/1913/.

O que deveria nos surpreender aqui é a maneira como a raiz do desvio ideológico de Gorky está localizada em uma condição corporal (nervosos superexcitados) que precisa de tratamento médico. Deve-se notar que isso não é (ainda) stalinismo: no stalinismo, a causa da doença já não é "objetiva", mas é brutalmente ressubjetivada – ou seja, o acusado é considerado totalmente responsável pelos seus crimes. Ocasionalmente, no entanto, a abordagem objetivante retorna com força total no stalinismo tardio. Desde a minha juventude, lembro-me de relatórios sobre o notório Instituto Sherbsky em Moscou (que, aliás, continua a prosperar na era pós-soviética). Nos anos soviéticos, o Instituto era conhecido por categorizar a dissidência como uma forma de doença mental caracterizada por ilusões de grandeza, obsessão patológica com ideias de justiça, desconfiança em valores sociais aceitos etc. Eles alegavam identificar o distúrbio neurológico que causa tal patologia e, como esperado, propuseram drogas para curá-la. Será que isso é apenas uma lembrança dos dias sombrios do comunismo? Não exatamente – será que não está acontecendo exatamente o mesmo hoje? Uma gravação oficial do Partido Comunista Chinês obtida recentemente caracteriza os uigures que foram enviados para "reeducação" política como "infectados por uma doença ideológica" (abrigando "fortes visões religiosas" e ideias "politicamente incorretas") – aqui estão algumas passagens que vale a pena citar em detalhe:

> Os membros do público que foram escolhidos para reeducação foram infectados por uma doença ideológica. Eles foram infectados por extremismo religioso e ideologia terrorista violenta e, portanto, devem buscar tratamento em um hospital como paciente internado. A ideologia extremista religiosa é um tipo de remédio venenoso que confunde a mente das pessoas. Uma vez envenenados por ele, alguns se trans-

formam em extremistas que já não valorizam sequer as suas próprias vidas... Se não erradicarmos o extremismo religioso em suas raízes, os incidentes terroristas violentos crescerão e se espalharão por toda parte como um tumor maligno incurável.

...

Embora um certo número de pessoas que foram doutrinadas com a ideologia extremista não tenha cometido nenhum crime, elas já estão infectadas pela doença. Sempre existe o risco de a doença se manifestar a qualquer momento, o que causaria sérios danos à população. É por isso que elas devem ser internadas em um hospital de reeducação a tempo de tratar e limpar o vírus de seu cérebro e restaurar sua mente normal. Devemos deixar claro que entrar em um hospital de reeducação para tratamento não é uma forma de prender pessoas à força e trancá-las para punição, é um ato que faz parte de uma missão abrangente de resgate para salvá-las.

...

A fim de proporcionar tratamento às pessoas infectadas com doenças ideológicas e garantir a eficácia do tratamento, o Comitê Regional Autônomo do Partido decidiu instalar campos de reeducação em todas as regiões, organizando uma equipe especial para ensinar leis e regulamentos estaduais e provinciais, as políticas étnicas e religiosas do partido e várias outras diretrizes. Mobilizaram o público para aprender a língua comum [chinês mandarim], realizar vários cursos de formação técnica, e participar de atividades culturais e esportivas, ensinando-lhes o que é correto e o que é incorreto... de modo a poderem distinguir claramente o certo do errado... Após a reeducação, os membros do público infectados voltam a um estado de espírito ideológico saudável, que lhes garante a capacidade de viver uma bela vida feliz com suas famílias.

...

Algumas pessoas temem que, uma vez que tenham passado pelo processo de reeducação, sejam classificadas como pessoas más, e que, mesmo depois de terem trabalhado duro para concluir o programa de reeducação, sejam discriminadas e tratadas de maneira diferente. Na verdade, essa é uma preocupação desnecessária. Assim como as pessoas que foram operadas e tomaram remédios antes de se recuperarem de suas doenças, o público não as verá como alguém que esteja doente.

...

No entanto, devemos ter cautela com um fato: ter passado por uma reeducação e ter se recuperado da doença ideológica não significa que a pessoa esteja definitivamente curada. Podemos apenas dizer que está fisicamente saudável e não há sinais de que a doença possa voltar. Depois de se recuperar de uma doença, se a pessoa não se exercitar para fortalecer o corpo e o sistema imunológico contra a doença, ela pode voltar pior do que antes[70].

Antes de descartar essas linhas como uma expressão típica do totalitarismo comunista chinês, devemos lembrar que exatamente a mesma lógica está em ação na recente declaração pública da Associação Americana de Psicologia [American Psychological Association (APA)], que proclamou a "masculinidade tradicional" como tóxica – novamente, "medicalizando" um conflito ideológico por meio da redução do oponente

---

70. Citado de https://www.rfa.org/english/news/uyghur/infected-08 082018173807.html

a um produto de doença médica. Nos termos da psicanálise lacaniana, o que temos aqui é um caso puro do "discurso universitário", um vínculo social cujo agente é portador de conhecimento objetivo. Esse agente não se impõe como um mestre dando ordens e exigindo obediência; ele age como um especialista neutro estabelecendo fatos. Basta pensar no que os especialistas em economia nos dizem repetidamente: eles apresentam duras medidas de austeridade, impostos menores para os ricos etc., como algo exigido pela realidade econômica, não como decisões baseadas em algumas preferências político-ideológicas. (É por isso que também devemos descartar a forma como alguns "especialistas" rejeitaram o Green New Deal [Novo Acordo Verde] de Alexandria Octavio-Cortez como um gasto sem sentido de recursos financeiros que arruinaria a economia: se o imenso investimento de Ronald Reagan na nova corrida armamentista na década de 1980 prova alguma coisa, é precisamente que gastar recursos de maneira "não produtiva" pode impulsionar a economia. Lembre-se de que os Estados Unidos saíram da Grande Recessão apenas durante a Segunda Guerra Mundial – e será que a luta contra a ameaça de catástrofes ecológicas não é a nossa grande guerra?) Eis um caso simples, mas soberbo, do exercício opressivo do discurso universitário: quando Margaret Thatcher soube da escatologia de Mozart durante uma visita ao teatro para ver *Amadeus*, de Peter Shaffer, o produtor Peter Hall relata:

> Ela não gostou. Em seu melhor estilo de diretora de escola, ela me deu uma severa repreensão por encenar uma peça que retratava Mozart como um diabrete escatológico apaixonado por palavrões. Era inconcebível, disse ela, que um homem que escrevia música tão requintada e elegante pudesse ser tão desbocado. Eu disse que as cartas de Mozart provavam que ele era exatamente isso: tinha um senso de humor extraordinariamente infantil. "Acho que você não

ouviu o que eu disse", respondeu a primeira-ministra. "Ele não poderia ter sido assim". Ofereci (e enviei) uma cópia das cartas de Mozart ao Número Dez no dia seguinte; fui até mesmo agradecido pelo secretário particular apropriado. Mas foi inútil: a primeira-ministra disse que eu estava errado, então errado eu estava[71].

Embora Thatcher indiscutivelmente quisesse dizer que, devido à grandeza espiritual de Mozart, o aspecto escatológico de sua obra deveria ser ignorado, é importante notar que ela não o disse – ela antes apresentou esse julgamento de valor ("deve-se ignorá-lo") como uma declaração de fato. A verdade oculta de tal discurso é, evidentemente, que o conhecimento especializado neutro se baseia em escolhas político-ideológicas: medidas econômicas defendidas por especialistas são uma forma de dominação brutal, da mesma maneira que a "ciência" que trata a dissidência como uma doença depende de uma dominação política implacável, e o mesmo vale para o tratamento chinês de hoje dos uigures que resistem à dominação chinesa – e para a categorização da APA da "masculinidade tóxica" como uma forma de doença psíquica. Eis-nos aqui, então, hoje: quando a tarefa é descartar a oposição política ou ideológica por meio de uma medicalização brutal, o totalitarismo chinês e uma postura politicamente correta podem funcionar bem de mãos dadas. Vale a pena citar novamente a declaração da APA em detalhes – eis as palavras exatas que de alguma maneira entraram no espaço público sem corar de vergonha: "Traços da chamada 'masculinidade tradicional', como suprimir emoções e mascarar o sofrimento, geralmente começam cedo na vida e têm sido associados a uma menor disposição de meninos e homens a procurar ajuda, mais com-

---

71. Citado de https://en.wikipedia.org/wiki/Mozart_and_scatology#-cite_note-9

portamento de risco e agressão – possivelmente prejudicando a si mesmos e àqueles com quem interagem" [72].

Um leitor atento não pode deixar de perceber a mescla de ideologia e expertise neutra: um forte gesto ideológico de excluir fenômenos considerados como inaceitáveis é apresentado como uma descrição neutra de fatos médicos – ou seja, sob o disfarce da descrição médica, estamos impondo uma nova normatividade, uma nova figura do inimigo. Nos velhos tempos da normatividade heterossexual, a homossexualidade era tratada como uma doença – lembre-se do tratamento brutal ao qual Alan Turing e muitos outros foram submetidos. Agora é a própria masculinidade que é medicalizada, transformada em doença a ser combatida; não deveríamos ficar surpresos se quimioterapias para curar masculinidade tóxica logo estiverem disponíveis. Ao justificar esse diagnóstico, a APA se refere ao poder, ao patriarcado e à opressão das mulheres – mas tudo isso não pode ofuscar a brutalidade ideológica da operação. Não esqueçamos que estamos lidando com a APA, a ala psicológica do *establishment* médico, o que significa que estamos lidando com nada menos do que uma mudança na hegemonia ideológica dominante.

A lição do reinado do conhecimento especializado é que existem coisas piores do que um Mestre: quando somos apanhados na teia de aranha do conhecimento especializado que regula nossas vidas, somente uma figura autêntica do Mestre pode nos salvar. Lembre-se do básico do hedonismo permissivo de hoje: somos livres para, e até mesmo solicitados a desfrutar plenamente de nossas vidas além das limitações impostas, mas a realidade dessa liberdade é uma nova rede de regulamentos (politicamente corretos) que são, em

---

72. Cf. https://www.rt.com/usa/448410-apa-masculinity-bad-psycho logy/.

muitos aspectos, muito mais rígidos do que os antigos regulamentos patriarcais.

Então, o que está acontecendo? Em um eco do famoso anúncio da Gillette sobre tornar os homens menos violentos e melhores, muitas vezes ouvimos a ideia de que o anúncio não era dirigido contra os homens, apenas contra o excesso tóxico da masculinidade – em suma, o anúncio apenas sinaliza que temos que jogar fora a água suja da masculinidade brutal. No entanto, no momento em que examinamos mais de perto a lista de atributos que supostamente caracterizam a "masculinidade tóxica" – reprimir emoções e mascarar angústias, falta de vontade de procurar ajuda, propensão a correr riscos, mesmo que isso implique o perigo de nos ferirmos –, perguntamos: o que é tão especificamente "masculino" nessa lista? Será que não é muito mais consoante a um simples ato de coragem em uma situação difícil, em que, para fazer a coisa certa, é preciso reprimir as emoções, não se pode contar com nenhuma ajuda e se tem de arriscar e agir, mesmo que isso signifique se expor ao perigo? Conheço muitas mulheres – na verdade, mais mulheres do que homens – que, em uma situação difícil, não sucumbem à pressão de seu ambiente e agem assim. Para tomar o exemplo conhecido por todos: quando Antígona decidiu enterrar Polinices, não cometeu ela exatamente um ato que se encaixa nas características básicas da "masculinidade tóxica"? Ela definitivamente reprimiu suas emoções e mascarou sua angústia; ela não estava disposta a procurar ajuda; ela correu um risco que envolvia grande perigo de se machucar. Na medida em que podemos definir o ato de Antígona como em certo sentido "feminino", devemos concebê-lo como um momento de um par antagonista que, mais do que uma única característica ou postura, define uma (historicamente condicionada) "feminilidade". No caso de Antígona, o par é fácil de definir: trata-se da oposição entre

Antígona e a sua irmã Ismênia, que está muito mais próxima da figura predominante do feminino (carinhosa, compreensiva, não conflituosa...)[73]. Obviamente, a nossa a era do conformismo politicamente correto é a era de Ismênia, e a postura de Antígona representa um perigo.

Há uma velha e deliciosa piada soviética sobre a Rádio Erevã: um ouvinte pergunta "É verdade que Rabinovitch ganhou um carro novo na loteria?" A rádio responde: "Em princípio sim, é verdade, só que não foi um carro novo, mas uma bicicleta velha, e ele não a ganhou, foi roubada dele". Será que não vale exatamente o mesmo para a masculinidade tóxica? Perguntemos à Rádio Erevã: "Será que a masculinidade é realmente tóxica?" Podemos adivinhar a resposta: "Em princípio sim, é verdade, só que esse conteúdo tóxico não é nada especificamente masculino, além de representar o que muitas vezes é a única maneira razoável e corajosa de agir". O que está substituindo a coragem hoje? A "masculinidade tóxica" é deixada para trás na nova atmosfera politicamente correta, em que uma piada de mau gosto pode arruinar sua carreira, mas o carreirismo implacável é considerado normal. Emerge assim um novo universo de corrupção sutil no qual o oportunismo carreirista e a mais baixa denúncia de colegas se apresenta como alto moralismo.

Façamos um breve excurso. Um dos poucos argumentos convincentes para a noção de masculinidade tóxica foi oferecido por George Monbiot no *Guardian*: "Por que tantos homens amam Jordan Peterson e odeiam o anúncio da

---

73. A questão a ser levantada aqui é, claro, qual antagonismo seria a contraparte masculina do antagonismo entre Antígona e Ismênia. Pode-se argumentar que é Édipo *versus* Creonte (com a condição de não reduzirmos Creonte à caricatura de um autoritário brutal e vermos nele a personificação de uma postura sociopolítica consistente e até necessária).

Gillette®? Se eles são realmente fortes, não precisam provar sua virilidade". Em suma, se os homens são realmente fortes, por que tantos deles reagiram de forma tão apavorada ao alerta da APA sobre a masculinidade tóxica? Uma reação adequada de um homem forte não seria apenas descartar os ataques à masculinidade como uma reclamação de um fraco? Aliás, o mesmo vale para o pânico populista anti-imigrantista.

Abundam os sinais de que a fraqueza é a chave para as exibições mais brutais de masculinidade tóxica. Vamos apenas mencionar os assassinatos em série de mulheres em Ciudad Juarez, na fronteira com o Texas: não são apenas patologias privadas, mas uma atividade ritualizada, parte da subcultura das gangues locais (primeiro estupro coletivo, depois tortura até a morte, que inclui cortar mamilos com tesoura etc.). Eles têm como alvo jovens solteiras que trabalham em novas fábricas de montagem – um caso claro de reação machista à nova classe de mulheres trabalhadoras independentes. Mas e se essas reações violentas apontarem para o núcleo violento da própria masculinidade, que explode abertamente quando seu reinado é ameaçado? É verdade, mas não se deve por isso rejeitar o tipo de pessoa forte disposta a correr riscos; deve-se antes dessexualizá-lo e, sobretudo, investigar o que o está substituindo.

Anos atrás, Alain Badiou alertou sobre os perigos da crescente ordem niilista pós-patriarcal que se apresenta como o domínio de novas liberdades. A desintegração da base ética compartilhada de nossas vidas é claramente sinalizada pela abolição do recrutamento militar universal em muitos países desenvolvidos: a própria noção de estar disposto a arriscar a vida por uma causa comum parece cada vez mais sem sentido, se não diretamente ridícula, de modo que as forças armadas como o corpo do qual todos os cidadãos participam igualmente estão se transformando gradualmente em uma força mercenária. Essa desintegração afeta os dois sexos de maneira diferente: os homens estão se transformando gradualmente em perpétuos adolescentes, sem uma clara passagem de iniciação que lhes permita entrar na maturidade (o serviço militar, a aquisição de uma profissão e sequer a educação já não desempenham esse papel). Não é de admirar, então, que, para suprir essa falta, gangues juvenis pós-paternais proliferem, fornecendo iniciação *ersatz* e identidade social. Em contraste com os homens, as mulheres são hoje cada vez mais precocemente maduras, tratadas como pequenos adultos, das quais se espera que controlem suas vidas, que planejem suas carreiras. Nessa nova versão da diferença sexual, os homens são adolescentes lúdicos, fora da lei, enquanto as mulheres aparecem como duras, maduras, sérias, legais e punitivas. As mulheres hoje não são chamadas pela ideologia dominante a serem subordinadas; elas são chamadas – solicitadas, esperadas – a serem juízas, administradoras, ministras, CEOs, professoras, policiais, militares. Uma cena paradigmática que ocorre diariamente em nossas instituições de segurança é a de uma professora/juíza/psicóloga cuidando de um jovem delinquente antissocial imaturo. Surge assim uma nova figura feminina: uma agente do poder fria e competitiva, sedutora e manipuladora, atestando o paradoxo de que "sob as condições do capitalismo, [as mulheres] podem se sair melhor do que os homens"[74]. Isso, é claro, de maneira alguma torna as mulheres suspeitas como agentes do capitalismo; apenas sinaliza que o capitalismo contemporâneo inventou a sua própria imagem ideal da mulher, uma figura que representa o frio poder administrativo com rosto humano.

---

74. Alain Badiou, *The True Life*, trad. Susan Spitzer (Cambridge: Polity, 2017), p. 99.

Para combater essas novas formas de opressão sutil, mais do que nunca são necessários indivíduos corajosos de ambos os sexos que estejam dispostos a correr riscos.

27
BEM-VINDO AO ADMIRÁVEL MUNDO NOVO DOS CONSENTICÓRNIOS!

A direita alternativa atribui os excessos do politicamente correto à influência destrutiva do marxismo cultural, que tenta minar os fundamentos morais do modo de vida ocidental. Mas se olharmos mais de perto esses "excessos", podemos ver facilmente que eles são, ao contrário, sinais do reinado desenfreado do que, décadas atrás, Fredric Jameson chamou de capitalismo cultural: uma nova etapa do capitalismo na qual a cultura já não funciona como um domínio de superestrutura ideológica elevada acima da economia, mas torna-se um ingrediente-chave da reprodução cada vez maior do capital.

Um dos exemplos imagináveis mais claros de capitalismo cultural é certamente a mercantilização de nossa vida íntima. Esta é uma característica permanente de uma sociedade capitalista, mas nas últimas décadas atingiu um novo patamar. Pense em como nossa busca por parceiros sexuais e por um bom desempenho sexual depende de agências ou sites de namoro, assistência médica e psicológica e assim por diante.

House of Yes, uma boate no Brooklyn, Nova York, acrescenta uma nova reviravolta a esse jogo: o intrincado problema de como verificar o consentimento na interação sexual é resolvido pela presença de um agente controlador contratado. A boate é um *playground* hedonista onde "vale tudo". A *Time Out* a elegeu como a segunda melhor coisa a se fazer no mundo e o *The Sun* a descreveu como "a boate mais louca do planeta"[75].

Na House of Yes, os clientes podem fazer qualquer coisa, de tomar banho de hidromassagem nus a lutas de drags, mas têm de aderir a uma política estrita de consentimento. Esse consentimento é, em última análise, aplicado por "consenticórnios", os "guardiões do consentimento" que usam chifres de unicórnio iluminados. O trabalho deles é observar as interações e procurar sinais de que alguém possa se sentir inseguro. Na maioria dos casos, fazer contato visual é suficiente para evitar problemas. Às vezes, eles se envolvem mais diretamente: "Oi. Como vocês estão? Você está bem?" E se eles identificam uma situação que parece realmente problemática, eles dançam até o casal em questão, talvez se interponham entre eles e delicadamente, mas com firmeza, reiterem as regras.

O ideal que motiva a House of Yes foi formulado pela empresária da noite Anya Sapozhnikova, que ali comemorou o seu 32º aniversário com uma grande festa. Em um breve discurso, ela descreveu a utopia que a House of Yes estava tentando tornar realidade, um lugar mágico onde os consenticórnios seriam obsoletos: "Imagine um mundo onde a sexualidade seja celebrada. Finja que a igualdade e a inclusão sejam dominantes. Visualize um lugar onde as pessoas dancem juntas em vez de tropeçarem umas nas outras"[76]. Ou, como Arwa Mahdawi o colocou em seu comentário para o *Guardian*: "O sucesso de House of Yes é um lembrete impor-

---

75. https://www.timeout.com/about/latest-news/the-50-best-things-to-do-in-the-world-right-now-a-polka-dot-paradise-in-tokyo-a-hedonistic-party-venue-in-new-york-and-an-insanely-cool-sauna-in-kiruna-top-the-list-111618;https://www.thesun.co.uk/news/5333052/house-of-yes-new-york-inside-the-wildest-club-on-the-planet/

76. Cf. https://medium.com/s/powertrip/kavanaugh-consent-and-the-new-rules-of-nightlife-14fb8a5759f0

tante de que quanto mais rigorosos formos acerca do consentimento, mais diversão todos podem ter"[77].

Devo confessar que não quero sequer imaginar um lugar assim. Lembre-se de que estamos falando de diversão (íntima, sexualizada), e a implicação da alegação de Mahdawi é que, na sociedade de hoje, o consentimento necessário para pura diversão só pode ser imposto por meio de um controle rígido – quanto mais rígido o controle sobre nós, mais diversão todos podem ter. Além disso, a maioria de nós ainda prefere interação sexual íntima, ao passo que a House of Yes pratica uma certa forma de interação sexual (orgia em grupo). Então, deixando uma imaginação maligna correr solta, será que alguém proporá também um consenticórnio para observar e controlar a interação sexual de um único casal?

É verdade que os partidários da House of Yes imaginam um estado futuro em que os consenticórnios já não serão necessários, uma vez que os indivíduos deixarão para trás sua agressão egoísta. No entanto, se aprendemos alguma coisa com a psicanálise, é que o masoquismo e o sadismo, o prazer na dor em todas as suas diversas formas, constituem um ingrediente irredutível de nossas vidas sexuais, não apenas um efeito secundário da dominação social perturbando a pura alegria consensual. Precisaríamos, portanto, de consenticórnios capazes de distinguir o sado-masoquismo consensual do explorador – uma tarefa impossível. E o estado ideal imaginado de uma dança coletiva sem consenticórnios, longe de apresentar uma utopia feliz, teria sido o mais terrível pesadelo sufocante: uma orgia zumbi de pessoas privadas de sua sexualidade.

---

77. Cf. https://www.theguardian.com/commentisfree/2018/dec/22/me too-movement-office-parties-decline-weinstein-moonves

Mas há uma complicação ainda maior: a lição da psicanálise é que, no exibicionismo, uma terceira testemunha, seu olhar sobre minha interação sexual, é uma condição do meu prazer. Então, e se eu precisar de um consenticórnio para gozar plenamente? E se eu quiser envolver um consenticórnio na interação erótica com o meu parceiro, seja como uma testemunha que me repreende ou como um outro participante ativo? O ponto básico da psicanálise é que um agente controlador que exerce controle e opressão pode se tornar uma fonte de prazer. Em suma, toda a visão da House of Yes se baseia no total desconhecimento do que aprendemos com Freud.

Para concluir, a ideia de consenticórnios é problemática por duas razões interligadas. Em primeiro lugar, propõe resolver o problema do sexo não consensual delegando responsabilidade a um controlador externo contratado: posso continuar do jeito que estou; o consenticórnio cuidará de mim se eu for longe demais. E se eu de fato me comporto bem, é porque temo ser pego pelo olho controlador. Em segundo lugar, a ideia de um consenticórnio ignora totalmente as implicações perversas de sua prática, a maneira imprevisível como a própria figura do consenticórnio pode ser erotizada. Mas, talvez, esse seja o nosso futuro perverso. Talvez devêssemos aprender a desfrutar de sexo livre e feliz com consenticórnios.

28
SERÁ QUE OS *SEXBOTS* TÊM DIREITOS?

Em sua *Summa Theologica*, Tomás de Aquino chega à conclusão de que os bem-aventurados no Reino dos Céus verão os castigos dos condenados a fim de que a sua bem-aventurança lhes seja mais deleitável (e São João Bosco chega à mesma conclusão na direção oposta: os condenados no inferno também poderão ver a alegria dos que estão no céu, o que aumentará seu sofrimento). Tomás de Aquino, é claro, toma cuidado para evitar a implicação obscena de que as boas almas do céu podem encontrar prazer em observar o terrível sofrimento de outras almas: bons cristãos devem sentir pena quando veem sofrimento – será que os bem-aventurados do céu também sentirão pena dos tormentos dos condenados? A resposta de Tomás de Aquino é não: não porque eles gostem diretamente de ver o sofrimento, mas porque gostam do exercício da justiça divina. Mas e se gozar da justiça divina for a racionalização, o disfarce moral, para gozar sadicamente do sofrimento eterno do próximo? O que torna suspeita a formulação de Tomás de Aquino é o excedente de gozo que ela introduz: como se o simples prazer de viver na bem-aventurança do céu não fosse suficiente e tivesse de ser suplementado por um gozo extra adicional de poder dar uma olhada no sofrimento de outra pessoa – apenas assim, as almas bem-aventuradas "podem gozar mais plenamente de sua bem-aventurança". Podemos facilmente imaginar aqui a cena correspondente no céu: quando algumas almas abençoadas reclamam de que o néctar servido não estava tão saboroso quanto da última vez, e que a vida feliz lá em cima é um tanto chata afinal, os anjos que as servem respondem: "Vocês não gostam daqui? Então deem uma olhada em como é a vida lá embaixo, do outro lado, e talvez vocês descubram como são sortudos por estarem aqui!" E a cena correspondente no inferno também deve ser imaginada como totalmente diferente da visão de São João Bosco: longe do olhar e do controle divinos, as almas condenadas desfrutam de uma vida intensa e prazerosa no inferno – mas de tempos em tempos, quando os administradores do diabo descobrem que as almas abençoadas do céu devem ter permissão para observar brevemente a vida no inferno, eles gentilmente imploram às almas condenadas que encenem uma performance e finjam sofrer terrivelmente para impressionar os idiotas do céu. Em suma, a visão do sofrimento do outro é o *objeto a*, a obscura causa do desejo que sustenta nossa própria felicidade (bem-aventurança no céu): se a tirarmos, nossa bem-aventurança aparece em toda a sua estupidez estéril. (Aliás, será que o mesmo não vale para nossa porção diária de horrores do Terceiro Mundo – guerras, fome, violência – nas telas de TV? Precisamos dela para sustentar a felicidade do nosso paraíso consumista.) Então talvez seja essa a maneira de ler o título *Heaven Can Wait* [O céu pode esperar. (Lançado no Brasil com o título: *O diabo disse não*)] do diretor de cinema Ernst Lubitsch – fiquemos no inferno. O céu pode esperar porque o único paraíso verdadeiro é um inferno moderado e agradável.

O que só o paraíso não tem é um excedente de gozo, que só pode ser provido ao se olhar para o inferno. Para deixar esse ponto claro, tomemos um caso da representação "crítica" direta da atmosfera opressiva de um governo fundamentalista conservador imaginário. A nova versão para a TV de *O conto da Aia* [*The Handmaid's Tale*], de Margaret Atwood, nos

264

confronta com o estranho prazer de fantasiar um mundo de dominação patriarcal brutal – claro, ninguém admitiria abertamente o desejo de viver nesse mundo de pesadelo, mas essa certeza de que nós realmente não o queremos faz com que fantasiar sobre ele, imaginar todos os detalhes desse mundo, seja ainda mais prazeroso. Sim, sentimos dor ao experimentar esse prazer, mas o nome que Lacan dá a esse prazer-na-dor é *jouissance*. O reverso dessa ambiguidade é a cegueira fundamental do conto de Atwood para com as limitações de nosso universo liberal permissivo: a história inteira é um exercício do que Fredric Jameson chamou de "nostalgia do presente"; é permeada pela admiração sentimental pelo nosso presente liberal permissivo arruinado pelo novo governo fundamentalista cristão, e nunca sequer aborda a questão do que está errado nesse presente para que tenha dado origem à hedionda República de Gilead. "A nostalgia do presente" cai na armadilha da ideologia porque é cega para o fato de que esse Paraíso permissivo presente é maçante, e (exatamente como as almas bem-aventuradas no Paraíso) precisa olhar para o inferno do fundamentalismo religioso para se sustentar.

É por razões ideológicas semelhantes que a recente minissérie da HBO, *Chernobyl*, se tornou tão popular. Ela lida com um cenário catastrófico que continua a representar uma ameaça hoje, muito tempo depois da queda da URSS, mas o trata como algo que pertence à era passada do comunismo soviético – como se nem o acidente de Three Mile Island antes nem Fukushima depois tivessem acontecido, e como se esses outros dois incidentes não mostrassem as mesmas tentativas de encobrir a magnitude da ameaça por parte dos aparelhos de Estado, como em Chernobyl. A ameaça de uma catástrofe nuclear, portanto, já não faz parte de *nossa* situação; a culpa recai sobre a ineficiente burocracia soviética, o que não pode deixar de nos fazer nos sentirmos bem – é novamente a nostalgia do presente que alimenta nossa percepção da catástrofe. Para evitar um mal-entendido: sim, a reação desajeitada e as tentativas de encobrir a catástrofe por parte do Estado soviético são de tirar o fôlego, mas também o é a eficiência brutal do esforço soviético para lidar com isso, expondo calmamente milhares de equipes de resgate a alta radiação, bastante amiúde com seu pleno conhecimento – algo que com toda probabilidade também não poderia ter acontecido em um incidente semelhante no Ocidente. Mas onde a minissérie trapaceia é no seu enfoque do documento secreto que alertava sobre o perigo e do qual sumiram as páginas principais. A realidade era muito mais complexa e trágica: é preciso ter em mente que a catástrofe ocorreu durante um teste de segurança – bem cientes dos perigos potenciais, as autoridades faziam testes de segurança o tempo todo, e estavam bastante obcecadas com as medidas de segurança. E é aqui que as coisas correram terrivelmente mal: quando os encarregados do teste perceberam que algo estava errado, fizeram toda uma série de procedimentos para evitar uma catástrofe, e agora sabemos que esses mesmos procedimentos levaram à explosão – para resumir, se eles não tivessem feito nada e apenas tivessem ignorado a ameaça, não teria havido explosão. Portanto, a causa última da explosão foi a inadequação dos procedimentos para evitá-la, não uma ignorância geral do perigo. A falha sistêmica e o erro humano estavam aqui inextricavelmente ligados – e esse tipo de perigo é hoje mais real do que nunca.

Isso é ideologia em sua forma mais pura, ideologia no sentido simples e brutal de legitimar a ordem existente e ofuscar seus antagonismos. Exatamente da mesma forma, os críticos liberais de Trump e a direita alternativa nunca perguntam seriamente como nossa sociedade liberal poderia dar à luz a Trump. O mesmo vale para a ascensão de Boris Johnson: em vez de focar em sua figura de palhaço, deve-se explorar a profunda transformação de todo o cenário político no Reino Unido que possibilitou a ascensão dessa figura.

De volta a *O conto da Aia*: o excedente de gozo que vem de encenar uma performance e/ou observá-la é o que incomoda o politicamente correto. Mesmo quando fala sobre o sofrimento da vítima, visa efetivamente o gozo do perpetrador – razão pela qual não pode suportar o gozo mesmo quando não há vítima sofredora, apenas o perpetrador praticando uma brutalidade virtual. Tomemos o exemplo mais recente: o moralismo politicamente correto atingiu um de seus ápices no recente debate sobre a necessidade de regular as relações humanos-*sexbots* (robôs sexuais). Eis um relatório sobre esse estranho fenômeno:

> No ano passado, uma robô sexual chamada Samantha foi "molestada" e seriamente danificada em um festival da indústria de tecnologia; o incidente estimulou o debate sobre a necessidade de suscitar a questão da ética em relação às máquinas.
>
> Embora os desenvolvedores de *sexbots* tenham afirmado que seus projetos farão de tudo para satisfazer os desejos de seus clientes, parece que eles podem começar a rejeitar alguns homens persistentes. ...[As] pessoas ignoram o fato de que podem danificar seriamente a máquina, só porque ela não pode dizer "não" aos seus "avanços". ...[F]uturos robôs sexuais humanoides podem ser sofisticados o bastante para "desfrutar de um certo grau de consciência" para consentir em relações sexuais, embora, para eles, sentimentos conscientes não sejam componentes necessários para serem capazes de dar ou negar consentimento. ...[E]m termos legais, a introdução da noção de consentimento nas relações sexuais humano-robô é vital de maneira semelhante às relações sexuais entre humanos e ajudará a

prevenir a criação de uma "classe de escravos sexuais legalmente incorporados"[78].

Embora essas ideias sejam apenas uma aplicação específica da proposta da União Europeia de impor os "direitos" básicos das entidades de IA, o domínio dos *sexbots* traz à tona de forma clara os pressupostos implícitos que determinam tais pensamentos. Estamos basicamente lidando com uma preguiça de pensar: ao adotar tal atitude "ética", evitamos confortavelmente a complexa rede de problemas subjacentes. Devemos evitar a armadilha de sermos pegos no debate sobre o *status* dos *sexbots* com IA: Será que eles realmente possuem algum tipo de autonomia ou dignidade e, portanto, merecem alguns direitos? A resposta a esta pergunta é, pelo menos por enquanto, obviamente negativa: nossos *sexbots* são apenas bonecos mecânicos sem vida interior. O cerne da questão está em outro lugar. A primeira suspeita é que os proponentes de tais demandas não se importam realmente com as máquinas de IA (eles estão bem cientes de que não podem realmente experimentar dor e humilhação), e sim com humanos agressivos: o que eles querem não é aliviar o sofrimento das máquinas, mas esmagar os problemáticos desejos, fantasias e prazeres agressivos de nós, humanos.

Isso fica claro no momento em que incluímos o tema dos videogames e da realidade virtual. Se, em vez de *sexbots* (na realidade corpos de plástico cujas (re)ações são reguladas por IA), imaginarmos jogos em realidade virtual (ou, ainda mais plástica, realidade aumentada) nos quais podemos torturar sexualmente e explorar brutalmente as pessoas – embora, nesse caso, esteja claro que nenhuma entidade real está sofrendo – os proponentes dos direitos das máquinas de IA pro-

---

78. Citado de https://sputniknews.com/science/2018041010633943 15-sex-robots-reject-humans/

vavelmente insistiriam em impor algumas limitações sobre o que nós, humanos, podemos fazer no espaço virtual. O argumento de que aqueles que fantasiam sobre tais coisas tendem a fazê-las na vida real é muito problemático: a relação entre imaginar algo e fazê-lo na vida real é muito mais complexa em ambas as direções. Muitas vezes fazemos coisas horríveis enquanto imaginamos que estamos fazendo algo nobre, e vice-versa, muitas vezes secretamente sonhamos acordados em fazer coisas que de forma alguma seríamos capazes de realizar na vida real. Entramos assim no velho debate: se alguém tem tendências brutais, será que é melhor permitir que brinque com elas no espaço virtual ou com máquinas, na esperança de que, desta forma, fique suficientemente satisfeito e não as faça na vida real? Encontramos aqui a estrutura da negação fetichista: enquanto o ofensor maltrata brutalmente o seu *sexbot*, ele sabe muito bem que está apenas brincando com um boneco mecânico de plástico, mas mesmo assim se deixa envolver por sua ficção e a desfruta de verdade (a simples prova: o seu orgasmo, se ele o atingir, é real, não uma ficção). A implicação dessa estrutura fetichista não é que o sujeito que dela participa seja ingenuamente estúpido, mas, ao contrário, que mesmo em nossa interação sexual real com outro ser humano vivo, a ficção já está em ação – ou seja, eu uso meu parceiro como um objeto através do qual enceno minhas ficções. Na realidade, até mesmo um sádico brutal que maltrata uma mulher real a usa para encenar suas ficções.

Outra pergunta: Se um *sexbot* rejeita nossos avanços rudes, será que isso não significa simplesmente que foi programado dessa maneira? Então, por que não o reprogramar de uma maneira diferente? Ou, para ir além, por que não o programar de tal forma que acolha de bom grado maus--tratos brutais? (O problema, obviamente, é: Será que nós, os perpetradores sádicos, nesse caso ainda o gozaremos? O sádico quer que sua vítima fique apavorada e envergonhada.) Ainda outra pergunta: E se um programador maligno tornar os próprios *sexbots* sádicos que gostam de nos maltratar brutalmente, seus parceiros? Se conferirmos direitos aos *sexbots* de IA e proibirmos seus maus-tratos brutais, isso significa que os tratamos como entidades minimamente autônomas e responsáveis – será então que devemos também tratá-los como minimamente "culpados" se nos maltratarem, ou devemos apenas culpar seu programador?

Mas o erro básico dos defensores dos direitos das entidades de IA é que eles pressupõem nossos padrões (e direitos) humanos como a norma mais elevada. E se, com o desenvolvimento explosivo da IA, surgirem novas entidades com o que poderíamos chamar condicionalmente de uma "psicologia" (série de atitudes ou mentalidades) incompatível com a nossa, mas em certo sentido definitivamente "superior" à nossa (medidas por nossos padrões, elas podem parecer mais "más" ou mais "boas" do que as nossas)? Que direito *nós* (humanos) temos de medi-las com os nossos padrões éticos? Então, concluamos este excurso com um pensamento provocador: Será, talvez, que um verdadeiro sinal da autonomia ética e subjetiva de um *sexbot* não fosse o fato de ele rejeitar nossos avanços, mas sim que, mesmo que estivesse programado para rejeitar nosso tratamento brutal, ele secretamente começasse a gostar dele? Dessa forma, o *sexbot* se tornaria um verdadeiro sujeito de desejo, dividido e inconsistente como nós, humanos, o somos.

29
MAMILOS, PÊNIS, VULVA... E TALVEZ MERDA

Este título de extremo mau gosto refere-se a uma das (muito duvidosas) tendências na luta contra o "sexismo". Primeiro, (algumas) mulheres exigiram que acabemos com a fetichização de seus seios e os aceitemos como apenas mais uma parte do corpo de uma mulher. Um dos resultados dessa luta por "mamilos livres" foi que, em algumas grandes cidades, grupos de mulheres organizaram passeatas onde ficavam nuas da cintura para cima – o objetivo era justamente deserotizar (podemos até dizer: renormalizar) os seios. Agora estamos entrando no próximo passo lógico nessa direção – o objetivo agora é "desmistificar" o melhor objeto sexual. Depois de publicar um livro de retratos de seios e depois de pênis, a fotógrafa Laura Dodsworth já tirou fotos de 100 vulvas. Eis um relatório (do *Guardian*) sobre o último volume dessa trilogia:

> É essa vergonha que a fotógrafa Laura Dodsworth pretende superar com o seu mais recente projeto, *Womanhood* [feminilidade]. Em um livro acompanhado de um filme para o Channel 4, ela conta as histórias de 100 mulheres e pessoas que não se conformam com um gênero por meio de retratos de suas vulvas. É a terceira parte de uma série: em *Bare Reality* [realidade nua] e *Manhood* [masculinidade], Dodsworth fotografou e conversou com as pessoas sobre seus seios e pênis, respectivamente (ambas as histórias apresentadas na revista *Weekend*). ... "A vulva costuma ser vista apenas como um lo-

cal de atividade sexual", diz ela. "Mas conversamos sobre tantas áreas que não são 'sexy' – menstruação, menopausa, infertilidade, aborto espontâneo, aborto, gravidez, parto, câncer". Nesse sentido, ela se via como uma "espécie de parteira, ajudando as mulheres a parirem as suas próprias histórias"[79].

Lemos no mesmo relatório do *Guardian* como o livro e o filme de Dodsworth "chegam em um tempo em que a vulva parece estar tendo um momento cultural": em um futuro próximo, o livro *Vagina: A Reeducation* [Vagina: uma reeducação], de Lynn Enright, será publicado; o best-seller *Fruit of Knowledge* [Fruto do conhecimento], de Liv Strömquist (com o subtítulo *The Vulva vs. The Patriarchy* [A vulva *vs.* o patriarcado] e com punhaladas em Freud) é dedicado à vulva e à menstruação; há um novo musical britânico *Vulvarine*; eventos ao vivo que visam recuperar o corpo são cada vez mais populares – de aulas de desenho *body positive* com modelos vivos a "oficinas de olhar bocetas".

Outras etapas desse processo estão no horizonte: novas campanhas visam os períodos, "encorajando os jovens a se livrarem de qualquer vergonha sobre a menstruação". Então porque não ir até o fim e "desmistificar" e desfetichizar a defecação? Vamos organizar umas oficinas de olhar merda... Alguns de nós lembramos da cena de *O fantasma da liberdade*, de Buñuel, na qual as relações entre comer e excretar são invertidas: as pessoas sentam-se em seus sanitários em volta da mesa, conversando agradavelmente, e, quando querem comer, perguntam silenciosamente à governanta "Onde é aquele lugar, você sabe?" Então, por que não tentar isso na vida real (melhor proibir comer em espaços públicos, uma

---

79. Citado de https://www.theguardian.com/lifeandstyle/2019/feb/09/me-and-my-vulva-100-women-reveal-all-photographs

vez que a nossa produção excessiva de alimentos é uma das principais razões de nossa crise ecológica)?

Para evitar um mal-entendido, o ponto que esses fenômenos estão levantando é óbvio e bem aceito: livrar-se da fetichização masculina da vagina como o último objeto misterioso do desejo (masculino) e recuperar a vulva para as mulheres em toda a sua realidade complexa fora dos mitos sexistas. (Embora, já nesse nível, não se possa deixar de notar um detalhe estranho: as feministas estão lutando contra a fetichização da vagina, enquanto, para Freud, "fetiche", por definição, não pode se referir à vagina porque é precisamente o último objeto que o sujeito masculino vê antes de ver a vagina nua – cabelo, pernas. O fetiche encobre a falta de pênis em uma mulher, a falta que o sujeito masculino descobre quando vê uma vagina – então, será que uma vagina pode ser o seu próprio fetiche?[80]) Talvez sim, numa inversão dialética em que a própria falta é fetichizada como prova de que o outro sexo (masculino) tem o que falta à mulher (pênis), de modo que a castração é privada de seu *status* simbólico universal e afeta apenas as mulheres.

Então, o que há de errado com isso? Voltemos a Buñuel. Há uma série de filmes de Buñuel que se constroem em torno do mesmo motivo central da – para usar as palavras do próprio cineasta – "impossibilidade inexplicável da realização de um simples desejo". Em *L'Age d'Or*, o casal quer consumar seu amor, mas é repetidamente impedido por algum acidente estúpido; em *A vida criminosa de Archibaldo de la Cruz*, o herói quer realizar um simples assassinato, mas todas as suas tentativas falham; em *O Anjo Exterminador*, depois de uma festa, um grupo de ricos não consegue cruzar a soleira e sair de casa; em *O discreto charme da burguesia*, dois

---

80. Devo este ponto a Robert Pfaller, de Viena.

casais querem jantar juntos, mas complicações inesperadas sempre impedem a realização desse simples desejo; e, finalmente, em *Esse obscuro objeto do desejo*, temos o paradoxo de uma mulher que, por meio de uma série de artimanhas, adia repetidamente o momento final do reencontro com seu antigo amante. Qual é a característica comum desses filmes? Um ato ordinário e cotidiano torna-se impossível de realizar assim que se vê ocupando o lugar impossível de *das Ding* e começa a incorporar o sublime objeto do desejo. Esse objeto ou ato pode ser em si mesmo extremamente banal (um jantar comum, passar pela soleira da porta depois de uma festa). Basta que ele ocupe o sagrado/proibido lugar vazio no Outro, e toda uma série de obstáculos intransponíveis se construirá ao seu redor; o objeto ou ato, em sua própria vulgaridade, não pode ser alcançado ou realizado.

Devemos recordar aqui a definição do sublime de Jacques Lacan: "um objeto elevado ao nível da Coisa", uma coisa ou ato ordinário pelo qual, em um frágil curto-circuito, transparece a impossível Coisa Real. É por isso que, em um jogo erótico intenso, basta uma palavra errada, um gesto vulgar, e ocorre uma dessublimação violenta: caímos da tensão erótica na cópula vulgar. Imagine, no arrebatamento da paixão erótica, que se olhe de perto a vagina da amada, estremecendo com a promessa de prazeres antecipados – mas então, algo acontece, e a pessoa, por assim dizer, "perde contato", cai do encalço erótico, e a carne diante dos olhos aparece em toda a sua realidade vulgar, com o fedor de urina e suor etc. (E é fácil imaginar a mesma experiência com um pênis.) O que acontece aqui? Para Lacan, é exatamente o contrário que ocorre na cena descrita: a vagina deixa de ser "um objeto elevado à dignidade de uma Coisa" e passa a fazer parte da realidade ordinária. Nesse sentido preciso, a sublimação não é o oposto da sexualização, mas seu equivalente.

E é por isso que, também no erotismo, é somente um pequeno passo do sublime ao ridículo. O ato sexual e o cômico: parece que essas duas noções se excluem radicalmente – o ato sexual não representa o momento de máximo envolvimento íntimo, o ponto em relação ao qual o sujeito participante nunca pode assumir a atitude de um observador externo irônico? Exatamente por essa razão, no entanto, o ato sexual só pode parecer minimamente ridículo para aqueles que não estão diretamente envolvidos nele – o efeito cômico surge da própria discórdia entre a intensidade do ato e a calma indiferente da vida cotidiana.

Isso nos traz de volta às contínuas tentativas de "desmistificar" a vulva. Para usar o velho (e de outra forma muito problemático) provérbio, parece que, ao tentar se livrar da água suja, eles cortejam o perigo de também jogar fora o bebê. Seu ataque à ideia da vagina como objeto fetichizado do desejo masculino também ameaça minar a estrutura básica da sublimação sem a qual não há erotismo – o que resta é um mundo plano de realidade comum no qual toda tensão erótica é perdida. Eles exibem seus órgãos "desfetichizados", que são apenas isso – órgãos comuns.

No momento em que levamos em conta a natureza arbitrária da sublimação (qualquer objeto comum pode ser elevado ao nível da Coisa impossível), torna-se claro que a sublimação sexual pode ser facilmente libertada da mistificação patriarcal. O que estamos recebendo em vez desse novo espaço de erotismo é uma versão de algo que, há muito tempo, Max Adorno e Theodor Horkheimer, os dois mestres do marxismo da Escola de Frankfurt, batizaram de "dessublimação repressiva": nossos órgãos sexuais são dessublimados, e o resultado não é uma nova liberdade, mas uma realidade cinzenta na qual o sexo é totalmente reprimido.

Então, e quanto à rejeição a "objetificar" o parceiro sexual? Se tentarmos imaginar um amor sexual "não objetificante", a única coisa que vem à mente é um amor que operaria em condições do "véu de ignorância" – cenário imaginado por John Rawls para ilustrar sua noção de justiça social. Quando você tenta decidir qual modelo de sociedade é mais justo, seu julgamento só é válido se você ignora o (ou age como se não soubesse qual) lugar que você ocupa na hierarquia social – em suma, o modelo que você defende deve ser aquele que você também escolheria mesmo se estivesse na base da escala social. O problema do amor é que ele é, por definição, injusto: a escolha do objeto de amor não é apenas extremamente parcial, baseada em como você "objetifica" o amado, mas também "irracional" na medida em que não é transparente para o sujeito apaixonado. Se você sabe por que se apaixonou, por definição, não é amor.

30
ROMA DE CUARÓN: A ARMADILHA DA BONDADE

A primeira vez que assisti ao filme *Roma*, de Alfonso Cuarón, deixou-me com um gosto amargo: sim, a maioria dos críticos tem razão em celebrá-lo como um clássico instantâneo, mas não consegui me livrar da ideia de que essa percepção predominante é sustentada por uma terrível, quase obscena, má interpretação, e de que o filme é celebrado por todos os motivos errados.

Roma é interpretada como uma homenagem a Cleo, uma empregada doméstica do bairro de Colonia Roma, na Cidade do México, que trabalha na casa de classe média de Sofia, seu marido Antonio, seus quatro filhos pequenos, a mãe de Sofia, Teresa, e outra empregada, Adela. Ocorre em 1970, época de grandes protestos estudantis e agitação social. Como já em seu filme anterior *Y Tu Mamé También*, Cuarón mantém uma distância entre os dois níveis, os problemas familiares (Antonio deixando sua família por uma amante mais jovem, Cleo engravidando de um namorado que a abandona imediatamente), e esse foco em um tópico familiar íntimo torna a presença opressiva das lutas sociais ainda mais palpável como o pano de fundo difuso, mas onipresente. Como o diria Fredric Jameson, a História como Real não pode ser retratada diretamente, mas apenas como um pano de fundo elusivo que deixa sua marca nos eventos retratados.

Será então que *Roma* realmente apenas celebra a bondade simples e a dedicação altruísta de Cleo à família? Será que ela pode realmente ser reduzida ao objeto de amor supremo de uma família mimada de classe média alta, aceita (quase) como parte da família para ser melhor explorada, física e emocionalmente? A tessitura do filme é repleta de sinais sutis que indicam que a própria imagem da bondade de Cleo é uma armadilha, objeto de uma crítica implícita, que denuncia sua dedicação como resultado de sua cegueira ideológica. Não tenho em mente aqui apenas as dissonâncias óbvias na maneira como os familiares tratam Cleo: imediatamente após professarem seu amor por ela e conversarem com ela "como iguais", eles abruptamente a pedem para fazer alguma tarefa doméstica ou para servir-lhes algo. O que me impressionou foi, por exemplo, a exibição da brutalidade indiferente de Sofia em sua ébria tentativa de estacionar o Ford Galaxie da família na estreita área da garagem; como ela arranha repetidamente a parede, fazendo com que pedaços de gesso caiam. Embora essa brutalidade possa ser justificada por seu desespero subjetivo (ser abandonada pelo marido), a lição é que, por causa de sua posição dominante, ela pode se dar ao luxo de agir assim (os criados consertarão o muro), enquanto Cleo, que se encontra ela mesma em uma situação muito mais terrível, simplesmente não pode se permitir tais explosões "autênticas" – mesmo quando todo o seu mundo está desmoronando, o trabalho tem que continuar.

A verdadeira situação de Cleo surge pela primeira vez em toda a sua brutalidade no hospital, depois que ela dá à luz uma menina natimorta; várias tentativas de ressuscitar o bebê falham, e os médicos entregam o corpo a Cleo por alguns momentos antes de retirá-lo. Muitos críticos que viram nessa cena o momento mais traumático do filme não se deram conta da sua ambiguidade: como aprendemos mais tarde no filme (mas já podemos suspeitar agora), o que realmente a traumatiza é que ela não quer um filho, então um corpo morto em suas mãos é na verdade uma boa notícia.

No final do filme, Sofia leva a família para passar férias nas praias de Tuxpan, levando Cleo para ajudá-la a lidar com sua perda (na verdade, eles a querem usar como empregada, embora ela tenha acabado de passar por um doloroso parto de natimorto). Sofia conta aos filhos durante o jantar que ela e o pai estão separados e que a viagem é para que o pai possa recolher os pertences em casa na ausência deles. Na praia, os dois filhos do meio quase são levados pela forte correnteza, até que Cleo entra no oceano para salvá-los do afogamento, embora ela mesma não saiba nadar. Enquanto Sofia e as crianças afirmam seu amor por Cleo por essa devoção altruísta, Cleo desmorona por intensa culpa, revelando que ela não queria o seu filho. Eles voltam para casa, onde as estantes foram retiradas e vários quartos redistribuídos. Cleo prepara uma carga de roupa para lavar, dizendo a Adela que ela tem muito a lhe contar, enquanto um avião sobrevoa.

Depois que Cleo salva os dois meninos, todos eles (Sofia, Cleo e os meninos) se abraçam fortemente na praia – um momento de falsa solidariedade, se é que já houve alguma, um momento que simplesmente confirma a maneira como Cleo foi pega na armadilha que a escraviza. Será que estou sonhando aqui? A minha leitura não é muito louca? Acho que Cuarón dá uma dica sutil nessa direção no nível da forma. A cena inteira de Cleo salvando as crianças é filmada em uma tomada longa, com a câmera movendo-se transversalmente, sempre focada em Cleo. Ao assistir a essa cena, não se pode evitar a sensação de uma estranha dissonância entre forma e conteúdo: enquanto o conteúdo é um gesto patético de Cleo que, logo após o traumático parto de natimorto, arrisca a vida pelas crianças, a forma ignora totalmente esse contexto dramático. Não há troca de tomadas entre Cleo entrando na água e as crianças, nenhuma tensão dramática entre o perigo que as crianças correm e seu esforço para salvá-las, nenhum ponto de vista retratando o que ela vê. Essa estranha inércia da câmera, sua recusa em se envolver no drama, provê de maneira palpável o desembaraço de Cleo do papel patético de uma serva fiel pronta para se sacrificar.

Há mais um indício de emancipação nos momentos finais do filme, quando Cleo diz a Adela: "Tenho muito a lhe contar". Talvez isso signifique que Cleo esteja finalmente se preparando para sair da armadilha da sua "bondade", percebendo que a sua dedicação abnegada à família é a própria personificação da sua servidão. Em outras palavras, o afastamento total de Cleo das preocupações políticas, sua dedicação ao serviço altruísta, é a própria forma de sua identidade ideológica, é como ela "vive" a ideologia. Talvez, contar a Adela sobre a sua situação seja o início da "consciência de classe" de Cleo, o primeiro passo que a levará a se juntar aos manifestantes na rua. Uma nova figura de Cleo surgirá dessa maneira, muito mais fria e implacável – uma figura de Cleo liberta de suas correntes ideológicas.

Mas talvez não. É muito difícil nos livrarmos das correntes nas quais não apenas nos sentimos bem, mas sentimos que estamos fazendo algo de bom. Como T.S. Eliot o colocou em seu *Murder in the Cathedral* [*Assassínio na catedral*], o maior pecado é fazer a coisa certa pelo motivo errado.

31
FELICIDADE? NÃO, OBRIGADO!

Se há uma figura que se destaca como o herói do nosso tempo é Christopher Wylie, um gay canadense vegano, que, aos 24 anos, teve uma ideia que levou à fundação da Cambridge Analytica, uma empresa de análise de dados que passou a reivindicar um papel importante na campanha pela saída para o referendo sobre a adesão da Grã-Bretanha à União Europeia; mais tarde, ele se tornou uma figura-chave em operações digitais durante a campanha eleitoral de Donald Trump, criando a ferramenta de guerra psicológica de Steve Bannon. O plano de Wylie era invadir o Facebook e colher os perfis do Facebook de milhões de pessoas nos Estados Unidos e usar suas informações privadas e pessoais para criar perfis psicológicos e políticos sofisticados e, em seguida, direcioná-los com anúncios políticos projetados para operar sobre suas constituições psicológicas. A certa altura, Wylie ficou genuinamente assustado: "É uma loucura. A empresa criou perfis psicológicos de 230 milhões de americanos. E agora eles querem trabalhar com o Pentágono? É como Nixon tomando esteroides anabolizantes"[81].

O que torna essa história tão fascinante é que ela combina elementos que normalmente percebemos como opostos. A direita alternativa se apresenta como um movimento que aborda

---

81. Cf. https://www.theguardian.com/news/2018/mar/17/data-war-wh istleblower-christopher-wylie-facebook-nix-bannon-trump

as preocupações de pessoas brancas comuns, trabalhadoras e profundamente religiosas que defendem valores tradicionais simples e abominam excêntricos corruptos como homossexuais e veganos; mas eles também são nerds digitais – e agora descobrimos que seus triunfos eleitorais foram planejados e orquestrados precisamente por um nerd que defende tudo a que eles se opõem. Há mais do que um valor anedótico nesse fato: ele sinaliza claramente a vacuidade do populismo da direita alternativa, que precisa contar com os últimos avanços tecnológicos para manter seu apelo popular caipira. Além disso, dissipa a ilusão de que ser um nerd de computador marginal representa automaticamente uma posição antissistema "progressista". Em um nível mais básico, um olhar mais atento ao contexto da Cambridge Analytica deixa claro como a manipulação fria e o cuidado com o amor e o bem-estar humano são os dois lados da mesma moeda. Em "The New Military-Industrial Complex of Big Data Psy-Ops" [O Novo Complexo Industrial-Militar de Operações Psicológicas com Big Data], que apareceu no *The New York Review of Books*[82], Tamsin Shaw explora "o papel que as empresas privadas desempenham no desenvolvimento e implantação de tecnologias comportamentais financiadas pelo governo"; o caso exemplar dessas empresas é, claro, a Cambridge Analytica:

> Dois jovens psicólogos são fundamentais para a história da Cambridge Analytica. Um deles é Michal Kosinski, que desenvolveu um aplicativo com um colega da Universidade de Cambridge, David Stillwell, que mede traços de personalida-

---

82. Todas as citações que se seguem são de https://www.nybooks.com/daily/2018/03/21/the-digital-military-industrial-complex/?utm_medium=email&utm_campaign=NYR%20Wolves%20Orban%20Cambridge%20Analytica&utm_content=NYR%20Wolves%20Orban%20Cambridge%20Analytica+CID_54761ca178aa65ea5c4a4410b9616c02&utm_source=Newsletter&utm_term=The%20New%20Military-Industrial%20Complex%20of%20Big%20Data%20Psy-Ops

de analisando "curtidas" no Facebook. Em seguida, foi usado em colaboração com o World Well-Being Project, um grupo do Centro de Psicologia Positiva da Universidade da Pensilvânia especializado no uso de big data para medir saúde e felicidade a fim de melhorar o bem-estar. O outro é Aleksandr Kogan, que também trabalha no campo da psicologia positiva e escreveu artigos sobre felicidade, bondade e amor (de acordo com o seu currículo, um dos primeiros artigos se chamava "Down the Rabbit Hole: A Unified Theory of Love" [Na toca do coelho: uma teoria unificada do amor]). Ele dirigia o Laboratório de Pró-socialidade e Bem-Estar, sob os auspícios do Instituto do Bem-Estar da Universidade de Cambridge.

O que deve atrair nossa atenção aqui é a "intersecção bizarra de pesquisas sobre temas como amor e bondade com interesses de defesa e inteligência": Por que essas pesquisas atraem tanto o interesse de agências de inteligência americana e empresas de defesa, com a sinistra DARPA (Defense Advanced Research Projects Agency [Agência de Projetos de Pesquisa Avançada da Defesa] do governo dos Estados Unidos) sempre à espreita? O pesquisador que personifica essa interseção é Martin Seligman: em 1998, ele "fundou o movimento da psicologia positiva, dedicado ao estudo de traços e hábitos psicológicos que promovem a felicidade e o bem-estar autênticos, gerando uma enorme indústria de livros populares de autoajuda. Ao mesmo tempo, seu trabalho atraiu interesse e financiamento dos militares como parte central de sua iniciativa de resiliência de soldados".

Essa interseção leva-nos para muito além da política quotidiana, para o domínio da ética pura: não é imposta externamente às ciências do comportamento pelos "maus" manipuladores políticos, mas está implícita na sua orientação imanente: "O objetivo desses programas não é simplesmente analisar nossos estados mentais subjetivos, mas descobrir meios pelos quais podemos ser 'empurrados' na direção do nosso verdadeiro bem-estar, como os psicólogos positivos o entendem, o que inclui atributos como resiliência e otimismo". O problema, claro, é que esse "empurrar" não afeta os indivíduos no sentido de fazê-los superar suas "irracionalidades" percebidas pela pesquisa científica:

> As ciências comportamentais contemporâneas visam explorar nossas irracionalidades em vez de superá-las. Uma ciência orientada para o desenvolvimento de tecnologias comportamentais está fadada a nos ver estritamente como sujeitos manipuláveis, em vez de agentes racionais. Se essas tecnologias estão se tornando o núcleo das operações cibernéticas militares e de inteligência americanas, parece que teremos que trabalhar mais para evitar que essas tendências afetem a vida cotidiana de nossa sociedade democrática.

Após a erupção do escândalo da Cambridge Analytica, todos esses eventos e tendências foram amplamente cobertos pelos meios de comunicação social liberais, e a imagem geral que daí surgiu, combinada com o que também sabemos sobre as ligações entre os últimos desenvolvimentos em biogenética (conectando o cérebro humano etc.), oferece uma impressão ampla – e aterrorizante – das novas formas de controle social que fazem o bom e velho "totalitarismo" do século XX parecer uma máquina de controle bastante primitiva e desajeitada. Assange estava certo em seu livro-chave estranhamente ignorado sobre o Google[83]: para entender como nossas vidas são reguladas hoje e como essa regulação é vivenciada como nossa liberdade, temos que nos concen-

---

83. Cf. Julian Assange, *When Google Met WikiLeaks* (New York: OR Books, 2014).

trar na relação sombria entre as corporações privadas que controlam nossos comuns e as agências estatais secretas. Deveríamos ficar chocados não com a China, mas com nós mesmos, que aceitamos a mesma regulação enquanto acreditamos que mantemos nossa total liberdade e a mídia apenas nos ajuda a realizar nossos objetivos (enquanto na China as pessoas têm plena consciência de que são reguladas). A maior conquista do novo complexo militar cognitivo é que a opressão direta e óbvia já não é necessária: os indivíduos são muito mais bem controlados e "empurrados" na direção desejada quando continuam a se experimentar como agentes livres e autônomos de sua própria vida.

Mas todos esses fatos são bem conhecidos e temos de dar um passo adiante. A crítica predominante prossegue no caminho da desmistificação: por baixo da pesquisa aparentemente inocente sobre felicidade e bem-estar, ela discerne um complexo gigantesco, sombrio e oculto de controle e manipulação social exercido pelas forças combinadas de corporações privadas e agências estatais. Mas o que é urgentemente necessário é também o movimento oposto: em vez de apenas perguntar qual conteúdo sombrio está oculto sob a forma de pesquisa científica sobre a felicidade, devemos nos concentrar na própria forma. Será que o tema da pesquisa científica sobre o bem-estar e a felicidade humana (pelo menos da forma como é praticada hoje) é realmente tão inocente, ou será que já está em si permeado pela postura de controle e manipulação? E se as ciências não forem apenas mal utilizadas? E se elas encontrarem aqui precisamente seu uso adequado? Devemos questionar o recente surgimento de uma nova disciplina, os "estudos da felicidade". Como é que, em nossa era de hedonismo espiritualizado, quando o objetivo da vida é definido diretamente como felicidade, ansiedade e depressão estão explodindo? É o enigma dessa autossabotagem da felicidade e do prazer que torna a mensagem de Freud mais atual do que nunca.

Como sói acontecer, o Butão, um país em desenvolvimento, expôs ingenuamente as absurdas consequências sociopolíticas dessa noção de felicidade: duas décadas atrás, o Reino do Butão decidiu se concentrar na Felicidade Nacional Bruta (FNB) em vez do Produto Nacional Bruto (PNB); a ideia foi criação do ex-rei Jigme Singye Wangchuck, que procurou conduzir o Butão para o mundo moderno, ao mesmo tempo preservando a sua identidade única. Com as pressões da globalização e do materialismo aumentando, e o pequeno país pronto para as suas primeiras eleições, o imensamente popular novo rei educado em Oxford, Jigme Khesar Namgyel Wangchuck, de 27 anos, ordenou que uma agência estatal calculasse quão felizes eram as 670.000 pessoas do reino. Funcionários disseram que já haviam feito uma pesquisa com cerca de 1.000 pessoas e elaboraram uma lista de parâmetros para ser feliz – semelhante ao índice de desenvolvimento monitorado pelas Nações Unidas. As principais preocupações foram identificadas como bem-estar psicológico, saúde, educação, boa governança, padrões de vida, vitalidade da comunidade e diversidade ecológica. Isso é imperialismo cultural, se alguma vez houve um[84].

Devemos arriscar aqui dar um passo adiante e investigar o lado oculto da própria noção de felicidade – quando, exatamente, pode-se dizer que um povo é feliz? Em um país como a Tchecoslováquia no final dos anos 1970 e 1980, as pessoas eram de certa forma efetivamente felizes: três condições fundamentais de felicidade eram satisfeitas. Em primeiro lugar, suas necessidades materiais eram basicamente satisfeitas – não

---

84. Cf. "Bhutan tries to measure happiness", ABC News (March 24, 2008).

muito satisfeitas, uma vez que o excesso de consumo pode, por si só, gerar infelicidade. É bom experimentar uma breve escassez de alguns produtos no mercado de vez em quando (sem café por alguns dias, depois sem carne, depois sem aparelhos de TV): esses breves períodos de escassez funcionavam como exceções que lembravam às pessoas de que deveriam estar felizes porque os bens estavam geralmente disponíveis. Se tudo está disponível o tempo todo, as pessoas tomam isso como um fato evidente da vida e já não valorizam sua sorte. A vida, portanto, transcorria de maneira regular e previsível, sem grandes esforços ou sobressaltos, e as pessoas podiam retirar-se para o seu nicho privado. Uma segunda condição extremamente importante para a felicidade era que o Outro (o Partido) podia ser culpado por tudo que desse errado, de modo que as pessoas não se sentiam realmente responsáveis. Se houvesse uma escassez temporária de alguns bens, mesmo se o tempo tempestuoso causasse grandes danos, a culpa era "deles". E por último, mas não menos importante, havia um Outro Lugar (o Ocidente consumista), sobre o qual se podia sonhar, e até mesmo visitar às vezes – esse lugar estava à distância certa, nem muito longe, nem muito perto. Esse frágil equilíbrio foi perturbado – por quê? Pelo desejo, precisamente. O desejo foi a força que compeliu o povo a ir além – e a acabar em um sistema no qual a grande maioria é definitivamente menos feliz[85].

A felicidade é, portanto, em si mesma (no seu próprio conceito, como diria Hegel) confusa, indeterminada, inconsistente. Lembre-se da resposta proverbial de um imigrante alemão nos Estados Unidos que, quando perguntado "Você está feliz?" respondeu: "Sim, sim, estou muito feliz, *aber gluecklich bin ich nicht...* [mas feliz não estou – em ale-

---

85. Retomo aqui a linha de pensamento plenamente desenvolvida no capítulo 1 de Slavoj Žižek, *First as Tragedy, Then as Farce* (London: Verso Books, 2009).

mão!]". É uma categoria pagã: para os pagãos, o objetivo da vida é viver uma vida feliz (a ideia de viver "felizes para sempre" já é uma versão cristianizada do paganismo), e a experiência religiosa e a atividade política mesmas são consideradas a forma mais elevada de felicidade (cf. Aristóteles). Não é de admirar que o próprio Dalai Lama esteja tendo tanto sucesso recentemente, pregando ao redor do mundo o evangelho da felicidade, e não é de admirar que ele esteja encontrando a maior resposta nos Estados Unidos, este império supremo da (busca da) felicidade. A felicidade depende da incapacidade ou indisposição do sujeito para enfrentar plenamente as consequências do seu desejo: o preço da felicidade é que o sujeito permaneça preso na inconsistência do seu desejo. Em nossas vidas diárias, nós (fingimos) desejar coisas que não desejamos realmente, de modo que, no final das contas, a pior coisa que pode acontecer é conseguirmos o que "oficialmente" desejamos. A felicidade é, portanto, inerentemente hipócrita: é a felicidade de sonhar com coisas que realmente não queremos.

Anos atrás, perguntei a Agnes Heller (que foi, nas décadas de 1950 e 1960, a assistente de Georg Lukács em Budapeste) por que Lukács viajou tão pouco para o Ocidente nessa época; por que ele ficava a maior parte do tempo em casa em Budapeste? Foi porque, depois de participar do governo de Imre Nagy durante a rebelião antissoviética de 1956, as autoridades não confiavam nele o suficiente para permitir tais viagens, ou simplesmente porque ele não queria viajar? Sua resposta foi: ambos. Ele realmente não queria viajar, mas não iria admitir isso para si mesmo, então pediu repetidamente permissão para viajar para o Ocidente e sentia uma sensação de alívio quando seu pedido era rejeitado. Em suma, quando isso acontecia, Lukács ficava feliz – feliz porque conseguia evitar a verdade do seu desejo, feliz porque conseguia descartar a proibição (de viajar) que era inerente ao seu desejo como imposta externamente. A função do tratamento psicanalítico é precisamente nos obrigar a livrar-nos desses jogos e assumir a verdade do nosso desejo – é isso que Lacan pretendia ao afirmar que a única coisa de que você pode ser culpado é ceder do seu desejo.

Será que não encontramos um gesto semelhante em grande parte da política de esquerda? Quando um partido de esquerda radical deixa por pouco de ganhar uma eleição e de tomar o poder, pode-se amiúde detectar um suspiro oculto de alívio: graças a deus perdemos, quem sabe em que problemas teríamos nos metido se ganhássemos. No Reino Unido, muitos esquerdistas admitem em particular que a quase vitória do Partido Trabalhista nas eleições gerais de 2017 foi a melhor coisa que poderia ter acontecido, muito melhor do que a insegurança do que poderia ter acontecido se o governo trabalhista tivesse tentado implementar seu programa. O mesmo vale para a perspectiva da eventual vitória de Bernie Sanders. Quais teriam sido as suas chances contra a investida do grande capital? A mãe de todos esses gestos é a intervenção soviética na Tchecoslováquia, que esmagou a Primavera de Praga e sua esperança de socialismo democrático. Imaginemos a situação da Tchecoslováquia sem a intervenção soviética: muito em breve, o governo "reformista" teria que enfrentar o fato de que não havia possibilidade real de socialismo democrático naquele momento histórico, então teria de escolher entre reafirmar o controle do partido – ou seja, estabelecendo um limite claro para as liberdades – e permitir que a Tchecoslováquia se tornasse um dos países capitalistas democráticos liberais ocidentais. De certa forma, a intervenção soviética salvou a Primavera de Praga – salvou a Primavera de Praga como um sonho, como uma esperança de que, sem a intervenção, uma nova forma de socialismo democrático pudesse ter surgido.

E não aconteceu algo semelhante na Grécia quando o governo do Syriza organizou o referendo contra a pressão de Bruxelas para aceitar a política de austeridade? Muitas fontes internas confirmam que o governo esperava secretamente perder o referendo, caso em que teria que renunciar e deixar que outros fizessem o trabalho sujo da austeridade. Como venceram, essa tarefa recaiu sobre eles, e o resultado foi a autodestruição da esquerda radical na Grécia. Sem nenhuma dúvida, o Syriza teria ficado muito mais feliz se tivesse perdido o referendo.

Talvez o maior retrato da felicidade no domínio das artes se encontre nos grandes retratos masculinos de Giacomo Rossini, os três de *O Barbeiro de Sevilha* ("Largo al factotum" de Figaro, "Calumnia" de Basilio e "Un dottor della mia sorte" de Bartolo), mais o ilusório autorretrato de corrupção do pai em *La Cenerentola*, encenam uma autorreclamação zombeteira, na qual a pessoa se imagina em uma posição desejada, sendo bombardeada por demandas de favor ou serviço. O sujeito muda duas vezes de posição: primeiro, ele assume os papéis de quem se dirige a ele, realizando a multidão avassaladora de demandas que o bombardeiam; então, ele finge reação a isso, o estado de profunda satisfação em ser sobrecarregado por demandas que não pode cumprir. Tomemos o pai em *Cenerentola*: em um maravilhoso papel de *basso buffo caricato*, ele imagina como, quando uma de suas filhas estiver casada com o príncipe, as pessoas se voltarão para ele, oferecendo-lhe subornos por um serviço na corte, e ele reagirá a isso primeiro com uma deliberação astuta, e depois com um falso desespero por ser bombardeado com tantos pedidos. O momento culminante da arquetípica ária de Rossini é esse momento único de felicidade, da plena afirmação do excesso de Vida que ocorre quando o sujeito é assoberbado por demandas, já não podendo lidar com elas. No ponto alto de sua ária "factotum", Figaro exclama: "Que multidão / de pessoas me bombardeando com suas demandas / – tende piedade, uma de cada vez / *uno per volta, per carita*/!" referindo-se com isso à experiência kantiana do Sublime, na qual o sujeito é bombardeado com um excesso de dados que não consegue compreender. Isso, então, é a felicidade: não um estado pacífico de satisfação, mas a rejeição zombeteiramente desesperada de demandas sobre nós.

Então, de volta ao nosso ponto de partida: não apenas somos controlados e manipulados, as pessoas "felizes" secreta e hipocritamente demandam até mesmo serem manipuladas para o seu próprio bem. A verdade e a felicidade não andam juntas – a verdade machuca, traz instabilidade, arruína o bom fluxo de nossas vidas diárias. Aí reside a lição ética da realidade estruturada como um espaço não orientável – a escolha última que enfrentamos é: queremos ser felizmente manipulados ou ousamos nos expor aos riscos da criatividade autêntica, às ansiedades contínuas que esses riscos engendram? E é crucial ver como essa ética se baseia na falta de apoio em qualquer figura do "grande Outro". Alguém poderia pensar que, se não há um grande Outro, nenhuma agência superior que forneça um ponto de referência firme, a única escolha ética consistente é uma busca hedonista da felicidade – nós só temos este mundo, frágil e pouco confiável como é, então pegue toda a sorte que puder. E parece que qualquer privilégio de dever ético deve evocar algum ponto de referência transcendente que garanta sua urgência. No entanto, olhando mais de perto, logo fica claro que a felicidade, mesmo em sua versão mais terrena, sempre precisa depender de alguma figura do grande Outro. Por quê? G.K. Chesterton inverte a (equivocada) percepção padrão segundo a qual a antiga atitude pagã é a da afirmação alegre da vida, enquanto o cristianismo impõe uma ordem sombria de culpa e renúncia. É, ao contrário, a postura pagã que é profundamente melancólica: mesmo que pregue uma vida prazerosa, é no modo de "aproveite enquanto dura, porque, no final, sempre há morte e decadência". A mensagem do cristianismo é, ao contrário, a da alegria infinita sob a superfície ilusória da culpa e da renúncia: "O anel exterior do cristianismo é uma guarda rígida de abnegações éticas e sacerdotes profissionais; mas dentro dessa guarda desumana você encontrará a velha vida humana dançando como crianças, e bebendo vinho como homens; pois o cristianismo é a única estrutura para a liberdade pagã"[86].

Longe de ser a religião do sacrifício, da renúncia aos prazeres terrenos (em contraste com a afirmação pagã da vida de paixões), o cristianismo oferece um estratagema tortuoso para satisfazer nossos desejos sem ter que pagar o preço devido por eles, para aproveitar a vida sem o medo da decadência e da dor debilitante que nos espera no final do dia. Se formos até o fim nessa direção, seria até mesmo possível sustentar a ideia de que aí reside a função última do sacrifício de Cristo: você pode satisfazer seus desejos e gozar; eu paguei o preço disso!

Será que os Estados Unidos são uma exceção aqui? Em sua declaração de independência, os Estados Unidos se definem como a terra da "busca da felicidade". O que isso representa não é uma promessa direta de felicidade – como cidadão dos Estados Unidos, tenho garantida a liberdade de buscar a felicidade, não a felicidade mesma, e depende de mim se vou alcançá-la ou não. Será que isso não põe em jogo a dimensão do desejo? Não, uma vez que o desejo autêntico nunca é um desejo de felicidade. A própria noção de "desejo de felicidade" é uma abominação, equivale a algo como "um desejo de não-desejo, um desejo de ceder do próprio desejo".

---

86. G.K. Chesterton, *Orthodoxy* (San Francisco: Ignatius Press, 1995), p. 139.

32
ASSANGE SÓ TEM A NÓS PARA AJUDÁ-LO!

Finalmente aconteceu – em 11 de abril de 2019, Julian Assange foi arrancado da embaixada do Equador e preso. Não foi nenhuma surpresa: muitos sinais apontavam nessa direção. Uma ou duas semanas antes, o Wikileaks previu a prisão, e o Ministério das Relações Exteriores do Equador respondeu com o que agora sabemos ser uma mentira descarada (que não havia planos para cancelar o asilo de Assange), salpicada com mais mentiras (sobre o Wikileaks publicar fotos da vida privada do presidente equatoriano – por que Assange estaria interessado em fazer isso e assim comprometer o seu asilo?). A recente prisão de Chelsea Manning (amplamente ignorada pela mídia) também foi um elemento nesse jogo. Embora perdoada pelo Presidente Obama, ela foi presa novamente e agora está em confinamento solitário para forçá-la a divulgar informações sobre seus vínculos com o Wikileaks, como parte do processo que aguarda Assange quando (se) os Estados Unidos o pegarem.

Outra dica foi dada quando o Reino Unido disse que não extraditaria Assange para um país onde ele poderia enfrentar a pena de morte (em vez de simplesmente dizer que ele não seria extraditado para os Estados Unidos por causa do Wikileaks) – isso praticamente confirmou a possibilidade de sua extradição para os Estados Unidos. Sem falar na longa e lenta campanha bem-orquestrada de assassinato de caráter que atingiu o nível mais baixo imaginável no início do ano com os rumores não verificados de que os equatorianos querem se livrar dele por causa do seu mau cheiro e roupas sujas. Na primeira fase dos ataques a Assange, seus ex-amigos e colaboradores vieram a público com alegações de que o Wikileaks começou bem, mas depois se atolou no viés político de Assange (sua obsessão anti-Hillary, seus laços suspeitos com a Rússia...). Isso foi seguido por difamações pessoais mais diretas: ele é paranoico e arrogante, obcecado por poder e controle. Então atingimos o nível corporal direto de cheiros e manchas. A única coisa que realmente cheira mal nessa saga são algumas feministas tradicionais que recusaram qualquer solidariedade com Assange sob o *slogan* "Nenhuma ajuda aos estupradores". Uma acusação muito suspeita (para dizer o mínimo) é evocada para justificar a cumplicidade com a brutal pressão dos Estados Unidos sobre um indivíduo indefeso que agora é acusado de 18 novas acusações de traição e espionagem – essa é *também* uma das faces do feminismo de hoje. E a lista de atos vergonhosos continua: em 19 de maio de 2019, a mídia noticiou que "os pertences de Julian Assange do tempo em que viveu na embaixada do Equador em Londres serão entregues aos promotores dos Estados Unidos na segunda-feira, segundo o Wikileaks. Funcionários equatorianos estão viajando para Londres para permitir que os promotores dos Estados Unidos 'sirvam-se' de itens, inclusive documentos jurídicos, registros médicos e equipamentos eletrônicos, conforme foi dito"[87]. Pode-se imaginar um ato mais obsceno de apreensão ilegal?

Assange é um paranoico? Quando você vive permanentemente em um apartamento grampeado por cima e por baixo, vítima de vigilância constante organizada por servi-

---

87. Citado de https://www.theguardian.com/media/2019/may/19/us-prosecutors-julian-assange-wikileaks-ecuadorian-embassy

ços secretos – quem não seria paranoico? Megalomaníaco? Quando o (agora ex-) chefe da CIA diz que a sua prisão é a prioridade dele, será que isso não implica que você é uma "grande" ameaça para alguns, pelo menos? Comportando-se como o chefe de uma organização de espionagem? Mas o Wikileaks é uma organização de espionagem, embora uma que serve ao povo, mantendo-o informado sobre o que acontece nos bastidores.

Nossa grande mídia foca nas ligações de Assange com a Rússia e sua "intromissão" nas eleições americanas – ele conheceu Manafort ou não? etc. Estamos lidando aqui com jogos políticos sujos. Mas não devemos nos prender a esses debates que dizem respeito apenas a uma "contradição secundária" – o Wikileaks é muito mais do que um elemento na luta entre os Estados Unidos e a Rússia, e na luta entre Trump e o *establishment* americano (a "ligação russa " nas eleições presidenciais de 2016). A "contradição principal" aqui é a luta contra as novas formas de controle e regulação digital de nossas vidas, contra a coalizão de agências estatais (a NSA) e grandes corporações (Google etc.), que exercem cada vez mais um controle invisível sobre nossas vidas, um controle que, via de regra, nós sequer conhecemos. É nisso que o Wikileaks realmente consiste, e todo o debate sobre os erros de Assange visa a ofuscar esse ponto-chave.

Então, passemos à grande questão: Por que agora? Acho que um nome explica tudo: Cambridge Analytica – um nome que significa tudo o que Assange representa, aquilo contra o que ele luta: a revelação da ligação entre grandes corporações privadas e agências governamentais. Lembre-se de como a intromissão russa nas eleições dos Estados Unidos era um grande assunto e uma obsessão – agora sabemos que não foram hackers russos (com Assange) que empurraram as pessoas para Trump, mas as nossas próprias agências de processamento de dados, que uniram forças com grupos políticos. Isso não significa que a Rússia e seus aliados sejam inocentes: eles provavelmente tentaram influenciar o resultado da mesma forma que os Estados Unidos o fazem em outros países (só que neste caso se chama ajudar a democracia...). Mas isso significa que o grande lobo mau distorcendo nossa democracia não está no Kremlin – e isso é o que Assange estava dizendo o tempo todo.

Mas onde, exatamente, está esse grande lobo mau? Para se apreender todo o alcance desse controle e manipulação, deve-se ir além do vínculo entre empresas privadas e partidos políticos (como é o caso da Cambridge Analytica), até a interpenetração de empresas de processamento de dados como Google e Facebook e agências de segurança estatais.

A maior conquista do novo complexo cognitivo-militar é que a opressão direta e óbvia já não é necessária: os indivíduos são muito mais bem controlados e "empurrados" na direção desejada quando continuam a se experimentar como agentes livres e autônomos de sua própria vida. Essa é outra lição fundamental do Wikileaks: nossa falta de liberdade é mais perigosa quando é experimentada como o próprio meio de nossa liberdade – o que pode ser mais livre do que o fluxo incessante de comunicações que permite a cada indivíduo popularizar suas opiniões e formar comunidades virtuais por sua própria vontade? Uma vez que em nossas sociedades a permissividade e a livre-escolha foram elevadas a um valor supremo, o controle social e a dominação já não podem aparecer como infringindo a liberdade de um sujeito: têm de aparecer como (e ser sustentados por) a própria autoexperiência dos indivíduos como livres. O que pode ser mais livre do que a nossa navegação irrestrita na web? É assim que opera hoje o "fascismo que cheira a democracia".

Essa é a razão pela qual é absolutamente imperativo manter a rede digital fora do controle do capital privado e do poder estatal – ou seja, torná-la totalmente acessível ao debate público.

Agora podemos ver por que Assange tem de ser silenciado: depois que o escândalo da Cambridge Analytica explodiu, todo o esforço dos que estão no poder foi para reduzi-lo a um "mau uso" particular por algumas empresas privadas e partidos políticos – mas onde está o próprio Estado, os aparatos semi-invisíveis do chamado "Estado profundo"? Não é à toa que o *Guardian*, que reporta extensivamente sobre o "escândalo" da Cambridge Analytica, publicou um ataque repugnante a Assange, acusando-o de ser um megalomaníaco e um fugitivo da justiça[88]. A lição é clara: escreva o quanto quiser sobre a Cambridge Analytica e Steve Bannon, apenas ignore discretamente aquilo para o que Assange estava chamando a nossa atenção – que os aparatos estatais que agora se espera que investiguem o "escândalo" são eles próprios parte do problema.

Assange caracterizou-se como o espião do e para o povo: ele não está espionando o povo para os que estão no poder, ele está espionando os que estão no poder para o povo. É por isso que o único que pode realmente ajudá-lo agora somos nós, o povo. Somente nossa pressão e mobilização podem aliviar sua situação. Muitas vezes se lê como o serviço secreto soviético não apenas puniu seus traidores, ainda que tenha levado décadas para fazê-lo, mas também lutou obstinadamente para libertá-los quando foram capturados pelo inimigo. Assange não tem nenhum Estado atrás dele, apenas nós, o

---

88. Cf. a reportagem sobre como o *Guardian* cobriu o caso Assange em: https://www.blacklistednews.com/article/69548/the-guardians-vilification-of-julian.html

povo – então façamos pelo menos o que o serviço secreto soviético estava fazendo: lutemos por ele, não importa por quanto tempo!

O Wikileaks foi apenas o começo, e o nosso lema deveria ser maoísta: que cem Wikileaks floresçam. O pânico e a fúria com que aqueles no poder, aqueles que controlam nossos comuns digitais, reagiram a Assange é a prova de que essa atividade atinge um nervo exposto. Haverá muitos golpes abaixo da cintura nessa luta – nosso lado será acusado de fazer o jogo do inimigo (como a campanha contra Assange por estar a serviço de Putin), mas devemos nos acostumar e aprender a contra-atacar com interesse, jogando impiedosamente um lado contra o outro a fim de derrubá-los todos. Lênin e Trotsky também não foram acusados de serem pagos pelos alemães e/ ou pelos banqueiros judeus? Quanto ao medo de que tal atividade perturbe o funcionamento de nossas sociedades e assim ameace milhões de vidas: devemos ter em mente que são os que estão no poder que estão prontos para desligar seletivamente a rede digital para isolar e conter protestos – quando insatisfações públicas massivas explodem, o primeiro passo é sempre desconectar a internet e o celular. Isso significa que "Assange" é o nome da luta que está apenas começando, e que as reações furiosas dos poderosos não devem nos surpreender. Em meados de junho de 2019, o ministro do Interior do Reino Unido, Sajid Javid, assinou um pedido de extradição de Julian Assange para os Estados Unidos; no programa *Today* da BBC Radio 4 de 13 de junho, ele explicou seu ato:

> [Assange] está com razão atrás das grades. Há um pedido de extradição dos Estados Unidos que estará amanhã perante os tribunais, mas ontem eu assinei a ordem de extradição e a certifiquei, e ela vai para os tribunais amanhã… Trata-se, em última análise, de uma decisão que cabe aos tribunais, mas há uma parte muito im-

portante dela que cabe ao ministro do interior e quero ver a justiça ser feita o tempo todo e temos um pedido de extradição legítimo, então eu o assinei, mas a decisão final cabe agora aos tribunais[89].

Essa curta passagem murmurada merece ser lida de maneira detalhada: o que chama a atenção de imediato é como a alegação de que cabe aos tribunais decidir é repetida três vezes (a ordem que assinou "vai para os tribunais amanhã"; trata-se "em última análise, de uma decisão que cabe aos tribunais"; "a decisão final cabe agora aos tribunais"), e essa mesma tripla insistência indica que algo está errado aqui. A verdadeira premissa tácita de Javid é que precisamente *não* cabe aos tribunais decidir: a decisão já foi tomada ("ontem"), o sistema de justiça do Reino Unido já decidiu cumprir os desejos dos Estados Unidos, e os tribunais estão aqui apenas para confirmá-lo retroativamente ("amanhã"). Em outras palavras, sua afirmação de que quer "ver a justiça ser feita o tempo todo" significa que, nesse caso, a justiça já foi feita antes mesmo de o julgamento começar – essa é a única maneira de entender sua afirmação de que Assange "está com razão atrás das grades". Essa também é a única maneira de entender outro ato estranho e flagrantemente ilegal que aconteceu três semanas antes do prazo final para os Estados Unidos arquivarem seu pedido final de extradição de Assange: autoridades equatorianas foram a Londres para permitir que os promotores americanos "se servissem" (!) dos pertences de Assange. Nem os advogados de Assange nem os funcionários da ONU receberam permissão para estarem presentes na apreensão ilegal de sua propriedade, que foi "solicitada pelas autoridades dos Estados Unidos da América". "O material

---

89. https://www.theguardian.com/media/2019/jun/13/julian-assange
-sajid-javid-signs-us-extradition-order

inclui dois de seus manuscritos, bem como seus documentos jurídicos, registros médicos e equipamentos eletrônicos. A apreensão de seus pertences viola as leis que protegem a confidencialidade médica e jurídica e a proteção da imprensa"[90]. Baltasar Garzón, um dos advogados de Assange, caracterizou apropriadamente essa apreensão:

> É incompreensível que o país que lhe proporcionou proteção esteja agora aproveitando-se da sua posição privilegiada para entregar seus pertences ao país que o persegue. Esses pertences serão apreendidos sem ordem judicial, sem proteger os direitos dos refugiados políticos, sem respeitar a cadeia de custódia. E isto é agravado pelo sistema de gravações ilícitas que ocorria na embaixada, e acerca do qual uma queixa já foi apresentada. A violação sistemática dos direitos de Assange está indo além dos limites concebíveis[91].

A única maneira de entender a ilegalidade desse ato vergonhoso é que ele foi feito propositalmente de forma tão brutal, sem respeito pelas sutilezas legais, uma vez que a ilegalidade é em si a sua principal mensagem para o público crítico: "Não mexa com a gente; se o fizer, vamos esmagá-lo impiedosamente". Então, onde estão todos aqueles comentaristas sábios que aconselharam Assange a se render, uma vez que passaria apenas algumas semanas na prisão, e que rejeitaram a ideia de que enfrentaria extradição e prisão perpétua nos Estados Unidos como nada mais do que o resultado de sua megalomania paranoica? Onde estão agora aqueles colunistas desprezíveis que refletiram sobre como Assange "excedeu sua estadia na embaixada do Equador" – sério? Que escolha ele tinha? Para onde ele deveria ter ido? Onde estão agora

---

90. https://defend.wikileaks.org/category/news/#post-2562
91. https://elpais.com/elpais/2019/05/13inenglish/1557735550_398996.html

todas aquelas "feministas" que afirmaram que um estuprador como Assange não é digno de nossa solidariedade? A postura mais repugnante é a afirmação de que Assange deveria ser extraditado para a Suécia, não para os Estados Unidos: como se as acusações contra ele que são evocadas para justificar sua extradição para a Suécia não fossem profundamente contestadas – ou seja, como se, outra vez, como no caso da alegação de Javid, a culpa de Assange já estivesse provada.

Aqueles que realmente se importam com a liberdade do nosso espaço público devem fazer (pelo menos) duas coisas agora. Primeiro, Assange, Manning e Snowden são autênticos heróis públicos que deveriam ser celebrados como o artista dissidente chinês Ai Weiwei (que, em sua homenagem, participou de um protesto público por Assange em Berlim). Em segundo lugar, não devemos apenas esperar, mas solicitar ativamente a ascensão de novos Assanges nos países árabes, na China e na Rússia. Nossos liberais costumam perguntar o que teria acontecido com alguém como Assange em um país autoritário como um dos listados acima. Agora sabemos a resposta: algo próximo ao que está acontecendo com ele agora.

APÊNDICE

33
SERÁ QUE AVITAL RONELL É REALMENTE TÓXICA?

Sim, realmente tem a ver com poder!

O principal motivo que perpassa as reações críticas aos meus dois pequenos textos sobre o caso contra a professora feminista da NYU Avital Ronell é que eu ignoro (ou não entendo) o jogo de poder na academia: o poder que os professores, especialmente os orientadores de tese, exercem sobre seus alunos e assistentes, o poder de construir ou destruir a sua carreira inteira e perspectivas de emprego. É este o caso? Longe de ignorar o exercício do poder, apenas acho que se deve olhar mais de perto como funcionou neste caso.

É claro que Avital cometeu um grave erro ao se envolver na excêntrica relação de amizade que teve com seu acusador – uma mancada, mas não um crime, como disse alguém que simpatiza com ela. O que estava errado não é essa relação enquanto tal, mas o fato de ter acontecido entre um aluno e sua mentora, e, aos olhos de seus críticos, isso é suficiente para prolatar a sentença final: Avital exerceu um poder brutal para explorar e humilhar seu aluno. Para mim, é aqui que os problemas começam. Institucionalmente, ela era seu superior, exercendo poder sobre ele. Na mídia, Avital é retratada como uma megaestrela acadêmica com o poder de fornecer posições titulares e arruinar ou criar carreiras. Essa não é a Avital que eu conheço. O que eu sei é que ela tinha muitos inimigos na NYU (alguns até mesmo tentaram me colocar contra ela), que um estudante africano a acusou de racismo porque em sua aula ela interpretou um poema de Hölderlin que menciona "lindas senhoras marrons" etc. Sim, ela pode ser "maldosa", como se costuma dizer, mas também pode ser muito engajada e prestativa. Para ver isso, basta ler as cartas dela para ele e dele para ela, na medida em que estão disponíveis. A figura de Avital que emerge delas é a de uma pessoa exigente, intimidadora, controladora, perspicaz, matizada e perceptiva – mas ao mesmo tempo atenciosa e prestativa, e, acima de tudo, bastante insegura, agarrando-se quase desesperadamente a garantias formais, embora ciente de que não são sinceras (no estilo de "mesmo que você não acredite, apenas finja..."). Essa definitivamente não é uma mestra controladora desfrutando sadicamente de seu poder. Quanto ao acusador, basta ler o que está disponível de suas mensagens para ela, especialmente a partir de quando ele começou a reclamar dela em suas mensagens para outras pessoas. "Não sei como teria sobrevivido sem você. Você é a melhor, minha alegria, meu milagre. Enviando-lhe amor infinito, beijos e devoção, seu – n." "Doce Amada, fiquei tão feliz em vê-la esta noite e passarmos um tempo juntos. Foi tão mágico e importante, crucial de tantas maneiras. Nossa intimidade compartilhada foi uma cadência gloriosa para o nosso tempo em Berlim. Obrigado por esses momentos de união e amor total e puro!... Infinitamente, – n" "Obrigado por ser minha bênção mais preciosa. Com amor, seu – n." "Minha mais querida, não tive notícias suas durante toda essa viagem oriental... Por favor, mande-me uma linha para que eu saiba que você está bem, tenho andado preocupado com você ... abraços, n." Além disso, sua mãe convidou Avital para o casamento de sua irmã em Israel. Ademais, podemos ler nos agradecimentos de sua tese: "Agradeço os ensinamentos de Avital, sua leitura cuidadosa, apoio sensível... e sua escuta incessante de todos os meus caprichos".

Será que essas são as palavras e os atos de um estudante indefeso aterrorizado por uma figura de poder? Quanto à excentricidade de Avital, devo acrescentar que os rumores sobre ela são de conhecimento geral – considero simplesmente impossível que alguém que tenha decidido escolhê-la como orientadora não os tenha ouvido. Então eu acho que as palavras e atos do acusador são muito mais as palavras e os atos de um homem que impiedosamente aproveitou a oportunidade e jogou o jogo enquanto pareceu avançar sua carreira, tentando espremer o máximo possível (observe quão frequentemente seus e-mails incluem um pedido para revisar e editar seus escritos!), e que então se voltou contra seu mentor quando ficou claro que não havia nenhum posto efetivo esperando por ele. Faz parte do jogo acadêmico nos Estados Unidos que se aqueles aos quais um professor orienta tiverem sucesso – esse sucesso aumenta a reputação do professor, e Avital certamente ajudou seu acusador a publicar seus textos, a receber seu doutorado em tempo recorde, a obter três prestigiosas posições de pós-doutorado. Então sim, o caso de Avital e seu acusador é um caso de poder, de um professor que se envolveu em uma relação quase autodestrutiva, e de seu aluno que explorou impiedosamente a situação e acabou afirmando o *seu* poder sobre ela.

A relação entre Avital e seu acusador é um exemplo bastante atípico de como o poder funciona na academia americana. É um caso complexo e excêntrico, longe do típico professor autoconfiante que explora impiedosamente os alunos sexual ou profissionalmente. Acho que essa é uma das razões pelas quais atraiu tanta atenção na mídia mais ampla: oferece como um caso exemplar de abuso de poder na academia uma excentricidade fascinante e, assim, ofusca o amplamente difundido abuso de poder "normal".

Duas observações conclusivas gerais sobre o caso Ronell

Há dois motivos recorrentes nas reações críticas aos meus textos sobre o caso Avital Ronell. Acho que são indicativos da confusão em que estamos, então merecem um breve comentário.

Em primeiro lugar, alega-se que, se, em um caso de assédio sexual, não houver provas materiais nem o testemunho de terceiros, ou seja, é uma palavra contra a outra, deve--se acreditar na vítima – um ato é assédio se a vítima alegar que é assédio, independentemente das intenções do perpetrador. Há, obviamente, boas razões para se levar essa afirmação a sério: a vítima está estruturalmente em posição de fraqueza, e a ideologia dominante nos impõe o preconceito de não levar muito a sério as queixas de mulheres "histéricas". No entanto, também existem algumas boas contrarrazões, não apenas a óbvia de que as autoproclamadas vítimas também podem mentir e manipular. O paradoxo é que, em certo sentido, o caso mais brutal de vitimização é aquele em que a vítima sequer tem consciência de ser vítima, de tão identificada que está com seu papel subalterno. Um caso extremo – será que uma mulher que espera ansiosamente por sua cliterodectomia, uma vez que sinalizará sua entrada plena na comunidade, não é, em certo sentido, mais vitimizada do que uma mulher que a resiste? Não é à toa que amiúde obtemos casos nos quais uma mulher não via nada de problemático em seu relacionamento com um homem enquanto esse relacionamento durou, e só começou a protestar e anunciar publicamente após o fato (às vezes anos depois), quando ganhou consciência feminista.

O segundo e – para mim, pelo menos – mais triste motivo é a referência a uma carreira que é evocada para tornar não problemático o comportamento (do acusador, neste caso). Não conheço o acusador, nunca me encontrei com ele e não li nada escrito por ele, exceto seus e-mails disponíveis publicamente. Meu ponto é: suponhamos que tudo o que ele diz seja verdade – ele estava enojado e oprimido por Avital etc. Então, por que ele respondeu completamente às mensagens dela e às vezes até aumentou seu tom emocional? Sua resposta repetida é com referência à sua carreira, como se isso acontecesse por si só.

Será que essa justificação pela carreira é realmente tão evidente? Neste ponto, sou previsivelmente acusado de não entender como o poder funciona na academia americana. Nada poderia ser menos verdadeiro: desde a década de 1970, quando, depois de formado, fiquei anos desempregado (sim, por *não* ser marxista), até tempos recentes, quando quase sou exilado da academia e da mídia pública dos Estados Unidos por causa das minhas posições "problemáticas" (crítica do politicamente correto etc.), pude observar como o poder funciona em todas as suas formas. Não espero que as pessoas sejam heroicas; só acho que existem certos limites, tanto profissionais (trair a própria vocação teórica – se é que se a tem, diga-se) quanto privados (escrever e-mails de amor apaixonados para uma pessoa que se considera nojenta, como fez o acusador), que não se deve violar.

Quero enfatizar que estou fazendo aqui uma observação geral baseada em minhas experiências na academia americana. Cerca de duas décadas atrás, eu estava envolvido em uma conversa (privada, não pública) com um conhecido teórico de gênero que afirmava que os lacanianos são ideólogos do patriarcado dominante (o papel do nome do pai em Lacan etc.), ao passo que os teóricos de gênero são marginais e subversivos. Eu o desafiei a nomear um teórico lacaniano que ocupe uma posição acadêmica forte, em contraste com muitos teóricos de gênero que exercem forte poder na academia, e o único nome que obtive foi Drucilla Cornell. Surpreso, respondi que há pouco tempo atrás estive em um colóquio em Nova York onde ela apresentou um artigo no qual fazia uma forte crítica derridiana a Lacan. Fiquei ainda mais surpreso quando o teórico de gênero retrucou: "Ela é uma lacaniana, ela simplesmente teve que fazer isso pela sua carreira". Duas coisas me incomodaram. Primeiro, como meu interlocutor assumiu o poder de decidir quem é lacaniano mesmo quando a pessoa em questão se declarou antilacaniana (e criticou Lacan consistentemente em seus escritos), apenas para enfatizar que os lacanianos são poderosos na academia (e, para evitar um mal-entendido, essa censura não diz respeito à própria Cornell, que é simplesmente uma honesta Derridiana); segundo, como a referência a uma carreira funcionou sem levantar dúvidas éticas – "ela teve que fazer isso pela sua carreira" foi mencionado como a coisa mais óbvia, sem causar vergonha. (Além disso, esse argumento lança uma estranha luz sobre a academia dos Estados Unidos: implica que os lacanianos "patriarcais mainstream" têm de fingir serem desconstrucionistas "marginais" para impulsionar suas carreiras, mesmo no caso de uma pessoa tão poderosa quanto Cornell.)

E, aliás, nas últimas semanas, mais de uma dezena de amigos e "amigos" me avisaram que, embora simpatizem com minha posição, minha carreira sofrerá por causa de minhas mensagens sobre o caso de Avital. Que queimem no inferno!

34
JORDAN PETERSON COMO UM SINTOMA... DE QUÊ?

A arte de mentir com uma verdade

A ampla popularidade de Jordan Peterson é prova de que a "maioria silenciosa" liberal-conservadora finalmente encontrou sua voz. Suas vantagens sobre a estrela anti-LGBT+ anterior, Milo Yiannopoulos, são óbvias. Yiannopoulos era espirituoso, de fala rápida, cheio de piadas e sarcasmo, e abertamente gay – ele se parecia muito, em muitas características, com um representante da cultura que estava atacando. Peterson é o seu oposto: ele combina bom senso e (a aparência de) argumentação científica fria com uma raiva amarga da ameaça aos fundamentos liberais de nossas sociedades – sua postura é a de "Basta! Eu não aguento mais!"

É fácil discernir as fissuras na defesa de Peterson de fatos frios contra dogmas politicamente corretos. Sua principal imagem é a de uma conspiração esquerdista radical: após o fracasso do comunismo como sistema econômico sem que houvesse revolução no Ocidente desenvolvido, os marxistas decidiram passar para o domínio da cultura e da moralidade, e assim nasceu o "marxismo cultural". Seu objetivo é minar a espinha dorsal moral de nossas sociedades e, assim, colocar em movimento o colapso final de nossas liberdades. Mas esse tipo de crítica fácil evita a pergunta difícil: Como uma "teoria" tão estranha pode ter encontrado um eco tão amplo? É necessária uma abordagem mais complexa.

Jacques Lacan escreveu que, mesmo que seja tudo verdade o que um marido ciumento afirma sobre a sua esposa (que ela dorme com outros homens), seu ciúme ainda é patológico: o elemento patológico é a necessidade de ciúme do marido como única maneira de manter sua dignidade, até mesmo sua identidade. Na mesma linha, pode-se dizer que, mesmo que a maioria das afirmações nazistas sobre os judeus fossem verdadeiras (eles exploram alemães, seduzem garotas alemãs...) – o que não são, é claro – seu antissemitismo ainda seria (e foi) um fenômeno patológico porque reprimiu a verdadeira razão pela qual os nazistas precisavam do antissemitismo para sustentar sua posição ideológica. A visão nazista da sociedade é um Todo orgânico de colaboração harmoniosa, de modo que um intruso externo é necessário para dar conta das divisões e antagonismos.

O mesmo vale para como, hoje, os populistas anti-imigrantistas lidam com o "problema" dos refugiados: eles o abordam em uma atmosfera de medo, da luta que se aproxima contra a islamização da Europa, e eles são pegos em uma série de óbvias absurdidades. Para eles, os refugiados que fogem do terror não são diferentes do terrorista do qual estão fugindo; eles permanecem alheios ao fato óbvio de que, embora entre os refugiados também haja terroristas, estupradores, criminosos etc., a grande maioria são pessoas desesperadas em busca de uma vida melhor. A causa dos problemas inerentes ao capitalismo global de hoje é projetada em um intruso externo. Encontramos "notícias falsas", que não podem ser reduzidas a uma simples inexatidão – se elas (pelo menos parcialmente) apresentam corretamente (alguns dos) fatos, são ainda mais perigosamente "falsas". O racismo anti-imigrantista e o sexismo não são perigosos porque mentem; eles são mais perigosos quando a mentira é apresentada na forma de uma verdade factual (parcial).

A obsessão da direita alternativa com o marxismo cultural sinaliza sua recusa em confrontar o fato de que os fenômenos que eles criticam como efeitos da trama marxista cultural (degradação moral, promiscuidade sexual, hedonismo consumista etc.) são o resultado da dinâmica imanente ao próprio capitalismo tardio. Em *The Cultural Contradictions of Capitalism* [As contradições culturais do capitalismo] (1976), Daniel Bell descreve como o impulso ilimitado do capitalismo moderno mina os fundamentos morais da ética protestante original que inaugurou o próprio capitalismo. Em um posfácio posterior, Bell oferece uma perspectiva estimulante da sociedade ocidental contemporânea, desde o fim da Guerra Fria até a ascensão e queda do pós-modernismo, revelando as falhas culturais cruciais que enfrentamos à medida que o século XXI se aproxima. A guinada para a cultura como um componente-chave da reprodução capitalista e, concomitante a ela, a mercantilização da própria vida cultural, permite a reprodução expandida do capital. (Basta pensar na explosão hodierna de bienais de arte – Veneza, Kassel; embora elas geralmente se apresentem como uma forma de resistência ao capitalismo global e sua mercantilização de tudo, elas são, em seu modo de organização, a forma definitiva da arte como um momento de autorreprodução capitalista.) O termo "marxismo cultural" desempenha, portanto, o mesmo papel estrutural que a "conspiração judaica" no antissemitismo: ele projeta (ou melhor, transpõe) o antagonismo imanente de nossa vida socioeconômica para uma causa externa: o que os direitistas alternativos conservadores deploram como a desintegração ética de nossas vidas (feminismo, ataques ao patriarcado, politicamente correto etc.) deve ter uma causa externa: não pode emergir dos antagonismos e tensões de nossas próprias sociedades.

Antes de culparmos algum intruso estrangeiro pelos problemas de nossas sociedades liberais, devemos sempre ter em mente que o verdadeiro choque do século XX foi a Primeira Guerra Mundial – todos os horrores que se seguiram, do fascismo ao stalinismo, estão enraizados nela. Essa guerra foi um choque por duas razões. Em primeiro lugar, explodiu depois de mais de meio século de progresso contínuo na Europa (nenhuma grande guerra, aumento do padrão de vida e dos direitos humanos...). Não havia nenhum agente estrangeiro a fomentando, foi um produto puro das tensões inerentes à Europa. Em segundo lugar, foi um choque, mas não um choque inesperado – por pelo menos duas décadas antes disso, a perspectiva de guerra era uma espécie de obsessão pública. O problema foi que era justamente essa conversa incessante que criava a percepção de que ela realmente não poderia acontecer – se falarmos nisso o bastante, isso não pode acontecer. É por isso que, quando irrompeu, foi uma grande surpresa.

Infelizmente, a reação liberal-esquerdista ao populismo anti-imigrantista geralmente não é melhor do que a maneira como é tratada pelos seus oponentes. O populismo e o politicamente correto (o PC liberal-esquerdista) praticam as duas formas complementares de mentir que seguem a distinção clássica entre histeria e neurose obsessiva: um histérico conta a verdade disfarçada de mentira (o que ele diz não é literalmente verdadeiro, mas a mentira expressa de forma falsa uma queixa autêntica), enquanto o que um neurótico obsessivo afirma é literalmente verdadeiro, mas é uma verdade que serve a uma mentira. Populistas e liberais PC recorrem a ambas as estratégias. Primeiro, ambos recorrem a mentiras factuais quando servem ao que os populistas percebem como a Verdade superior da sua Causa. Os fundamentalistas religiosos defendem "mentir por Jesus" – a fim de evitar o horrível crime do aborto, digamos, é lícito propagar falsas "verdades" científicas sobre a vida dos fetos e os perigos médicos do aborto; a fim de apoiar a amamentação, pode-se apresentar como fato científico que não amamentar causa câncer de mama etc. Populistas anti-imigrantistas comuns circulam descaradamente histórias não verificadas sobre estupros e outros crimes dos refugiados a fim de dar credibilidade à sua "percepção" de que os refugiados representam uma ameaça ao nosso modo de vida. Com demasiada frequência, os liberais PC procedem de maneira semelhante: eles silenciam acerca de diferenças reais nos "modos de vida" entre refugiados e europeus, uma vez que mencioná-las pode ser visto como uma promoção do eurocentrismo. Lembre-se do caso de Rotherham, no Reino Unido, onde, em 2014, a polícia descobriu que mais de mil meninas brancas pobres estavam sendo sistematicamente abusadas e estupradas por uma gangue de jovens paquistaneses – os dados foram ignorados ou minimizados para não desencadear islamofobia.

A estratégia oposta – a da mentira disfarçada de verdade – também é amplamente praticada em ambos os polos. Se os populistas anti-imigrantistas não apenas propagam mentiras factuais, mas também usam astutamente fragmentos de verdade factual para conferir uma aura de veracidade à sua mentira racista, os partidários do PC também misturam mentira com verdade. Em sua luta contra o racismo e o sexismo, eles citam principalmente fatos cruciais, mas muitas vezes os distorcem com alguma imprecisão. O protesto populista desloca para o inimigo externo a frustração autêntica e o sentimento de perda, ao passo que a esquerda PC usa seus pontos verdadeiros (detectar sexismo e racismo na linguagem etc.) para reafirmar sua superioridade moral e assim prevenir uma verdadeira mudança socioeconômica.

E é por isso que as explosões de Peterson são tão eficientes, embora (ou, talvez, porque) ele ignore os antagonismos e inconsistências internos do próprio projeto liberal: a tensão entre liberais dispostos a tolerar piadas racistas e sexistas por conta da liberdade de expressão e reguladores do PC que querem censurá-los como um obstáculo à liberdade e a dignidade das vítimas de tais piadas é imanente ao projeto liberal e não tem nada a ver com a esquerda autêntica. Peterson aborda o que muitos de nós de alguma forma sentimos que vai mal no universo PC de regulação obsessiva – o problema com ele não reside nas suas mentiras, mas nas verdades parciais que sustentam suas mentiras. Se a esquerda não for capaz de enfrentar essas limitações em seu próprio projeto, estará travando uma batalha perdida.

Uma resposta aos meus críticos

Apenas algumas observações em resposta a inúmeras críticas ao meu comentário sobre Jordan Peterson. Eu vejo dois níveis em seu trabalho. Primeiro, há sua análise e crítica liberal do PC, dos LGBT+ etc., no que diz respeito a como eles representam um perigo para nossas liberdades e, embora haja coisas com as quais discordo, também vejo algumas observações valiosas. A diferença com ele é que, embora critique muitas posturas e práticas políticas do PC, das políticas identitárias e dos LGBT+, não obstante vejo nelas uma expressão muitas vezes inadequada e distorcida de problemas muito reais e prementes. Afirmações sobre a opressão das mulheres não podem ser descartadas referindo-se a *Cinquenta Tons de Cinza*, a história de uma mulher que gosta de ser dominada (como afirma um de meus críticos), o sofrimento de pessoas transgênero é muito real etc. A maneira racista e sexista como a opressão funciona em uma sociedade liberal desenvolvida é muito mais refinada (mas não menos eficiente) do que em sua forma brutal direta, e o erro mais perigoso é atribuir a posição inferior das mulheres à sua livre-escolha.

Mas o que eu acho problemático é como Peterson interpreta o PC (e seus outros alvos) como o resultado extremo do marxismo cultural (um bloco que compreende a Escola de Frankfurt, o desconstrucionismo pós-estruturalista "francês", a política identitária, as teorias de gênero e queer etc.). Ele parece sugerir que o marxismo cultural é o resultado de uma mudança deliberada na estratégia marxista (ou comunista): depois que o comunismo perdeu a batalha econômica contra o capitalismo liberal (esperando em vão que a revolução chegasse ao mundo ocidental desenvolvido), seus líderes decidiram mover o terreno para as lutas culturais (sexualidade, feminismo, racismo, religião...), minando sistematicamente os fundamentos culturais e os valores de nossas liberdades. Nas últimas décadas, essa nova abordagem se mostrou inesperadamente eficiente: hoje, nossas sociedades estão presas no círculo autodestrutivo da culpa, incapazes de defender seu legado positivo.

Não vejo nenhuma ligação necessária entre esta linha de pensamento e o liberalismo – a noção de "marxismo cultural" manipulada por algum centro comunista secreto e com o objetivo de destruir as liberdades ocidentais é uma pura teoria da conspiração da direita alternativa (e o fato de que pode ser mobilizada como parte de uma defesa liberal de nossas liberdades diz algo sobre as fraquezas imanentes ao projeto liberal). Primeiro, não existe um campo unificado de marxismo cultural – alguns dos representantes atuais da Escola de Frankfurt estão entre os mais perversos denegridores do "pensamento francês", muitos marxistas culturais são muito críticos da política identitária etc. Em segundo lugar, qualquer referência positiva à Escola de Frankfurt ou ao "pensamento francês" foi proibida nos países socialistas, onde as autoridades eram muito mais abertas ao pensamento analítico anglo-saxão (como me lembro da minha própria juventude), de modo que afirmar que tanto o marxismo clássico quanto a sua versão "cultural" eram de alguma forma controlados pelo mesmo agente central tem que se basear na noção muito suspeita de um Mestre oculto que secretamente puxa as cordinhas. Finalmente, embora eu admita (e analise em meus livros) os chamados excessos "totalitários" do politicamente correto e algumas orientações transgênero que testemunham uma estranha vontade de legalizar, proibir e regulamentar, não vejo nessa tendência nenhum traço de uma "esquerda radical", mas, ao contrário, uma versão do liberalismo desviado em seu esforço de proteger e garantir a liberdade. O liberalismo sempre foi um projeto inconsistente, cheio de antagonismos e tensões.

Se eu fosse me envolver em especulações paranoicas, estaria muito mais inclinado a dizer que as regulamentações obsessivas politicamente corretas (como a nomeação obrigatória de diferentes identidades sexuais, com medidas legais se alguém as violar) são, ao contrário, uma trama da esquerda liberal para destruir qualquer movimento de esquerda radical real – basta lembrar a animosidade contra Bernie Sanders entre alguns círculos LGBT+ e feministas (que não têm nenhum problema com o apoio de grandes chefes corporativos). O foco "cultural" do PC e do MeToo é, para simplificar, uma tentativa desesperada de evitar o confronto com problemas econômicos e políticos reais – ou seja, localizar a opressão e o racismo das mulheres em seu contexto socioeconômico – mas no momento em que se menciona esses problemas, se é acusado de "reducionismo de classe" vulgar. Walter Benn Michaels e outros têm escrito extensivamente sobre isso, e, na Europa, Robert Pfaller escreveu livros criticando a postura paternalista do PC e iniciou um movimento "Adultos para Adultos". Os liberais terão que observar que há uma crítica crescente da esquerda radical ao PC, à política identitária e ao MeToo.

Uma nota conclusiva sobre o meu debate com Peterson

Não posso deixar de notar a ironia de como Peterson e eu, anunciados na publicidade do nosso debate como grandes adversários, somos ambos marginalizados pela comunidade acadêmica oficial. Se bem entendi, eu deveria defender, nesse duelo do século, a linha da esquerda liberal contra os neoconservadores. Sério? A maioria dos ataques contra mim vem precisamente de liberais de esquerda (Chomsky, o protesto contra a minha crítica à ideologia LGBT+), e tenho certeza de que se fosse perguntado às principais figuras desse campo se estou apto a representá-los, eles se virariam em seus túmulos, mesmo que ainda estivessem vivos. É típico que muitos comentários sobre o debate apontem como as posições de Peterson e as minhas não são realmente tão distintas – isso é literalmente verdadeiro no sentido de que, do ponto de vista deles, não se pode ver a diferença entre nós dois, sendo eu tão suspeito quanto Peterson. Portanto, vejo como tarefa deste debate, pelo menos, esclarecer nossa diferença.

Deixe-me começar por um ponto no qual Peterson e eu parecemos concordar: problematizar a felicidade como o objetivo de nossas vidas. E se, para termos uma chance de felicidade, não devêssemos postulá-la como o nosso objetivo direto? E se a felicidade for necessariamente um subproduto? Sim, uma vida humana de liberdade e dignidade não consiste apenas em buscar a felicidade (não importa o quanto a espiritualizemos) ou no esforço de atualizar os próprios potenciais internos; temos que encontrar alguma Causa significativa além da mera luta pela sobrevivência prazerosa. (Deve-se introduzir aqui a distinção, elaborada por Kierkegaard, entre gênio e apóstolo: um gênio expressa sua criatividade interior, enquanto o apóstolo é portador de uma mensagem transcendente.) No entanto, duas qualificações devem ser acrescentadas aqui.

Em primeiro lugar, como vivemos na era moderna, não podemos simplesmente nos referir a uma autoridade inquestionável para nos conferir uma missão ou tarefa. Modernidade significa que, sim, devemos carregar o fardo, mas o fardo principal é a própria liberdade; somos responsáveis pelos nossos fardos. Não apenas não podemos dar desculpas baratas para não cumprir nosso dever; o dever em si não deve servir de desculpa (por exemplo, se sei que alguém vai se machucar se eu cumprir o meu dever, nunca devo dizer "Desculpe, tenho que o cumprir, é o meu dever"). Então, sim, precisamos de uma história que dê sentido à nossa vida, mas ela continua sendo a nossa história: somos responsáveis por ela, ela surge no contexto de uma completa falta de sentido.

Em segundo lugar, sim, devemos carregar nosso fardo, aceitar o sofrimento que o acompanha. Mas um perigo espreita aqui, o de uma reversão sutil: não se apaixone pelo seu sofrimento, nunca presuma que o seu sofrimento é em si uma prova do seu valor ético ou da sua autenticidade. Em psicanálise, o termo para isso é mais-gozar, um gozo gerado pela própria dor: a renúncia ao prazer pode facilmente se transformar no prazer da própria renúncia. Por exemplo, os liberais brancos de esquerda adoram denegrir a sua própria cultura e culpar o "eurocentrismo" por nossos males – mas fica instantaneamente claro como essa autodepreciação traz um proveito próprio: por meio dessa renúncia de suas raízes particulares, os liberais multiculturais reservam para si a posição universal, solicitando graciosamente aos outros que afirmem sua identidade particular. Os liberais multiculturalistas brancos, portanto, incorporam a mentira da política identitária.

Isso me traz ao meu próximo ponto crítico. O que eu sinceramente não entendo é a designação de Peterson da posição acerca da qual ele é mais crítico (não como os habituais "marxistas culturais", mas) como "neomarxistas pós-modernos".

Ninguém chama a si mesmo assim, então se trata de um termo crítico – mas será que se sustenta? Peterson gosta de dar referências precisas, menciona livros etc., então gostaria de saber suas referências precisas aqui. Acho que sei o que ele tem em mente – a bagunça politicamente correta, multicultural, antieurocêntrica etc. Mas onde estão os marxistas entre eles? Peterson parece opor o "marxismo pós-moderno" ao legado judaico-cristão ocidental. Acho estranha essa oposição. Primeiro, o pós-modernismo e o marxismo são incompatíveis: a teoria do pós-modernismo surgiu como uma crítica ao marxismo (em Lyotard e outros). Os últimos pós-modernistas são hoje eles próprios conservadores. Tendo a autoridade tradicional perdido seu poder substancial, não é possível retornar a ela – todos esses retornos são hoje uma falsificação pós-moderna. Será que Trump promulga valores tradicionais? Não, o seu conservadorismo é uma performance pós-moderna, uma gigantesca viagem egoica. Nesse sentido de jogar obscenamente com "valores tradicionais", de misturar referências a eles com obscenidades abertas, Trump – não Obama – é o presidente pós-moderno definitivo. Se compararmos Donald Trump com Bernie Sanders, Trump é um político pós-moderno em sua forma mais pura, ao passo que Sanders é um moralista antiquado. Sim, quando tomamos decisões políticas, devemos pensar cuidadosamente sobre possíveis consequências reais não intencionais que possam ser desastrosas. Mas eu me preocuparia aqui com o governo Trump – é Trump quem agora está promovendo mudanças radicais na economia, na política internacional etc. O próprio termo "marxismo pós-moderno" me lembra o típico procedimento totalitário de combinar duas tendências opostas em uma figura do inimigo (como a "conspiração judaico-bolchevique" no fascismo).

Em segundo lugar, será que se pode imaginar algo mais "ocidental" do que o pós-modernismo ou o marxismo? Mas de qual tradição ocidental estamos falando? Na Europa de hoje, acho que a maior ameaça ao que vale a pena salvar na tradição europeia são precisamente os defensores populistas da Europa, como Salvini na Itália ou le Pen na França. Não é de admirar que eles estejam de mãos dadas com Putin e Trump, cujo objetivo comum é arruinar a unidade europeia. Quanto a mim, é por isso que sou descaradamente eurocêntrico – sempre me impressiona como a própria crítica de esquerda ao eurocentrismo é formulada em termos que só fazem sentido na tradição ocidental.

Em terceiro lugar, Peterson condena o relativismo historicista, mas uma abordagem histórica não acarreta necessariamente o relativismo. A maneira mais fácil de detectar uma ruptura histórica é quando a sociedade aceita que algo (que até então era uma prática comum) é simplesmente inaceitável. Houve momentos em que a escravidão ou a tortura foram consideradas normais; agora são consideradas inaceitáveis (exceto nos Estados Unidos na última década). E vejo o MeToo ou o LGBT+ como parte desse mesmo progresso – o que, obviamente, não implica que não devamos criticar impiedosamente eventuais reviravoltas estranhas desses dois movimentos. E, da mesma forma, modernidade significa que você não pode se referir diretamente à autoridade de uma tradição – se o fizer, é uma comédia, uma viagem egoica (se não algo muito pior, como no fundamentalismo).

Outro motivo frequentemente repetido de Peterson é a ideia de que, de acordo com os neomarxistas pós-modernos, o Ocidente capitalista é caracterizado pelo "patriarcado tirânico" – e Peterson triunfantemente zomba dessa afirmação e enumera casos de como a hierarquia existia não apenas em sociedades não ocidentais, mas também na natureza. Mais uma vez, sinceramente não sei quais "neomarxistas" afirmam que o patriarcado é resultado do Ocidente capitalista. Marx diz exatamente o contrário: em uma das famosas passagens do *Manifesto Comunista*, ele escreve que o capitalismo tende a solapar todas as hierarquias patriarcais tradicionais. Além disso, em "Autoridade e Família", um dos primeiros clássicos da Escola de Marxismo de Frankfurt (a origem do marxismo cultural), Max Horkheimer está longe de apenas condenar a família patriarcal moderna; ele descreve como o modelo do papel paterno pode fornecer ao jovem um apoio estável para resistir à pressão social. Como apontou seu colega Adorno, líderes totalitários como Hitler não são figuras paternas. Estou bem ciente da obsessão dos teóricos pós-coloniais e feministas com o patriarcado, mas acho que essa obsessão é uma reação à sua incapacidade de enfrentar o fato de que o tipo de subjetividade predominante no Ocidente desenvolvido hoje é um sujeito hedonista cujo objetivo final na vida é realizar suas potencialidades e, como dizem, reinventar-se continuamente, mudando sua identidade fluida. O que me incomoda são os teóricos que apresentam esse tipo de subjetividade como algo subversivo da ordem patriarcal capitalista. Acho que essa subjetividade fluida é a principal bifurcação da subjetividade no capitalismo de hoje.

Deixe-me agora tratar brevemente do que ficou conhecido como o tema da lagosta. Estou longe de ser um simples construcionista social; eu aprecio profundamente o pensamento evolutivo – é claro que somos (também) seres naturais e o fato de o nosso DNA coincidir em cerca de 98% com o de alguns macacos significa algo: ele define algumas coordenadas. Talvez eu apenas me concentre em diferentes autores aqui – minhas referências são Stephen Jay Gould com sua noção de exaptação em oposição à adaptação, ou Terrence Deacon com sua noção de natureza incompleta. A natureza não é uma ordem determinista completa: é, em certo sentido, ontologicamente incompleta, cheia de improvisações; ela se desenvolve como a cozinha francesa. Será que a origem de muitos de seus famosos pratos ou bebidas não é que, quando queriam produzir um alimento ou bebida padrão, algo deu errado, mas depois perceberam que esse fracasso pode ser revendido como sucesso? Eles estavam fazendo queijo da maneira usual, mas então o queijo apodreceu e infeccionou, cheirava mal, e eles acharam essa monstruosidade (medida pelos padrões usuais) encantadora à sua maneira. Estavam fazendo vinho da maneira usual quando algo correu mal na fermentação, e assim começaram a produzir champanhe...

E o mesmo vale para a tradição – deixe-me citar T.S. Eliot, esse grande conservador, que escreveu que "o que acontece quando uma nova obra de arte é criada é algo que acontece simultaneamente com todas as obras de arte que a precederam. ...[O] passado deve ser alterado pelo presente tanto quanto o presente é dirigido pelo passado. E o poeta que souber disso saberá de grandes dificuldades e responsabilidades". Isso vale não apenas para as obras de arte, mas para toda a tradição cultural. Tomemos a mudança radical decretada pelo cristianismo – sim, eu me defino como um cristão ateu. Será que o cristianismo não rompe radicalmente com a ordem hierárquica tradicional? Não é apenas que, apesar de todas as nossas diferenças naturais e culturais, a mesma centelha divina habita em todos, mas esta centelha divina nos permite criar o Espírito Santo, uma comunidade na qual os valores hierárquicos da família são abolidos. A democracia estende essa lógica ao espaço político: apesar de todas as diferenças de competência, a decisão final deve ficar com todos nós – a aposta da democracia é que não devemos dar todo o poder a especialistas competentes. Foram os comunistas no poder que legitimaram seu governo se passando por (falsos) especialistas. E algo da mesma ordem está implícito em nossos sistemas judiciais: um júri significa que não apenas os especialistas, mas também nossos pares devem ser os juízes finais. Menciono esses fatos notórios apenas para apontar o quanto eles estão distantes de qualquer hierarquia baseada em competências. Estou longe de acreditar na sabedoria das pessoas comuns: muitas vezes precisamos da figura de um Mestre para nos tirar da nossa inércia e (não tenho medo de dizê-lo) nos obrigar a sermos livres. Liberdade e responsabilidade machucam, exigem esforço. Mas a função mais elevada de um Mestre é despertar-nos para a nossa liberdade.

Então, que tal fundamentar a hierarquia na competência? Será que os homens simplesmente ganham mais porque são mais competentes? Eu acho que poder social e autoridade não podem ser fundamentados diretamente na competência: em nosso universo humano, o poder (no sentido de exercer autoridade) é efetivamente algo muito mais misterioso, até mesmo "irracional". Kierkegaard colocou isso muito bem quando escreveu que se uma criança diz que obedecerá ao seu pai porque o seu pai é competente e bom, isso é uma afronta à autoridade do seu pai, e Kierkegaard aplica o mesmo ao próprio Cristo: Cristo foi justificado pelo fato de ser Filho de Deus, não pelas suas capacidades – todo bom estudante de teologia pode dizê-lo melhor do que Cristo. E o que eu simplesmente afirmo é que não existe tal autoridade na natureza: as lagostas têm hierarquia, mas a principal entre elas não tem autoridade; ela governa pela força, não exerce poder no sentido humano. Mais uma vez, a aposta da democracia é que o poder e a competência ou expertise devem ser mantidos minimamente afastados – por isso já na Grécia Antiga o voto popular era combinado com uma loteria. Em princípio, o capitalismo abole as hierarquias tradicionais e introduz a liberdade e a igualdade pessoal. Mas as desigualdades financeiras e de poder estão realmente baseadas em diferentes competências? (Thomas Piketty, em seu *O Capital no Século XXI*, forneceu uma boa quantidade de dados aqui.)

Outro dos temas de Peterson é que, quando um indivíduo (ou, presumivelmente, uma sociedade) está em crise, deve-se oferecer-lhe uma narrativa mítica, uma história que lhe permita organizar sua experiência confusa como um Todo significativo. No entanto, existem problemas aqui – Hitler foi um dos maiores contadores de histórias do século XX. Na década de 1920, muitos alemães vivenciavam sua situação como uma bagunça confusa: não entendiam o que estava acontecendo com eles, com derrota militar, crise econômica e o que percebiam como decadência moral. Hitler forneceu uma história, uma trama, que era precisamente uma trama judaica: estamos nessa confusão por causa dos judeus. E, aliás, não devemos esquecer aqui que, como já apontava Freud, o constructo paranóico é também uma tentativa pervertida de cura, uma história por meio da qual tentamos organizar nosso universo. Estamos nos contando histórias sobre nós mesmos a fim de adquirirmos uma experiência significativa da nossa existência. Contudo, isto não é suficiente. Uma das sabedorias mais estúpidas é: "Um inimigo é alguém cuja história você não ouviu". Há, no entanto, um limite claro para esse procedimento: Será que se está também disposto a afirmar que Hitler era um inimigo porque a sua história não foi ouvida?

Além disso, estórias ideológicas sempre localizam nossas experiências em um campo social. Pelo que conheço da prática clínica de Peterson, aprecio completamente o que ele está fazendo, seu foco em levar seus pacientes a assumirem responsabilidade, autoconfiança e propósito na vida. Mas quando ele diz: "Coloque a sua própria casa em ordem antes de tentar mudar o mundo", minha reação é: OK, mas por que a escolha? E se, ao tentar alcançar o primeiro, você descobrir que a sua casa está em desordem por causa do que está errado em seu mundo? Tomemos o próprio Peterson: Será que ele não é tão ativo publicamente (e está nesse sentido tentando mudar o mundo) precisamente porque percebeu como a ideologia liberal predominante impede que os indivíduos coloquem sua casa em ordem? Isso é evidentemente verdade se você mora no Congo ou na Coreia do Norte, mas também com a extensão do controle digital em nosso mundo etc. Em uma sociedade comunista, aqueles no poder adorariam vê-lo concentrando-se em colocar sua casa em ordem – e deixando poder deles no mundo imperturbado.

A grande história definitiva que garante o sentido é, obviamente, a religião. Será que a religião ainda é o ópio do povo? Essa fórmula de Marx precisa ser seriamente repensada hoje. A religião (pelo menos uma certa versão – fundamentalista – dela) ainda é um ópio do povo. É verdade que o Islã radical é um caso exemplar de religião como ópio do povo: um falso confronto com a modernidade capitalista que permite aos muçulmanos habitarem em seu sonho ideológico enquanto seus países são devastados pelos efeitos do capitalismo global – e exatamente o mesmo vale para o fundamentalismo cristão. Mike Pompeo disse recentemente que é "possível" que o então Presidente Trump tenha sido enviado por Deus para salvar Israel do Irã: "Estou confiante de que o Senhor está trabalhando aqui", acrescentou. O perigo dessa postura é óbvio: se você se opõe à política dos Estados Unidos no Oriente Médio, você se opõe à vontade de Deus. Se e quando Deus julgar Pompeo, podemos adivinhar qual será sua defesa: "Perdoe-me, pai, porque eu sabia o que estava fazendo!" – Eu sabia que estava agindo de acordo com a sua vontade.

No entanto, além da expertise "neutra" (a evocação de especialistas para justificar escolhas claramente ideológicas), há dois outros ópios principais do povo em ação hoje: o ópio e o povo. Quando pensamos em ópio, nossa primeira associação é com os malvados cartéis mexicanos. Mas esses cartéis existirão enquanto houver uma grande demanda por drogas nos

Estados Unidos e em outros países desenvolvidos. Talvez aqui também seja o caso que, antes de salvar o mundo dos narcotraficantes, devamos colocar nossa casa em ordem. Lembre-se do horror das duas Guerras do Ópio travadas (não apenas) pelo império britânico contra a China. As estatísticas mostram que, até 1820, a China era a economia mais forte do mundo. Desde o final do século XVIII, os britânicos exportavam enormes quantidades de ópio para a China, transformando milhões de pessoas em viciados e causando grandes danos. O imperador chinês tentou impedir isso, proibindo a importação de ópio, e os britânicos (juntamente com algumas outras forças ocidentais) intervieram militarmente. O resultado foi catastrófico: logo depois, a economia da China encolheu pela metade. Mas o que deveria nos interessar é a legitimação dessa brutal intervenção militar: o livre-comércio é a base da civilização, e a proibição chinesa da importação de ópio é, portanto, uma ameaça bárbara à civilização. Não se pode deixar de imaginar um ato semelhante hoje: o México e a Colômbia agindo para defender seus cartéis de drogas e declarando guerra aos Estados Unidos por se comportarem em uma guerra não civilizada impedindo o livre-comércio de ópio...

Mas será que o igualitarismo esquemático também não é ideológico? Sim, mas será que o marxismo é realmente igualitário? Marx menciona "igualdade" sobretudo apenas para enfatizar que se trata de uma noção exclusivamente política, e que, como valor político, é um valor distintamente burguês. Longe de ser um valor que possa ser usado para frustrar a opressão de classe, Marx pensa que a ideia de igualdade é na verdade um veículo para a opressão de classe burguesa, e algo bastante distinto do objetivo comunista da abolição das classes. Ele até mesmo constrói o argumento padrão de que direitos iguais "podem consistir apenas na aplicação de um padrão igual; mas indivíduos desiguais (e eles não seriam indivíduos diferentes se não fossem desiguais) são mensuráveis apenas por um padrão igual na medida em que são colocados sob um ponto de vista igual, são tomados apenas a partir de um lado definido".

E quanto ao equilíbrio entre igualdade e hierarquia? Será que realmente avançamos demais na direção da igualdade? Será que existe realmente igualdade demais nos Estados Unidos de hoje? Será que uma simples visão geral da situação não aponta na direção oposta? Aprendemos recentemente que a África do Sul é o país mais desigual do mundo – 25 anos de liberdade não conseguiram superar a divisão[92]. Longe de nos levar longe demais, a esquerda vem gradualmente perdendo seu terreno há décadas. Suas marcas registradas – assistência médica universal, educação gratuita etc. – estão sendo continuamente diminuídas. Veja o programa de Bernie Sanders: é apenas uma versão do que era meio século atrás na Europa a social-democracia predominante, mas hoje é condenado como uma ameaça ao modo de vida americano. Além disso, não vejo nenhuma ameaça à livre-criatividade nesse programa – pelo contrário, vejo saúde e educação gratuitas etc. como permitindo que eu concentre a minha vida em questões criativas mais importantes (onde, obviamente, não somos absolutamente iguais, onde diferenças realmente abundam). A igualdade também pode consistir em criar espaço para que o maior número possível de indivíduos desenvolva seu potencial.

Então, para concluir, deixe-me apenas indicar como vejo o fato (que incomodou muitos esquerdistas) de que a troca entre Peterson e eu foi relativamente pacífica e educada. A razão é não apenas que definitivamente há aspectos do seu trabalho que aprecio (acima de tudo, seu trabalho clínico, mas

---

92. Cf. https://edition.cnn.com/2019/05/07/africa/south-africa-elections-inequality-intl/index.html

também sua crítica ao politicamente correto, sua afirmação de que a supremacia branca é uma política identitária apropriada pela direita etc.). A principal razão era que a diferença básica que nos separa era evidente, então não havia necessidade de reafirmá-la violentamente. E, em última análise, essa diferença concerne à nossa visão da presente constelação da humanidade. A meu ver, Peterson é muito mais otimista – ele acha que o capitalismo será capaz de administrar seus problemas; ao passo que eu penso que estamos nos aproximando de um estado de emergência global e que somente uma mudança radical pode nos dar uma chance.

Conecte-se conosco:

 facebook.com/editoravozes

 @editoravozes

 @editora_vozes

 youtube.com/editoravozes

 +55 24 2233-9033

www.vozes.com.br

Conheça nossas lojas:

www.livrariavozes.com.br

Belo Horizonte – Brasília – Campinas – Cuiabá – Curitiba
Fortaleza – Juiz de Fora – Petrópolis – Recife – São Paulo

  Vozes de Bolso

EDITORA VOZES LTDA.
Rua Frei Luís, 100 – Centro – Cep 25689-900 – Petrópolis, RJ
Tel.: (24) 2233-9000 – E-mail: vendas@vozes.com.br